アルジャイ石窟遠望（西から）。岩壁に窟が開鑿され、頂上に寺が建っていた。

アルジャイ石窟28号窟内の壁画、チンギス・ハーン一族とされる作品。全員大元王朝時代の服装をまとっているのが特徴的。

アルジャイ石窟第32号窟内の聖救度仏母二十一礼賛経。第八供奉三宝度母。腰が細く、全身をピンク色で描写。

アルジャイ石窟第28号窟内の密集金剛（左）と秘修閻魔（右）。緑色を呈しているのは中央アジア産のラピスラズリが使われているからだ。

アルジャイ石窟第31号窟内の隋唐風供養菩薩。ふくよかな女性的雰囲気をただよわせている。

アルジャイ石窟、岩壁に彫られた覆金本式の仏塔。塔腹が太くなっているので、11世紀の作品と見られる。

多聞天（中央）と元朝貴族。チベット仏教側の解釈ではチンギス・ハーンが多聞天になったとされる。下方ではチベットの高僧が右手を挙げて説教し、モンゴルの貴族たちが施主として陣取っている。

ターラー菩薩八難救済。火と水、人と象など八種の災禍から衆生を救助するターラー菩薩のさまざまな印象が描かれている。

筑摩選書

楊海英
Yang Haiying

アルジャイ石窟

モンゴル帝国期　草原の道の仏教寺院

アルジャイ石窟

モンゴル帝国期　草原の道の仏教寺院

目次

アルジャイ石窟

モンゴル帝国期　草原の道の仏教寺院

プロローグ　モンゴル草原の仏教信仰

インド発祥の仏教は世界の屋根たるチベット高原に伝わった後に独自の発展を遂げながらも、本来の哲学的性質と特徴を多く維持した。チベット語に翻訳された仏典は多くのサンスクリットをそのまま残しており、宗教的実践も初期仏教に近いと見られている。だから、チベット仏教は宗教学的にきわめて重要である。

モンゴルは十三世紀にチベット高原に進軍し、大元《だいげん》ウルス（元朝とも）が成立すると、両者は正式に施主《せしゅ》と帰《き》依《え》処《しょ》の関係を結んだ。チベット仏教の高僧たちはモンゴルの政治力と軍事力を借りて中央ユーラシアの草原部に布教し、遊牧民の戦士たるモンゴル人もまた経典と学問をこよなく愛する民族に変身した。チベット仏教の世界化への第一歩である。

仏教が誕生した直後ないしはそれ以前から、インドでは石窟《せっくつ》内での宗教的修行が重視された。その後、インドから北西へと中央アジアのガンダーラやカシミール高原を経由し、アフガニスタンのバーミヤン渓谷、そして東トルキスタン（現新疆《しんきょう》）の天山山中と敦煌《とんこう》などに至るまで、沿路に多数の仏教の石窟寺院は栄えた（図0－1）。

仏教東遷に伴って出現した石窟寺院について、シルクロードと結びつけてロマンチックな言葉

図0－1　東トルキスタン（現新疆）天山山中のキジル石窟。キジルとは、テュルク系の言葉で「赤」との意。

で語られることが多い。石窟は、東西文明が行き交った際の宗教的拠点だ、と理解されてきた。

こうした美辞麗句で綴られてきた言説には、ともすれば隠れた政治的な含意も付随していた。東は長安、西は天竺《てんじく》あるいはローマを文明の地として位置づけ、沿路の草原地帯を単なる通過点として軽視する。実際は東方の絹よりも中央アジア産のシルクを現地の遊牧民が西へ東へと運んでいたし、軍事と経済の両面から通商の安全を保障していたにもかかわらず、ユーラシア大陸の東西だけを開化した文明圏として謳歌してきた。曰く、中国とインド、そしてヨーロッパのみが文明の地で、草原は文化のない空白地帯で、そこに暮らす遊牧民は野蛮人だ、という差別と偏見に満ちた歴史観である。

当然、かくの如き研究は、彼ら自身が言うところの「シルクロード草原の道」自体の内部構造にもさほど注意を払ってこなかった。日本では岡田英弘の『世界史の誕生』（ちくま文庫、一九九九）や杉山正明の『遊牧民から見た世界史』（日経ビジネス人文庫、二〇一一）など多くの世界史研究家の作品が示すように、草原文明に対する評価は変わりつつある。インドや西洋においても、見方は変わってきた。ただ、チベット仏教に限って言えば、草原の道に存在する石窟造営と信仰の実践、学問の研鑽についての研究は基本的に未開拓の領域である。

本書にはそうした学問上の誤謬《ごびゅう》を訂正しようという狙いがある。具体的には十三世紀のモンゴル帝国時代に最大限に栄えた草原の石窟寺院、アルジャイ石窟の歴史と文化を歴史人類学的、文献学的視点から解明し、読者に伝えようとしている。

アルジャイ石窟の造営は遅くとも五世紀頃の北魏《ほくぎ》時代に始まる。アルジャイ石窟はまた、西夏（タングート）王朝期にも大いに繁栄した。西夏がモンゴルに帰順してからも、栄華は維持され、芸術的にもモンゴル帝国時代に引き続き栄えたと見られている。北魏を建立した鮮卑《せんぴ》拓跋《たくばつ》はモンゴル系の言葉を操る遊牧民で、タングートはチベット語系の半遊牧半農耕の民族であった。世界的に広く知られている大同雲崗《うんこう》石窟や洛陽の石窟もまた、北魏王朝の遺産である。

今日のモンゴル高原に暮らすモンゴル人は、自らが信仰する仏教を「ラマ教」とも呼ぶ。日本や欧米の学界では「チベット仏教」と表現する場合が多いようであるが、本書ではモンゴル人の日常的な表現に従って「ラマ教」と表現することもある。特に、遊牧民モンゴル人の日常生活と関係する場合は、ラマ教とも呼ぶ。

本書でラマ教との表現を用いる理由は二つある。

第一に、モンゴル草原では「ラマ教」という言い方がより定着しており、「チベット仏教」とあまり言わないからである。チベットに関しては、かの地から伝わってきたと認識する時にのみ言及する。「チベット地域の宗教」や「チベット人の宗教」という理解はモンゴル人にあまりない。

図0－2　モンゴル高原北部、シベリア南部に近い草原に建つ名刹、アムルバイスガラント寺。清朝の乾隆年間に建てられたものである。

第二に、先学の長尾雅人《ながおがじん》が名著『蒙古学問寺《もうこがくもんでら》』（中公文庫、一九九二）で論じているように、「ラマ教は、もと西藏に発達し、後広く蒙古地域に伝播浸潤した、一種の仏教である」。そして、モンゴルに伝わってから「歴史的事情からのみでなく、性格的にも西藏仏教として独立したものがある」ので、ラマ教の方がより通用性があるようになったからである。

また、近年では「モンゴル仏教」と呼ぶ研究者も増えているが、チベット高原での信仰や宗教的実践と比較して独自に変遷したとも認められない可能性があることから、私はあまりこの立場を採らない。仏教は民族宗教ではないからである。

仏教が伝わってから、遊牧民の草原に多数の寺院が建った。寺院をモンゴル人はスゥメ、クレー、キイトと呼ぶ。どの寺にも学識と階層に基づいて組織された僧侶団体がおり、広大な土地と多数の領民を管轄していた。ドイツが生んだ世界的なモンゴル学者ハイシッヒによると、十九世紀末になると、モンゴル高原全体におよそ一千九百もの寺院があった。そのうち、モンゴル高原南部の内モンゴルには一千二百、北の方すなわち現在のモンゴル国には七百あった（図０－２）。二百四十三人の転生活仏《てんしょうかつぶつ》がいて、そのうち内モンゴルには百五十七人いた(1)。

また、内モンゴル自治区のモンゴル人研究者、デレゲルの調査によると、清朝中世末期の内モンゴルには約一千八百もの寺院があり、ラマの総数は十万人であった。清末の光緒《こうしょ》年間になると、一千六百に減り、ラマは十万人であった（徳勒格『内蒙古喇嘛教史』内蒙古人民出版社、一九九八）。それぞれの寺院には複雑な学問的な教育制度があり、華やかにして緻密な儀礼と外部に披露しない秘儀が維持されていた(2)。

ユーラシア東部のモンゴル草原に伝わった仏教には三つの特徴がある。

第一に、寺院のほとんどが学問寺であった。仏教を受け入れたモンゴル人は、学問の研鑽に励むよう変質した。日本統治時代の満洲国とモンゴル自治邦（蒙疆《もうきょう》）で現地調査を実施した長尾雅人に言わせると、「好戦勇武の蒙古民族」が「学問的なものへの積極性」に生きがいを見出したのである。その結果、モンゴル人の建てた寺院はほとんどが「学問寺」であった。「学問寺と称するものは、ラマがラマ教内における学問教理を学ぶ寺をいう」。寺院は独自の建築群からなり、内部では独特な尊像を祀る。ラマたちは無数の著作を書き上げ、日々、哲学的な議論を展開してきたのである。要するに、寺院は草原の学術センターであったのである。

第二に、石窟寺院での実践が盛んであった。なぜ、人々は辺鄙《へんぴ》なところに石窟を開いたかについて、東山健吾は次のように説明している。石窟はもともと修行のために選ばれた閑静な場所に造られるが、このような場所は阿蘭若《アランニャ》といい、漢語では遠離処という。

北魏時代に開鑿された大同の雲崗石窟と洛陽の龍門石窟、そして敦煌石窟などすべて都市や村

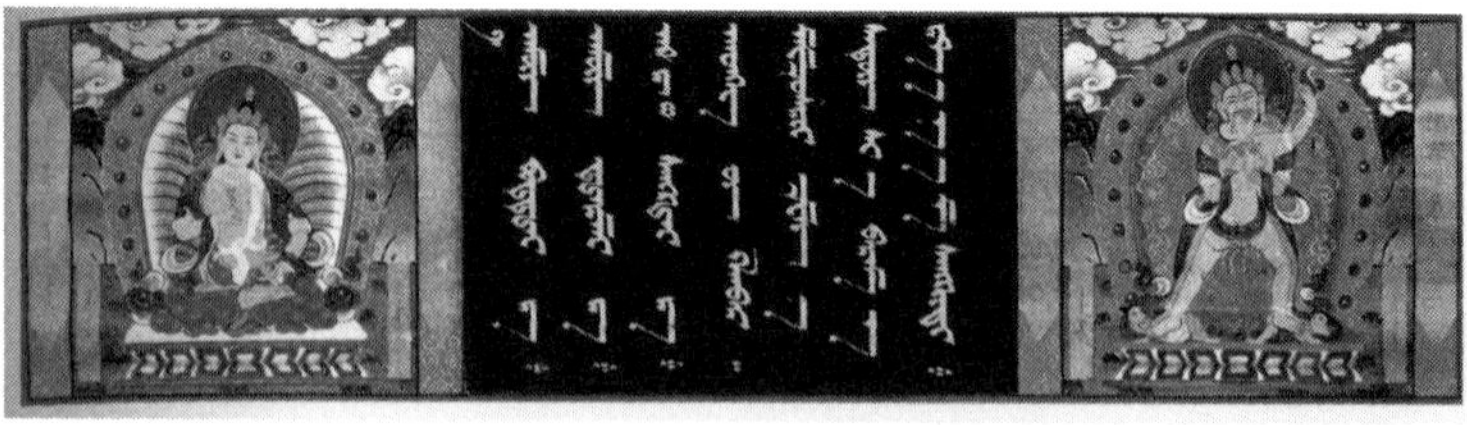

図0－3　モンゴル語木版本仏典『ガンジョール（大蔵経）』。1720年、すなわち清朝の康熙59年に北京で開版し、カラー印刷したものである。『蒙古文《甘珠爾》仏像大全』より

落から離れたところにある。都市から離れているだけでなく、河や泉があり、観像する仏像を彫刻できることも条件になる。河や泉は仏前に供える聖水と修行僧の生活に必要な水を提供する。仏像や壁画は断崖に穿たれ、描かれる。かくして、石窟は環境や地勢の独特なところで造営される。石窟は最初、修行のために開造《かいぞう》されるが、やがて在俗の寄進《きしん》者も参画し、有力者の意思が具現されるようになる。有力者は石窟を寄進することによって、自分と一族の解脱《げだつ》を願い、功徳《くどく》を後世に伝えようとする。そして、為政者にとって、石窟はまた祖先を祀る宗教儀礼の場所となっていく。モンゴルの場合、この点は特に顕著である。

　第三に、学問寺で訓練されたモンゴル人ラマによるモンゴル語とチベット語の仏教文献が多い。モンゴル人ラマたちは母語のモンゴル語以外にチベット語を学び、高位になるとさらにサンスクリットをマスターし、仏教本来の精神哲学を守ろうと努力していた。いわば、複数の言語を駆使して学問を運用する知識人集団であった。草原の多くの学問寺では版木を彫って、木版印刷を行っていた（図0－3）。一九四四年に内モンゴルで寺院調査を終えた京都帝国大学の長尾雅人は、学問寺が所蔵する「蔵外文献に対する研究は、世界いずれの国にあって

もなおほとんど未開拓で、この種の目録すら整理発表せられたものはほとんど見うけられない」と認識していた。

近年、学問寺の研究成果、宗教学的著作を現す「蔵外文献」に関する研究は少し改善された。モンゴル国のビャンバ・ラクチャは二〇〇四年に大著『モンゴル人のチベット語著作目録』を三冊上梓した。この三冊のカタログでは九人の活仏《かつぶつ》ジェプツンダムバ・ホトクトの著作と、頭文字がAで始まる名前を持つラマ学者七十六人の著作、計四千百三十九もの木版等を網羅している。今後、頭文字がBやCというふうに整理が進むにつれ、文字通り汗牛充棟《かんぎゅうじゅうとう》の規模に達するに違いない[3]。

このようなモンゴル人のラマ教信仰と学問寺について、日本は戦前から多くの調査団を派遣し、多数の報告書を量産してきた。日本の調査報告は無数にあるが、長尾雅人の一連の著作、『蒙古学問寺』と『蒙古喇嘛《ラマ》廟《びょう》記』(高桐書院、一九四七)などは永遠の古典としての役割を果たしている。また、一九九〇年代からは東洋大学長の菅沼晃《すがぬまあきら》教授も内外モンゴル各地の寺院を踏査している(『モンゴル仏教紀行』春秋社、二〇〇四)。

ただ、日本の調査報告書の中にはラマ教を迷信と見なし、ラマたちは腐敗しきっている、などと差別と偏見を剥き出しにしたものもあれば、きちんとその社会的政治的意義を評価したものもある。国立民族学博物館の創設者で、私も学恩を受けた文化人類学者の梅棹忠夫《うめさおただお》によると、一部の調査報告書類の差別と偏見は科学的精神の欠如から来ているという。モンゴルの遊牧社会を考える際に、「ラマ教の勢力を過大評価する」必要はない。ラマ廟は遊牧民にとって、中継基地や固定拠点の役割を果たしていた、と指摘している（『梅棹忠夫著作集第2巻　モンゴル研究』中央公論社、一九九〇）。もっとも、宗教の腐敗を指摘し、改革の必要性を訴えていたのは何も日本人だけでなく、モンゴル社会内の若い民族主義者たちも同様な見解を抱いていたのも事実である。

　モンゴル人を敬虔な仏教信者にしたのは、清朝の宗教政策と無関係ではない、と見るモンゴル人や各国の研究者は多い。モンゴル人自身、仏教を導入してからの社会変容について、二十世紀に入ってから激しい論争を繰り広げてきた。仏教への帰依により、モンゴルの衰退を促したという意見と、仏教はモンゴルに異文化の積極的な要素を将来した、という相対立する見解である。こうした論争を受けて、日本統治時代のモンゴル地域ではそれなりの新しい宗教改革もまた試みられたことがある。

　仏教を含む世界宗教は早い時代に東アジアに伝来しているが、中国では例外なく弾圧を受けた。弾圧を受けた宗教はまたすべて中国を離れ、北のモンゴル高原の遊牧民社会に活路を見つけた。キリスト教ネストリウス派（景教）もマニ教も、そしてイスラームも例外ではない。遊牧民は宗教に寛容だからである。そのため、モンゴル高原からパミール高原を越えて、東部ユーラシア世界には豊富な宗教遺跡が残っている。本書の舞台であるアルジャイ石窟もその一例である。現代中国が世界中から批判されている「宗教の中国化」政策も先祖返りに過ぎないが、苛烈度は尋常ではない。

　仏教への最大の衝撃はやはり、社会主義陣営から与えられた。二十世紀において、モンゴル人の仏教寺院は例外なく社会主義によって破壊された。ラマは処刑されるか、還俗《げんぞく》を強制された。

先に社会主義思想が伝わったモンゴル人民共和国では、革命直後に五百八十三の寺院があり、ラマも七万四千七百四十二人いた。[4] ある研究者によると、スターリンの宗教弾圧政策が実施された結果、寺院はすべて破壊され、一万六千人から一万七千人ものラマが処刑されたという。[5] こうした宗教弾圧の悲劇はモンゴルだけでなく、ソ連邦に統合されていった中央アジア諸民族においても同じであった。ただ、モンゴル国の場合だと、一九九〇年代の民主化以降に状況は大きく変わった。[6] 人々は完全に信仰の自由を享受しているのである。

図0－4　中国によって破壊された草原のラマ教名刹、ドローン・ノール寺。1945年に日本統治時代が終わるまで栄え、清朝からユーラシアへ通じる交易の要衝の一つでもあった。

モンゴル高原南部、すなわち内《みなみ》モンゴルの仏教寺院に最初の政治的、経済的な打撃を与えたのは、清朝末期から押し寄せた無数の中国人入植者たちである。本書で取り上げた寺院も南から北へと移転した歴史を有している。それは、信者のモンゴル人たちが中国人に追われて北上する民族の移動と歩調を合わせている。

毛沢東の中華人民共和国が成立した一九四九年の時点で、内モンゴルには一千三百六十六の寺院に約六万人のラマがいた。一九六六年に文化大革命が発動された時には寺院数が五百にまで減った。文化大革命が始まると、寺院と石窟はすべて破壊され、ラマたちは「民族分裂主義者」として処刑されるか、強制労働に従事させられた

（図0－4）。

一九八〇年代に改革開放政策が導入された時、自治区政府はかろうじて残った四九の寺院を修繕し、観光開発に利用するよう命じたという。この数字から分かるように、ラマ教は文字通り、破滅的なダメージを受けたというしかない。

内モンゴル自治区の場合、このような深刻な打撃を受けた後のラマ教は二度と復興できなかった。例えば、私が内モンゴル自治区オルドスで調査していた頃の一九九二年三月三日に地元のイケ・ジョー盟宗教局から入手した政府の情報はその変化の性質を端的に物語っていた（表1参照）。中国政府は現在も、「宗教は麻薬だ」との立場を取り、「宗教の中国化」を苛烈な勢いで進めている。凄まじい暴力的な弾圧を経て残ったひ弱な宗教の安楽死を中国政府は待っている、と表現しても言い過ぎではなかろう。

ラマ教	寺院	聖職者数	その他
1949年以前	231	ラマ10,134	活仏13人
1992年当時	19	560	0
天主教	教会	聖職者数	その他
1949年以前	7	神父8（修道女13人）	信者4028人
1992年当時	2	2	信者1751人
イスラーム	モスク（清真寺）	アホン	
1949年以前	2	3	ムスリム120人
1992年当時	1	1	ムスリム271人

表1　中国共産党内モンゴル自治区西部イケ・ジョー盟（現　オルドス市）の宗教情勢
出典：楊海英編『モンゴルの仏教寺院』。盟は清朝時代から続く行政組織名。

私は一九九一年夏から、内モンゴル自治区で人類学的調査研究を始めた。当時、ある宗教局の幹部は、中国政府は「九一年六号文件（＝公文書）」を配布して、「人民の信仰の自由」を保障していると話していた。信仰の自由は保障するが、宗教が人民と党、それに政府に危害を与えてはいけないし、迷信を広げてはいけない。政治的安定のため、地域を越えての宗教活動は禁止されていた。

出家も「自由」だが、「八二年十九号文件」に即し、「満十八歳で、中卒以上の者に限る」という。「社会主義制度の下で、ラマたちは実におとなしい。政府がパンチン・ラマの後継者をまだ選定していないが、ラマたちは何の意見も言わない」、と政府幹部は自慢げに語っていた。一九九五年、中国政府がチベット人とダライ・ラマ法王の意思を無視した独自のパンチン・ラマを選定したのは、周知の事実である。二〇一二年から習近平が党書記に就任して以来、宗教弾圧は一段と強化されて今日に至る。現代の中国では、宗教信仰の自由が根本的に許されなかったと理解して間違いない。

本書の内容と目的について示しておこう。

本書は中央ユーラシアの「シルクロード」草原の道に位置する、チベット仏教の石窟寺院の興亡に焦点を当てている。モンゴル帝国の元朝時代から現代までの興亡の歴史である。石窟寺院の考古学的特徴と内部の貴重な壁画、文字・写本といった文化財を紹介し、チベット仏教が遊牧民の世界でどのように信仰されていたかの実態を呈示する。日本で広く知られている敦煌石窟やバーミヤン渓谷の石窟と大きく異なる、遊牧民の石窟文化を記録し、その宗教哲学の世界を伝えるのが目的である。

（1）Heissig, Walther（Translated by Samuel Geoffrey）, *Religion of Mongolia*, Kegan Paul International, London and New York, 2000, p.1. Miller, Robert James, *Monasteries and Culture Charge in Inner Mongolia*（Otto Harrassowitz, Wiesbaden, 1959, p.11）。なかでも特に文化人類学の視点と手法を駆使したMillerの優れた民族誌

は、南モンゴルの寺院に関する破壊前の宗教文化を伝えている。氏は南モンゴルを一つの地政学的存在として位置づけてから、寺院の政治組織と経済的運営、それにラマの階層について詳しく論じている。

（2）Pozdneyev, M, Aleksei（Translated by Alo Raun and Linda Raun, Edited by John, R. Krueger）, *Religion and Ritual in Society, Lamaist Buddhism in Late 19th – Century Mongolia*, The Mongolia Society, Inc. Bloomington, Indiana, 1978.

（3）Byambaa Ragchaa, *The Bibliographical Guide of Mongolian Writers in the Tibetan Language and the Mongolian Translators*, 2004, Ulaanbaatar. 尚、モンゴルのラマ教に関する木版本著作については、Heissig, Walther がその名著 *Die Pekinger Lamaistischen Blockdrucke in Mongolischer Sprache*, Otto Harrassowitz, Wiesbaden, 1954で詳しく論じている。もっとも、書名の通り、彼は主として名高い北京版を取り上げている。

（4）Larry Moses, *Mongol Buddhism in the 20th Century*, Indiana University Asian Studies Research Institute Publications, 33, 1976, p.2.

（5）バトバヤル・Ts、二〇〇二、五七頁。Baabar, *From World Power to Soviet Satellite, History of Mongolia*, University of Cambridge, Ulaanbaatar, Nepko, 1999, p.363. Christopher Kaplonski, *The Lama Question, Violence, Sovereighty, and Exception in Early Socialist Mongolia*, University of Hawai'I Press, Honolulu, 2014.

（6）モンゴル国のラマ教寺院の概況については、Ч.Банзарагч, Б.Сайнуу, *Монголын Хурээ Хийдийн Туух*, 2004, Уланбаатар 参照。この著作はまた清朝時代のアイマク（盟）ごとに寺院の概況について述べている。

第一章

モンゴルとチベット仏教との関係

チベット仏教をユーラシアのモンゴル史の中でどのように位置づけるのか。言い換えれば、チベット仏教とモンゴル人との関係をいかに語るかは、モンゴル語年代記の主要なテーマであり続けた。それはまた、遊牧民のモンゴル人自身の歴史観や宗教観と密接な関係にあった学問的領域でもある。

年代記の歴史観

モンゴル帝国の東部を成す元朝《げんちょう》のフビライ・ハーン（在位一二六〇～九四）の治世期は、理想的な時代とされている。理想的な世とは、政治と宗教の関係（二法関係）がうまく処理されていることを指す。フビライ・ハーンの治世理念に即し、十六世紀末にオルドス万戸《ばんこ》の有力な政治家ホトクタイ・セチェン・ホン・タイジ（一五四〇～八七）によって編纂されたモンゴル語の年代記『十善福白史』は「二法と四つの政治」に関して詳しく論じている。ここでいう「二法」とは、仏法による政治的統治と世俗的運営の双方を指す。この理論色の強い年代記ではチンギス・ハーンを持《じ》金剛《こんごう》の化身と認識し、インドに誕生した人類最初の王、共戴王マハーサマディ王につながると唱えている。『十善福白史』は述べる。

> その聡明にして聖なるチンギス・ハーンは大いなるサキャ派ハムハ・バヤスグラン・ジュルケンという名のラマから以下の如き預言を受けた。「私の後世の子孫の中から尊き菩薩の世になる二法の政治を行うことのできる子が生まれるように」という。その後、三代経つと、

文殊菩薩の化身たるフビライという名の者が生まれた。千転金輪王《こんりんおう》として世にその名を轟かせた。サキャ・ホトクト・パクパ・ラマのチョクト・サイン・オユーン・オルンガにシン・シン大王国師の称号を捧げて、ラマを敬った。そこから大いなる四つの大都を完成し、五色四夷の国々に以下のように命じた。「古にインドの地にマハーサマディ王が打ち立て、シャカムニ仏が新たに統治さしめた後に、二法はチベットの三人の大いなる転輪王《てんりんおう》のところに入って、遍く実行された。その後さらにはモンゴルの地に伝わって、我が聡明なる祖先チンギスが立派に施行し、国々の人々を治めることができた」、と仰せられた。（楊海英編『十善福白史』と『輝かしい鏡』——オルドス・モンゴルの年代記』風響社、二〇一八。森川哲雄『モンゴル年代記』白帝社、二〇〇七）

図1−1　モンゴル帝国時代に大ハーン一族と施主と帰依処の関係を結んだサキャ・パンテイダ・グンガージャルサン。『藏伝仏画度量経』より

年代記が言わんとしている点は次の通りである。

チンギス・ハーンがチベットのサキャ派と出会い、預言を授けられた（図1−1）。その預言通りに文殊菩薩の化身たるフビライ・ハーンが誕生し、千転金輪王となった。フビライ・ハーンは同じサキャ派のラマに大王国師の称号を与え、仏法と世俗の両方の政治すなわち二法に則して理想的な治世を導き出した。このように、チンギス・ハーンとフビライ・ハーンはそれぞ

図1－2　南モンゴルの首府フフホト市近辺のマイダルジョー寺内の壁画に描かれたアルタン・ハーン一族とチベットからの高僧（部分）

れ持金剛と文殊菩薩の化身《けしん》として仏教の思想内で列聖されたのである。

『十善福白史』はオルドス万戸のホトクタイ・セチェン・ホン・タイジによって編纂されたものである。ホトクタイ・セチェン・ホン・タイジはトゥメト万戸のアルタン・ハーン（一五〇八～八二。図1－2）の甥である。当時、フビライ・ハーンの系統を汲むモンゴルは六つの万戸から成っていた。二人の稀有の指導者は一五七八年にギョク・ノールこと青海湖の畔でソナム・ジャムソ（ソェナム・ギャツォとも）と会見し、元朝の滅亡後に一度は途絶えていたチベット仏教を再度、制度的にモンゴルに導入する決定を下している。この際に、アルタン・ハーンはソナム・ジャムソに「海の如き智慧を有する師」を意味するダライ・ラマの称号を与え、ラマはアルタン・ハーンを転輪聖王《てんりんじょうおう》の化身として認めた。いわば、二人は往昔の元朝時代のフビライ・ハーンとチベット人の国師パクパとの関係を再現させたのである。モンゴル側は再び、理想的な二法による治世を目指す時代に入る。

『十善福白史』の歴史観、仏教観はその後に現れる多くのモンゴル語の年代記に決定的な影響を与え続けた。恐らくはアルタン・ハーンと同時代の人物による『アルタン・ハーン伝』と著者不明の『アルタン・トプチ』（黄金史、一六二〇～三〇年の間に編纂）、ホトクタイ・セチェン・ホン・タイジの曾孫サガン・セチェン・ホン・タイジが一六六二年に編纂した『エルデニン・トプチ』（蒙古源流）、一六七七年の『アサラクチ史』と十七世紀末のロブサンダンジンの『アルタン・トプチ』、そして十八世紀の著作など、ほぼ例外なく『十善福白史』の歴史観を踏襲している。モンゴル語年代記にはだいたい次のような共通した内容と特徴がある。

一　宇宙の起源。
二　人類史の発生。
三　インドからチベット、そしてモンゴルへの世界史の展開。
四　モンゴルのハーン家の起源。すなわちチンギス・ハーン家はチベットの王家とつながり、さらにはインドの王統に淵源する。インドとチベット、それにモンゴルは三家同源である。
五　理想的な治世は、政治と宗教の二法に依拠して実現される。

ではなぜ、モンゴルの王家をチベットやインドとつなぎ、仏教の神々の化身とするのか。ベルギー出身で、オルドス高原に二十年間も滞在し、現地の視点でモンゴル史について研究を進めたモスタールトは年代記『エルデニン・トプチ』（蒙古源流）を例に、次のように論じている。

年代記の著者サガン・セチェン・ホン・タイジはモンゴルの最後の大ハーン、リクダン・ハーン（一五九二～一六三四）と親しく、大元ウルスの滅亡を経験した。モンゴルの各万戸集団が相次いで新興の満洲人の後金《こうきん》国、清朝に征服され、帰順していく流れを目の当たりにした。ユーラシア世界において、唯一、チンギス・ハーン家の者のみがハーン位に即することができるというチンギス・ハーン時代の法理念が崩れるのを彼は目撃した。そこで、自身のチンギス・ハーン家の神聖性を保つために、曾祖父の著した『十善福白史』の理論を駆使して新たな年代記の編纂に専念した。いわば、一種の抵抗史観の結実と反映である。

　日本が生んだ世界的な歴史学者・岡田英弘は、「『蒙古源流』はチンギス家の高貴な血統を中心の軸とする世界史」である、と解説し、位置づけている。近年、年代記研究者の森川哲雄はまた次のように指摘する。モンゴルの年代記はチベットの文化と歴史について述べ、さらにはインドの王統にまでつながるという考え方を共有している。それは、「清朝の支配がモンゴリアに浸透していく中で、チンギス・ハーン家の権威を保つ役割をある程度果たしたと言える」ことである。

　年代記だけでなく、仏教界から出た仏教史も同様である。十七、十八世紀以来、チベット語で「モンゴル仏教史」を書くモンゴル人僧侶が多数現れた。代表的な著作の一つ、ツンベル・グーシの『モンゴル仏教史』（ジグメ・ナムカ著・外務省調査部訳『蒙古喇嘛教史』生活社、一九四〇）も年代記とほぼ同じ歴史観に基づいて書かれている。[1] 草原の僧たちは読経しながらも、俗世間の政治に決して無関心ではなかったのである。モンゴル高原の中央部にハラ・ブハイン・バラガスという古代ウイグルや契丹時代から続いた都城址がある。その廃墟の健在をモンゴル帝国崩壊後の草原の僧たちは再利用し、寺院と仏塔を建てた（図1-3）。一九七〇年、ここの仏塔の下から数千点もの白樺に書かれた文書が見つかった。仏典もあれば、叙事詩の断片もあったし、民族の開祖チンギス・ハーンを褒め称えた賛歌もあった。

このように、モンゴルの知識人と政治家は仏教の理念に即して国家の政治運営をしてきただけでなく、自身の王家の神聖性を仏教史の中で位置づけていたのである。十三世紀に世界帝国を建立したモンゴルであるが、広大なユーラシア各地でさまざまな宗教に出会った。一般的に宗教に寛容であったモンゴル人はイスラームに対しても、チンギス・ハーンと宗教との一体化に熱心であった。中央アジアでは、チンギス・ハーン家に由来する「高貴な血筋」（「白い骨」とも）は預言者ムハンマドにルーツを持つ名家と結合していった[2]。チベット仏教に対するモンゴル人の態度は決して例外的なものではなかったのである。

図1-3　モンゴル高原中央部ハラ・ブハイン・バラガスの仏塔

白傘蓋仏母の儀礼

では、ユーラシア東部のモンゴル帝国、すなわち元朝がチベット仏教とどのような「二法」関係を結んだのであろうか。単なる施主と檀家の関係ではなく、国家統治における二法の実践が実態としてどのように現れていたのであろうか。

モンゴル人は元来、シャーマニズムの精神に基づいて、国家のシンボルとして白いスゥルデ（帝国国旗）、軍神として黒いスゥルデを神聖視し、後にはチンギス・ハーン本人も国

図1－4　北京市内の白塔寺に描かれた白傘蓋仏母。大元王朝時代の作品である。

家の守護神と位置づけられるようになった。モンゴル史学者のチョイジによると、こうした伝統はフビライ・ハーンによって改革されたという。フビライ・ハーンが大都に首都を置くようになると、国師パクパの進言に従って、白傘蓋仏母《びゃくさんがいぶつも》（図1－4）を白いスゥルデの代わりに、マハカーラ（大黒天）をモンゴル軍の軍神とするような政治改革を断行したのである。[3]

早稲田大学教授の石濱裕美子の研究によると、「白傘蓋仏事の本尊となる白傘蓋仏母は、いずれも、仏頂糸の経典に説かれる仏である。仏頂糸の仏とは仏が瞑想に入った時、その頭頂（肉髻）から出現した陀羅尼が尊格化したものである」。白傘蓋仏事は国師パクパの強い意向で創設されたもので、毎年豪華な祭典として行われたという。それは、普段は大ハーンの王座の上に白傘蓋を安置し、毎年二月月十五日にはさらに皇城を一周する儀礼である。その際に「仏頂《ぶっちょう》大白《だいびゃく》傘蓋《さんがい》陀羅《だら》尼経《にきょう》」が国家をあらゆる災難から護る目的で唱えられた。

白傘蓋仏母の政治儀礼はモンゴル朝廷を舞台に実施されたし、マハカーラ（図1－5）は軍神として各地の転戦に帯同された。軍神マハカーラはその後、満洲人に受けつがれていった、と近年、内モンゴル自治区のモンゴル人の歴史学者チョイジは主張している（蕎吉『蒙古族全史（宗教巻）』内蒙古大学出版社、二〇一一）。

政治儀礼は白傘蓋仏母とマハカーラでもって、それぞれ白いスゥルデと黒いスゥルデに完全に取って代えられたわけではない。モンゴル高原と大都にあったチンギス・ハーンをご神体とする祭殿の儀礼はずっと、シャーマニズムの精神に依拠した「国俗」と「国語」ことモンゴル語で挙行されてきた。

一五七八年に、オルドスのホトクタイ・セチェン・ホン・タイジの勧めでアルタン・ハーンらが再度チベット仏教を正式に導入した際に、古いシャーマニズムの習慣を部分的に改める旨の意志が示された。しかし、そうした政策はあくまでもチベットとの国際関係を維持し、仏教を尊崇するための理念であったと理解した方がより合理的であろう。

図1−5　モンゴル語のガンジョール内の軍神マハカーラ。『蒙古文《甘珠爾》仏像大全』より

何よりも、ホトクタイ・セチェン・ホン・タイジ自身の万戸集団、すなわちオルドス万戸はシャーマニズムの「国俗」に基づいたチンギス・ハーン祭祀を維持運営する政治集団であった性質を忘れてはいけない。事実、チンギス・ハーン祭祀は今日までずっと、少なくとも建前上はチベット仏教を排除した形で行われてきたのである。

図1－6　モンゴル最後の大ハーン、リクダン・ハーンの拠点だったバーリン草原の白塔。

草原の翻訳家たちの功績

元朝は国家の政治祭祀にチベット仏教を活用しただけでなく、国家が支援する形で多くの仏典をモンゴル語に翻訳した。モンゴル人が中原から草原に帰った後も、仏典の翻訳は途絶えなかった。アルタン・ハーンとその後継者たちの時代を経て、十七世紀の最後の大ハーン、リクダン・ハーンの時になると、モンゴル語大蔵経《だいぞうきょう》『ガンジョール』はついに完成された。この点について、ドイツのモンゴル学者ハイシッヒは次のように指摘する。

　リクダン・ハーンはモンゴルの最後の大ハーンとして、悲劇的な人生を送らなければならなかった。彼は少年時代から大志を抱き、祖先チンギス・ハーンに倣い、フビライ・ハーンの生まれ変わりになりすまそうとした。リクダン・ハーンは契丹こと遼時代の都市、白塔（今日の内モンゴル自治区バーリン草原、図1－6）に本拠地を置き、ここに彼自身の宗教観に賛同するモンゴル人とチベット人高僧三十五人をモンゴル各地から招集して、それまでにほぼ完成されていた『ガンジョール』の校訂作業を一六二八年から翌年にかけて進めた。

　高僧たちは学僧グンガー・オドセルの指揮下で、一千百点もの経典を校訂し、奥付に「人類のあらゆる支配者中の支配者、チンギス・ハーンの化身、フビライ・ハーンの化身、法輪を回す世界の主権者の化身」たるリクダン・ハーンを称賛する言葉を書き込んだ。大ハーン自身用の一部は、青地に金文字で書かれた。

モンゴル人から大ハーンの権威を禅譲された満洲人もこの偉大な文化遺産を好意的に受け入れた。康熙帝は学僧団にリクダン・ハーンの『ガンジョール』をもう一度検討させ、一千五十五もの作品全体を百八冊に分けて、一七一八年から一七二〇年にかけて北京で開版印刷した（前掲図0-3参照）。大きさは約三十五センチ×七十センチで、両面印刷して四十八万葉に達する成果はまさに壮大な文化遺産の継承と発展といえる。

モンゴル人の歴史学者チョイジ（一九四一～二〇二二）はハイシッヒらの研究をさらに深化させ、次のように総括している（薔吉『蒙古族全史（宗教巻）』）。

> 『ガンジョール』の一部の翻訳は、リクダン・ハーンの時代から始まった。それは、シャルバ・ホトクト（?～一六三六）が大ハーンの身辺にいて、ハーンの宗教上の導師になっていた頃のことである。現存の多くの仏典が証明しているように、『ガンジョール』の一部はすでに元朝時代にモンゴル語に翻訳されていた。ナムダイ・チルク・ホン・タイジ（在位一五八六～一六〇七）の時代にも翻訳は継続された。
>
> リクダン・ハーンの時代になると、元朝期とその後十六世紀以降の零細な翻訳と、ナムダイ・チルク・ホン・タイジとオユンチ・ジュンゲン・ハトン（一五五〇～一六一一）、オン

ブ・ホン・タイジ（?〜一六二四）らの支持の下で、シレート・グーシ・チョルジ（一五六四〜一六二五）とアユーシ・グーシら右翼三万戸の優れた翻訳者たちが『ガンジョール』の翻訳に取り組んだ。僅か一年でモンゴル人の最大の文化的事業、『ガンジョール』百十三函を編纂し終え、金粉でもって中国製の紺紙に書写した。これが、モンゴル人の言うところの「リクダン・ハーンの金字『ガンジョール』」である。

上記の翻訳者たちの中で、シャルバ・ホトクトは軍神マハカーラとも関係している。元朝時代にはパクパ国師が黄金二千両で作り、五台山で祀っていた軍神マハカーラはチベットのサキャ寺に移転され、保管されていた。シャルバ・ホトクトはこのマハカーラ神像をチベットから持ち出してモンゴルのリクダン・ハーンに献上した。リクダン・ハーンもまたこの由緒ある神像を祀り、祖先フビライ・ハーンのようにモンゴル帝国の再興に力を入れていたのである。この『ガンジョール』のモンゴル語版の完成は、その後のモンゴル文化の復興に決定的な影響を与えた。モンゴル人が学問好きな民族に変身したことを象徴する金字塔である。

手写本の奥付が語る歴史

既述のように、フビライ・ハーンは白傘蓋仏母を元朝の国家鎮守の守護神として奉っていた。白傘蓋仏母を称賛した経典が元朝時代にモンゴル語に翻訳された可能性は高く、モンゴル語『ガンジョール』内に「白傘蓋仏母賛歌」が次のように二つある[4]。ドイツのハイシッヒと内モンゴルのチョイジは同書の奥付に依拠して、上で触れたアユーシ・グーシがこの二つの経典を翻訳したと指摘している。[5]

実はモンゴル人が長城以南の中原から北の草原地帯に撤退した後も、白傘蓋仏母は国土の安寧を守る守護神であるとの理念は堅持されてきた。例えば、一九四〇年代にモンゴル人が中国人の侵略に武力で抵抗した際も、白傘蓋仏母の儀礼を執り行い、経典を唱えてから国土防衛の戦いに挑んでいたのである（拙著『モンゴル人の中国革命』ちくま新書、二〇一八）。

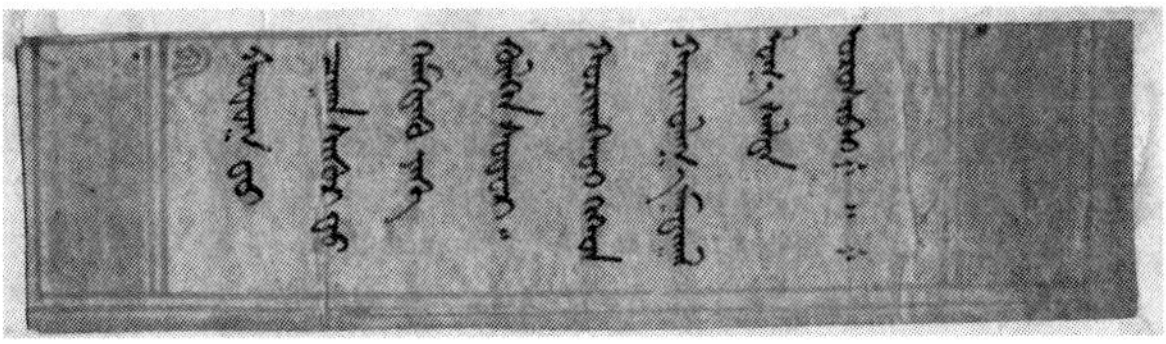

図1－7　モンゴル語の白傘蓋仏母賛歌。著者蔵

私は長いこと、実際にモンゴル社会内で誦読《じゅどく》されていた白傘蓋仏母賛歌を見つけようと努力してきた。私の願いはついに実り、一九九五年と二〇〇六年夏にモンゴル国から二種の白傘蓋仏母に関する写本を収集することができたのである（図1－7）。ついでに述べておくが、モンゴルは実に写本（古文書）の多い社会である。ユーラシアの東部では、モンゴルと日本だけ民間に無数の写本が伝わっている。

閑話休題。

私が見つけた二種の白傘蓋仏母に関する写本のうち、一九九五年収集の写本は「聖白傘蓋仏母という大乗経典。総括と返答（回折）の賛歌」で、二〇〇六年夏収集の写本は「無敵の聖白傘蓋仏母の大いなる返答（回折）の陀羅尼」である。[6] これらの写本は実際にモンゴル人社会内に伝わっていた白傘蓋仏母信仰を示すもので、二つとも、書風の美しい作品である。特にそのうちの「無敵の聖白傘蓋仏母の大いなる返答（回折）の陀羅尼」は書風から判断して十八～十九世紀のものである可能性が高い[7]。

二つの写本のうち、第一の写本すなわち「聖白傘蓋仏母という大乗経典。総括と返答（回折）の賛歌」はさらに二つのテキストからなる。前半は「聖白傘蓋仏母という大乗経典」で、後半は「総括と返答（回折）の賛歌」である。写本の第二十一葉の裏面から二十二葉に至るまでの間に、最初のテキストの奥付があり、きわめてユニークな内容である。

> 聖如来の頭頂（uṣṇīṣa、肉髻《にっけい》）から生成された無敵の白傘蓋仏母の大いなる返答（回折）の陀羅尼が完結した。菩薩たるハーンの時に翻訳され、後世のカシミールのパンディタとロゾアら二人がそろって幸ある金剛にて、カシミールの聖水が湧き出る域の寺院にある古い経典とつき合わせて校訂した。これをグーシ・チョスが翻訳し、ウラト地域の僧ダルマがまた直して版刻した[8]。

この奥付は木版本『ガンジョール』内のものとほぼ一致している。草原のラマたちが高価な北京版木版本から書写したのかもしれないし、民間に伝わっていた別の系統の写本をさらに書き写した可能性も否定できない。というのも、次のような傍証があるからである。

私がオルドスの民間から集めて公開した手写本の「聖救度仏母二十一種礼賛経」は一四三一年

の北京で開版印刷された木版本とほぼ同じである。一四三一年の北京版は実は元朝版の復刻である（巻末テキスト参照）。モンゴルの民間にはほかに「ウラト地域の僧ダルマ」が訳した手写本も多数流布していたが、オルドスの手写本は元朝の木版と基本的に同じである。民間の手写本が元朝時代の木版本と同じである、ということの意義は大きい。そして、「聖救度仏母二十一種礼賛経」はまた本書第五章で詳しく紹介するオルドスのアルジャイ石窟寺院内の壁に題字として書かれているのである。

本書の結論を先に部分的に示しておくと、「聖救度仏母二十一種礼賛経」はモンゴルの元朝時代に大都北京で木版印刷されただけでなく、同時代に開鑿された石窟寺院内の壁にも書かれたし、手写本の形で遊牧民社会に伝わっていたのである。

チベット仏教世界とモンゴルの政治権力との関係

石濱裕美子は多言語で書かれた檔案《とうあん》と年代記、それに仏典内の歴史学的史料を用いて、「チベット仏教世界」という新しい学術的概念を打ち出した。「従来のアジア史研究において、ある特定の思想とそれに基づいた政治行動が複数国間にわたって確認され、その結果それらを一つの世界とみなせる場合、その世界は中華世界、イスラム世界等の用語によって表現されてきた」。

これに対し、石濱は、モンゴルとチベット、それに満洲人支配者が形成したのは、チベット仏教の理念に基づく世界像という意味で、「チベット仏教世界」になる、と論じた。具体的にいえば、それはフビライ・ハーンとパクパが結んだ、王と国師との関係を後世のアルタン・ハーンとダライ・ラマ三世が倣い、さらには清朝の乾隆帝にも受け継がれた。元朝のハーンも清朝の皇帝も菩薩にして転輪聖王の再来として治世にあたった。中華世界という中華中心主義では、ユーラシアの諸民族の歴史の実態と性質が解明できない。むしろ「チベット仏教世界」こそが有効である、と石濱は唱えた。

石濱はチベットとモンゴルだけでなく、満洲と長城以南のチャイナ・プロパーも研究の射程に入れているのに対し、韓国の女性研究者、金成修《キムソンス》はモンゴル高原に焦点を当てて、仏教が再度草原に伝わった際に引き起こされた大ハーンの政治権力の変転に注目した。金によると、仏教の再導入により、チベットに形成されていた仏教の政治的中心はモンゴルに移った。しかも、モンゴルには複数の仏教的政治センターが現れたことで、それまでの政治の中枢を成していた大ハーンの権力の空洞化をもたらした、と論じている（金成修『明清之際藏伝佛教在蒙古地区的伝播』社会科学文献出版社、二〇〇六）。

金成修の分析は次の通りである。

十六世紀後半にチベット仏教をモンゴルへ再び将来した際に中心的な役割を果たしたアルタン・ハーンは、モンゴルの六大万戸の一つ、トゥメト万戸の指導者である。時の全モンゴルの大ハーンはチャハル万戸に鎮守するトゥメン・ジャサクトである。アルタン・ハーンは自身をフビライ・ハーンの如き菩薩にして転輪聖王だと位置づけて、チベットの高僧にはダライ・ラマの称号を与えて政治的権威を高めた。これにより、明らかに全モンゴルの大ハーンよりも政治的神聖性が高くなったことをまざまざと草原の遊牧民に見せつけたことになる。この時点で、草原にはトゥメト万戸を中心とした政治センターと、大ハーンを擁したチャハル万戸センターの二つが形成されたことになる。ここから、大ハーンの権威低下、権力の没落が始まる。

大ハーンの権威低下はこれだけに止まらない。三世ダライ・ラマがモンゴル南部のフフホトに来ていた一五八六年に、モンゴル北部のハルハ万戸からも有力な政治家アブダイ・ハーン（一五五四～八八。図1－8）が訪ねてくる。アブダイ・ハーンはダライ・ラマ三世から「持金剛の化身たるハーン」の称号を与えられる。この「持金剛の化身たるハーン」はそれまでに主としてチンギス・ハーンに対して用いていたことから見れば、ダライ・ラマ三世のアブダイ・ハーンに対する評価は相当高かったといえよう。

図1－8　仏画タンカに描かれたアブダイ・ハーン。*The Life of Zanabazar, First Bogd Gegeen of Mongolia* より

アブダイ・ハーンはハルハに帰り、モンゴル帝国の帝都だったハラ・ホリムの廃墟に巨大な伽藍エルデニ・ジョーを建立する（図1－9、図1－10）。この時点で、ハルハ万戸にも一つの仏教を中心とした政治センターが出現したことになる。同様なことは、西モンゴルことジュンガル・ハーン国を成すオイラト諸部内でも並行して進む。ジュンガル・ハーン国も当然、全モンゴルの支配と統一を目的とした雄大なビジョンを有していた。

図1－9　モンゴル帝国の首都ハラ・ホリムの廃墟に立つエルデニ・ジョー寺の外壁。

図1－10　エルデニ・ジョー寺境内に建つ伽藍

大ハーン権力の没落は最終的に政治の中心がモンゴルのある万戸にではなく、満洲人の方へとシフトしていくことになる。文殊菩薩の化身を自認する満洲人はついにモンゴル最後の大ハーン、リクダン・ハーンから伝国の玉璽と軍神マハカーラの神像等を奪って、ユーラシア草原の遊牧民のハーンとしての顔を有するようになっていくのである。満洲人のハーンもモンゴル語版『ガンジョール』の意義をじゅうぶんに理解していたので、版木を彫って北京で印刷に付したのである。

金成修の仏教研究は、モンゴルの大ハーンの政治権力の没落を解析するのに大きく貢献している。チベット仏教がモンゴル政治を腐敗させ、元朝を滅亡させた、と後世の知識人はよく批判する。しかし、そうした批判者たちの根拠は貧弱だった。金の研究は批判の材料にならないが、遊牧社会における政治権力と宗教との関係史を理解するうえで、有用であると評価できよう。

チベット仏教のモンゴル化

チベット仏教とモンゴルとの関係について考える際に、二つの側面に注視する必要があろう。一つは政治との関係で、もう一つは仏教のモンゴル化、言い換えれば、宗教のモンゴル・ナショナリズム化である。

政治との関係についてはすでに上で述べてきた通りで、モンゴル内部においてはチンギス・ハーン家との特別な施主と檀家の関係である。そして、もう一つはモンゴルとチベットとの国際関係である。清朝時代はそうであったし、現代においても、チベットとモンゴルの活仏たちは積極的に政治運動に関わった。それが、中国との関係となると、さらに複雑化した。

モンゴル人とチベット仏教との政治関係を最も象徴的に物語る人物が二人いる。一人は四世ダライ・ラマ（図1－11）で、もう一人はジェプツンダムバ・ホトクトである。

三世ダライ・ラマは一五八八年

図1－11　四世ダライ・ラマのユンドンジャムツォ。チンギス・ハーンの直系子孫アルタン・ハーンの曽孫である。『唐卡中的西藏活仏』より

図1－12　初代ジェブツンダムバ・ホトクト。*The Life of Zanabazar, First Bogd Gegeen of Mongolia* より

三月二六日に布教先のモンゴルのトゥメト地域で入寂《にゅうじゃく》した。ダライ・ラマ三世は、繰り返し自分の転生はモンゴルから出現する、と予言していた。それを受けて、翌年生まれたアルタン・ハーンの曾孫ユンドンジャムツォが前世の転生として、四世ダライ・ラマに認定された。チベット仏教の最高指導者がモンゴルの黄金《アルタン》家族《・ウルク》、チンギス・ハーン家から転生したことの政治的な意義は計り知れない。こうした「奇跡」の創出は前世の政治的意向とモンゴル側の思惑が一致した結果である。

もう一人、初代ジェブツンダムバ・ホトクト（ジャナバザルとも。図1－12）はハルハ万戸へ仏教をもたらしたアブダイ・ハーンの曾孫で、こちらもチンギス・ハーンの直系子孫である。イギリスのモンゴル学者ボーデンは『初代ジェブツンダムバ・ホトクト伝研究』の序言で次のように論じている。初代ジェブツンダムバ・ホトクトは一六三五年に生まれており、これはモンゴル最後の大ハーン、リクダン・ハーンが亡くなった翌年にあたる。彼は、ハルハ万戸内のトゥシェート・ハーンの息子として、黄金家族の一員として誕生し、チベット仏教の転生仏に認定されたのである。
歴世のジェプツンダムバ・ホトクトはまたボグド・ゲゲーン、すなわち「聖なる活仏」として崇められた。この初代のジェプツンダムバ・ホトクトはとりわけ仏像の鋳造に熱心だった。彼は自身がデザインした優れた仏像でもって遊牧民の帰依処を具現しようとした。西洋の研究者たちは、彼の鋳造した作品群を指して、「ユーラシア草原のルネサンス期の傑作」と呼んでいる（図1－13）。女性美を濃艶に、甘美に描いた作品は光陰が経っても、世界中の人々から愛されている。

最後の第八世ジェプツンダムバ・ホトクトは一九一一年に清朝に対して独立を宣言し、モンゴル民族の独立に大きく貢献した。彼は青海省に住むチベット系の家に生まれ、幼少期に先代活仏の化身としてモンゴルに連れて来られた。モンゴル人よりもモンゴル人の独立不羈《ふき》の精神を尊び、清末からロシアや日本と接触し、独立の準備を始めていた。革命が成功し、新生のモンゴル国の元首となった彼は、ボグド・ハーン、「聖なるハーン」と称された。その妃は緑ターラーの化身と

図1－13　初代ジェプツンダムバの作品、緑ターラーの塑像。後述するように、緑ターラーはモンゴル人社会で絶大な人気を誇っていた。*Boγda Qaγan-u Noγuγan Dar-a Eke-yin Sitügen-üd* より

図1－14　第八世ジェプツンダムバ・ホトクト夫妻。モンゴル国ボグド・ハーン博物館提供

尊崇されていた（図1－14）。

彼が一九二四年に入寂すると、次の転生の誕生を共産主義者たちは阻止した。ここで、社会主義のモンゴル人民共和国が成立する。[9]

社会主義による宗教弾圧

清朝の政治と宗教政策により、歴代ジェプツンダムバ・ホトクトの中にはチベット高原出身者も含まれるが、彼らはモンゴルに渡ってから常にモンゴル人の活仏として振る舞い、モンゴル政治に積極的に関与してきた。近代に入り、特に中国からの侵略と圧力が強まるにしたがい、政治的危機感も高まり、モンゴル人の民族的覚醒に大きな役割を果たした。[10]だからこそ、社会主義者にはその存続が許されなかったのであろう。最後のジェプツンダムバ・ホトクトの入寂後に、一九三〇年代から大規模な政治的粛清がスターリンの指示で行われ、ラマたちはテロルの犠牲者となっていった。[11]

内モンゴル自治区での宗教弾圧と殺戮、そして寺院の破壊は一九四九年に毛沢東の中華人民共和国が成立してから実施された。内モンゴルの指導者のウラーンフーは宗教に関して穏やかな政策を採っていたが、毛沢東の中国共産党は過激であった。「宗教は人民を毒する麻薬だ」との信念の下で、ラマたちは逮捕され、殺害された（拙編『モンゴル人ジェノサイドに関する基礎資料3――打倒ウラーンフー（烏蘭夫）』風響社、二〇一一）。

モンゴルだけでなく、チベット仏教側も同じである。

一九三〇年代にチンギス・ハーン家の徳王ことデムチョクドンロプ王が内モンゴルで民族自決運動を始めた際に、九世パンチン・ラマは彼の身辺に滞在し、支持していたことがある。時をほぼ同じくして、別の高僧、ジャンガー・ホトクト（別名：ジャンジャー・ホトクト。図1-15）は中華民国側に立って抗日運動に加わり、モンゴル人が日本に追随しないよう宣撫活動を繰り広げていた。

図1-15　中華民国のために奔走した僧侶、ジャンガー・ホトクト。著者蔵

チベット仏教が草原に伝わってから、ごく自然にモンゴル化していった。経典をチベット語で唱えるかモンゴル語で誦《よ》むべきかの問題もまた、常に議論の対象となっていた。内モンゴルのウラト地域のメルゲン・ゲゲーン・ロブサンダムビジャルスン（一七一七～六六）は体系的に経典の翻訳を進め、モンゴル語での読経を率先して実践した。今日、彼が翻訳

ないしは創作した作品に関する研究は「メルゲン・ゲゲーン学」と称されるようになり、研究成果も汗牛充棟の様相を呈している。メルゲン・ゲゲーンの仏教的作品はシャーマニズのチンギス・ハーン祭祀にもある程度の影響を与え、モンゴル社会のあらゆる儀礼に浸透しているのである[12]。

二十世紀に入ってから、ナショナリズムに覚醒したモンゴル人自身が「ラマ教と近代化の関係」について思索するようになる。モンゴルの一部を植民地として統治した日本もまた、宗教改革を近代的政策としてモンゴル人に推し進めた。満洲国のモンゴル人と日本が主導した宗教改革は比較的に穏便なものであったのに対し、社会主義の弾圧は苛烈であった。現在、中国では再び毛沢東時代を彷彿とさせる過酷な宗教弾圧が始まっているのと対照的に、モンゴル国では完全に自由を享受している。宗教、それもチベット仏教がモンゴル社会の再編にいかなる影響を与えるのか、これからも注視し続けなければならないのであろう。

次章では草原に入って、遺跡として残る石窟の探検を行おう。

（1）『モンゴル仏教史』については、橋本光寶による日本語訳がある。ただ、橋本は同書の著者をドイツ語版の訳者と同様にジグメ・ナムカとしている。現在では、ツンベルとするのが定説となっている（固始噶居巴・羅桑澤培『蒙古佛教史』、全仏出版社、二〇〇四、一〇～一一頁。窪田新一「『モンゴル仏教史』著作の寺院を訪ねて」『日本とモンゴル』第五一巻第二号、二〇一七、八八～九五頁）。近年、窪田新一ら有志が同書のモンゴル語版の訳注を公刊している（大正大学総合仏教研究所モンゴル仏典研究会訳注・窪田新一監修『モンゴル仏教史』一～四、ノンブル社、二〇〇二、二〇〇六、二〇一一、二〇一五）。

（２）Hudson, Alfred, E. *Kazak Social Structure*, Yale University Publications in Anthropology, Reprinted by Human Relations Area Files Press, 1964（1938）, p.56, pp.102-103. Kamola, Stefan, *Making Mongol History, Rashid Al-Din and the Jami'Al- Tawarikh*, Edinburgh University Press, 2019. 楊、2020、39頁。

（３）Čoyiji, *Mongol-un burqan-u šasin-u teüke, Yeke Mongγol ulus-un üy-e*（*1206-1271*）, Öbür Mongγol-un arad-un keblel-ün qoriy-a, 1998, pp.286-287. 喬吉『蒙古族全史（宗教巻）』内蒙古大学出版社、二〇一一、七六～七九頁。 *Mongol-un burqan-u šasin-u teüke, Yuvan ulus-un üy-e*（*1271-1368*）, Öbür Mongγol-un arad-un keblel-ün qoriy-a, 2003, pp.286-287.

（４）二種類の「白傘蓋仏母賛歌」のモンゴル語のタイトルはそれぞれ1.Qutuγ tu qamuγ tegünčilen iregsed-ün orui-ača γaruγsan čaγan sikürtei, busud-a ülü ilaγdaqu yekede qariγuluγči, degedü bütügsen neretü tarni. 2. Qutuγ-tu tegünčilen iregsed-ü usnir-ača γaruγsan čaγan sikürtei busud-a ülü ilaγdaqu neretü tarni. Ligeti, Louis, *Catalogue du Kanjur Mongol Imprimé*, Société Körösi Csoma, Budapest, 1942, p.63. Mongγol γanjuur danjuur-un γarčaγ-un nayiraγulqu jöblel, *Mongγol γanjuur danjuur-un γarčaγ*, degedü, Alus-un bar-a keblel-ün qoriy-a, 2002, pp.34-35.

（５）Heissig, W, *Die Pekinger Lamaistischen Blockdrucke in Mongolischer Sprache*, Otto Harrassowitz, Wiesbaden, 1954, p.29. Čoyiji, *Mongol-un burqan-u šasin-u teüke, Yeke Mongγol ulus-un üy-e*（*1206-1271*）, p.335. 喬吉『蒙古族全史（宗教巻）』、二三九頁。

（６）モンゴル語の原文はそれぞれ、1.Qutuγ-tu čaγan sikürtü kemekü yeke kölgen sudur, quriyangγui kiged qariγuly-a maγtaγal luγ-a salta orusiba. 2. Čaγan sikürtei busud-tu ülü ilaγdaqu yekede qariγuluγči neretü tarni. 楊海英「モンゴル国から収集したモンゴル語写本・木版本目録（中間報告書）」静岡大学人文社会科学部アジア研究センター『アジア研究』第15号、三～七頁。なお、デンマークの首都コペンハーゲンの王立図書館にも同経典は保管されている、とハイシッヒらは伝えている（Heissig, Walther, assisted by Bawden, Charles, *Catalogue of Mongol Books, Manuscripts and Xylographs*, The Royal Library, Copenhagen, 1971, p.230）。

（７）Kara György, *Books of the Mongolian Nomads, More than Eight Centuries of Writing Mongolian*, Indiana University, Bloomington, Research Institute for Inner Asian Studies, 2005, pp.97-100.

（８）モンゴル語原文は Qutuγ-tu tegünčilen iregsen uṣṇīṣ-ača γaruγasan čaγan sikürtei busud-ta ülü čicaγdaqu jiči yekede qariyuluyči degedü bötügsen kemegdekü doytaqal tegüsbe, bodisadu qayan tüsimel-ün üy-e-dür orčiyuluy-san-ača qoyidu čaydu Khasi（mir）-yin paṇdita paranitab kiged luvazau-a qoos bayasqulangtu vačir-bar Khasi（mir）-yin rasiyan yaraqu-yin orun-u nom-un süm-e-yin qayučin sudur-tur tulyaju ariyudqan üiledügsen bolai, kemen egüni orčiyuluy-a urid luy-a tokilduyulun güüsi Cös-ber orčiyuluysan Urad Dharm-a-bar jiči basa sigün jasaju keb-tür egüdügsen-e.

（9）Bawden, Charles, R, *The Jebtsundamba Khutukhtus of Urga, Text, Translation and Notes*, Otto Harrassowits, Wiesbaden, 1961, p.1. 最後のジェプツンダムバ・ホトクトについては、Batsaikhan, Emgent Ookhnoi, *Bogdo Jebtsundamba Khutuktu, The last King of Mongolia*, Admon, Ulaanbaatar, 2009参照。なお、二〇一四年八月、第十世ジェプツンダムバ・ホトクトは首都ウランバートルで灌頂の儀礼を受け、正式に坐床した。

（10）Sárközi, Alice, *Political Prophecies in Mongolia in the 17-20th Centuries*, Otto Harrassowits, Wiesbaden, 1992.

（11）Sandag Shagdariin, Harry H. Kendall with Foreword by Frederic E. Wakeman, Jr, *Poisoned Arrows, The Stalin- Choibalsan Mongolian Massacres, 1921-1941*, Westview Press, 2000.

（12）例えば、Möngke, Ba, *Mergen gegen Lobsandambilalsan*, Öbür Mongyol-un soyul-un keblel-ün qoriy-a, 1995. Naranbatu, Ü, Jalsan, P, Rasinim-a, Uyunbatu, *Mongyol-un Büddha-yin soyul*, Öbür Mongyol-un soyul-un keblel-ün qoriy-a, 1997.

第二章

北魏とチンギス・ハーンの石窟

ユーラシアの遊牧民モンゴルとチベット仏教との歴史関係について把握してから、実際に宗教が実践されていた現場に赴き、信仰の実態と実践を見てみよう。モンゴル高原の最南端、オルドス高原の石窟寺院に入ってみよう。石窟寺院の名はアルジャイである。アルジャイ石窟については、一九世紀末からモンゴルで布教していた西洋からのカトリックの宣教師たちはチンギス・ハーンと関連する遺跡だと伝えていた。そして、その継承寺は北のモンゴル高原にあるとも記録している[1]。

重要文化財

一九九九年十二月十九日は寒い日だった。朝の気温はマイナス二十度だった。暖房のきいた車はひたすら北へ走る。時々車を停めて写真を撮るが、瞬間的に寒さで指が痛くなりシャッターを押せなくなる。ここは中国内モンゴル自治区の西部、オルドス高原の北西部に広がるオトク旗の草原だ（地図1）。

私とオトク旗文化局文物管理所所長のバトジャラガル（図2−1）は昼の十二時半に旗政府所在地のウラーンバラガス（烏蘭鎮）を出て、アルブス郷にあるアルジャイ石窟を目指していた。バトジャラガルはオルドスの旧郡王旗（現エジンホロー旗。旗《グショー》は行政組織名）の出身で、ウンドゥルチュート氏族の一員である。旗の文化局に就職してから、映写機をかついで牧畜民の居住地をまわり、野外映画を上映する仕事を二十年間続けた。一九八二年から旗の文物管理員になり、以来、ずっと草原の文化財保護に全力を注いできた。

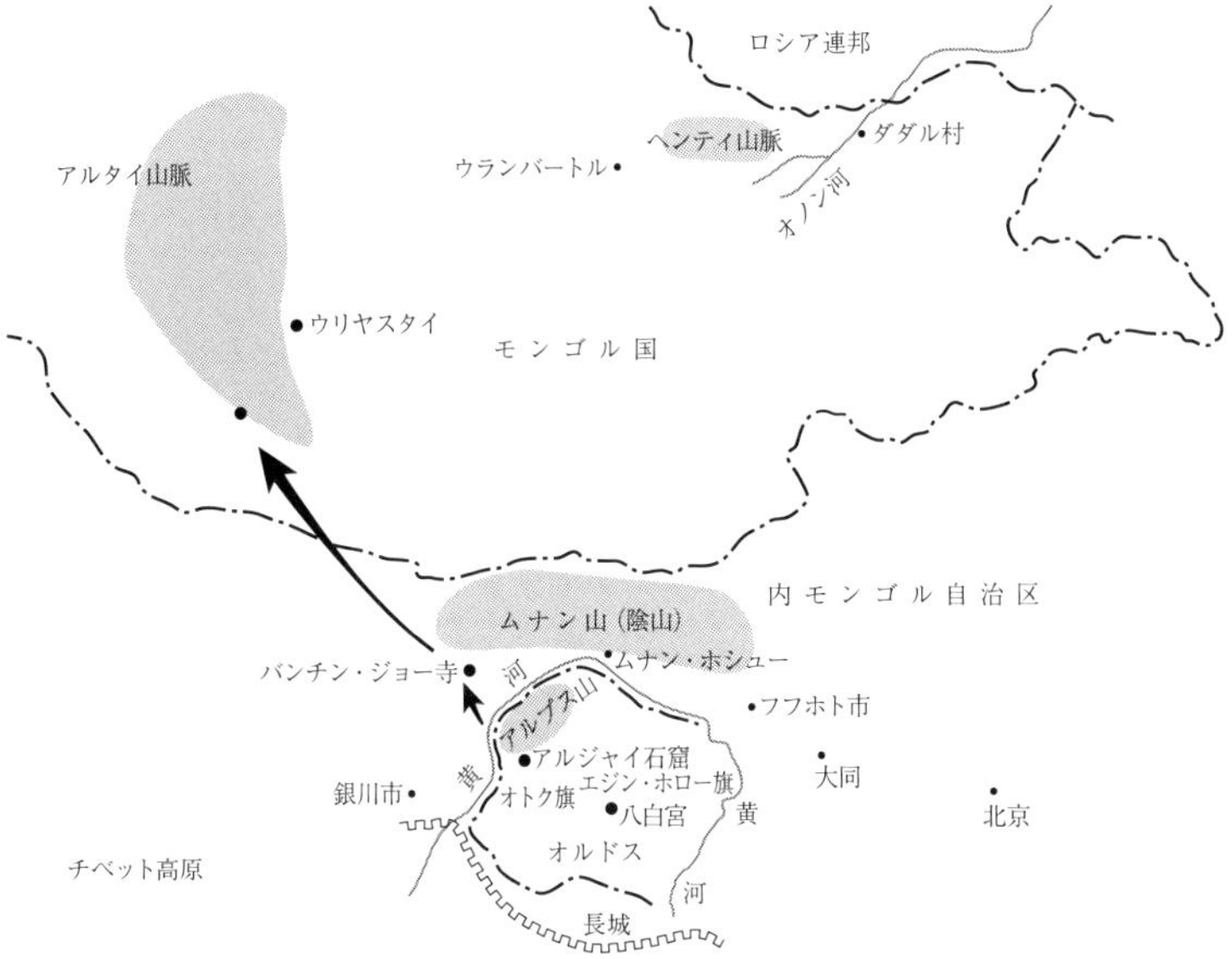

地図1　モンゴル高原におけるアルジャイ石窟とその周辺。矢印は後に黄河以北のバンチン・ジョー寺を経由し、モンゴル高原のナルバンチン寺へ発展し、移転していったルートを示す。

バトジャラガル所長の努力により、アルジャイ石窟は一九九一年十一月十三日にオトク旗の「重点文物」（重要文化財）になり、続いて一九九六年五月二十八日に内モンゴル自治区の「重点文物」として認定されるが、これらは必ずしも地元政府の幹部たちの支持が得られたわりではない。

「あの石窟は二千年近くも持ったのだから、今更手を加えなくてもいいんじゃないか」、と文物保護を訴えに行ったバトジャラガルは地元政府旗長の一人に言われたこともある。高層ビルを建て、近代的工場を作ることのみが党と政府からの使命だと共産党の幹部たちは理解しているらしい。

その後、私は時間さえあれば、年に二〜三回ほどアルジャイ石窟に行くよ

図2－1　アルジャイ石窟の保護と研究に携わるバトジャラガル

うになった。日本学術振興会科研費とトヨタ財団の研究助成を得て、石窟内の壁画と題字を鑑賞し、出土文書を整理した。バトジャラガルはあいかわらず石窟保護のため、中国の各地を奔走していた。彼の夢はついに実現し、二〇〇三年三月二日、アルジャイ石窟は国務院によって中華人民共和国の重点文物に認定された。私たちの共同研究の成果が認められたのである。その後、二〇〇六年七月には現地のアルジャイ石窟付近で国際シンポジウムが開催され、本書の元となる学術論文は内モンゴル自治区社会科学院から表彰された。

チンギス・ハーンと結びつく地名

話を一九九九年十二月の寒い日にもどそう。

オルドス高原は世界史の舞台であった。それを物語る遺跡もまた多く残っている。ウラーンバラガスの北はシン・ジョー草原である（図2－2）。しばらく走っていると、道の東側に山々が見えてくる。アガースン・オンゴンだという。オンゴンという言葉にはいろいろな意味がある。シャーマニズムの神像、守護神、墓地、祭殿などすべてオンゴンと表現する。このアガースン・オンゴンとはチンギス・ハーンの末子、トルイ・エジン（トリ、トロイとも）の妃であるソルカクタニ・ベキを埋葬した場所と伝えられている。

図2－2　オルドス高原に残る良質な草原、シン・ジョー。ここにもシン・ジョーという寺があったが、1960年代に共産党に破壊された。

ソルカクタニ・ベキはモンゴル高原の覇者で、キリスト教の一派ネストリウス派（景教）の信者が多かったケレイト部の出身である。トルイ・エジンに嫁いでから、ムンケとフビライ、それにフレグという三人の大ハーンとなる息子を生んだ。トルイ・エジンこそモンゴルの大ハーンになれなかったものの、帝国の東部、大元ウルスの歴代のハーンはほぼすべてがトルイ・エジンの系統を汲む者がなっていた。フレグは西方、ペルシア本土のイル・ハーンとなった。こうした歴史もあって、ソルカクタニ・ベキはモンゴル人からイシ・ガトン、「嫁たる妃」、「中心柱たる妃」と呼ばれてきた。チンギス・ハーン家の嫁、黄金家族の嫁として称賛された。このソルカクタニ・ベキを祀る祭殿天幕は旧ジュンワン旗にあったが、墓地はオトク旗にある、という伝説である。

　チンギス・ハーンの末子トルイ・エジンの祭殿もオトク旗にある。ウラーンバラガスから十数キロ東の、シャル・ブリドというところにある。一九五六年以降、その祭祀活動は中断されていたが、二〇〇〇年から再開された。モンゴルでは末子のことをオトゴンと呼ぶ。オトゴンとは「火と炉の守り手」との意味だ。末子は火と炉に象徴される一族の財産を受け継ぐ。現在のオトク旗のオトクもオトゴンという言葉に由来するとされている。いわば「末子の旗」

図2－3　モンゴル人がオロン・ノホイン・ホドクと呼ぶ百眼井

となる。

私たちは午後三時頃にオロン・ノホイン・ホドクという尻無し河に着く（図２－３）。現代の中国語では尻無し河のことを季節河と呼ぶ。年間降雨量が三百未満で、夏に瞬間豪雨のかたちで降ることが多い。瞬間豪雨の後には一時的に河が流れるようになる。

オロン・ノホイン・ホドクとは「たくさんの犬の井戸」との意味である。上で触れた一九世紀末からモンゴルで布教していた西洋からのカトリックの宣教師たちは、**olaan noggai**と記している（地図２）。昔、チンギス・ハーンが千人大猟を行った際に、無数の猟犬のために掘った井戸と伝承されている。南北に形成された河床に点々と約八十の井戸が並び、一部は現在も使われている。これらの井戸は古代のイラン高原と東トルキスタンに存在する灌漑施設カナートに近似している。

私はオロン・ノホイン・ホドクの風景を眺めながら、悲しい気分になった。近現代の重い一幕がここで展開されたのだ。一九五〇年六月上旬、中華人民共和国に対して蜂起したオルドスのウーシン旗とオトク旗のモンゴル兵たちがここで壊滅的な打撃を受けたからである。疲弊した兵士たちが眠っているあいだに、中国共産党の騎兵第十五師団に包囲され、最後の激戦が行われた。

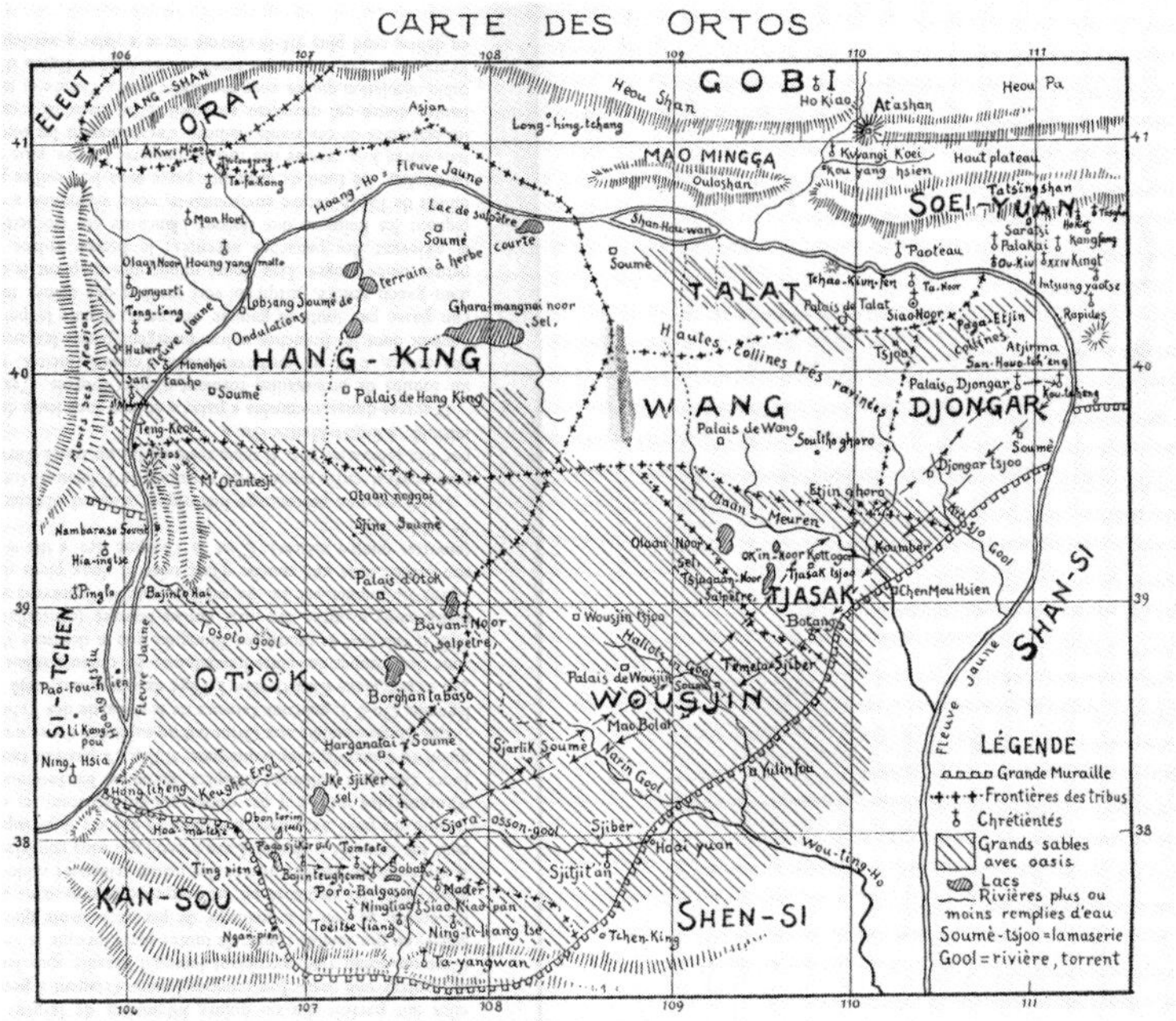

地図2　聖母聖心会のVan Oostが描いたオルドス。ここには彼らが熱心に布教していた時代のモンゴル語の地名が多数記されている。しかし、現在ではほとんどが中国語になった。Van Oost 1932より

騎兵第十五師団は主として内モンゴル東部出身のモンゴル人からなっていたが、私の父親もそれに加わっていた、と拙著『モンゴル人の中国革命』で書いたことがある。歴史を背負って生きる人間はまことにつらいものである。

オルドスのチャハル人とハルハ人

ドロン・ゴールという尻無し河を午後四時に渡る。いつの間にか、雲が太陽を覆い、雪が北風にまじって車窓にぶつかってくるようになった。アルジャイ石窟はもう近い、とバトジャラガルは助手席の私に話す。ドロン・ゴール河の北にはかつてド

ロン・シルケイという寺があった。地元の人によると、寺は一八〇四年に建てられたもので、そのチベット語名はラシチョインバリンである。一九五〇年代以前は七百頭近い羊と山羊、三十数頭のラクダ、六十数頭の馬を所有する裕福な寺院だった。一九六六年に文化大革命が始まった直後に、寺は共産党に破壊された。

　ドロン・シルケイ寺はアルジャイ石窟の南に位置していた。石窟の北にはウルジイトゥイン・スゥメ寺、西にはチョローンバイン・スゥメ寺、東にはチャガン・チロトゥイン・スゥメ寺がそれぞれ建ち、四方から石窟を取り囲むような配置だった。上記の四つの寺の内側は禁地とされ、人々が近づこうとしなかった。

　ドロン・シルケイ寺の周辺にはチャハル部出身の人が多い。少なくとも二十数戸はあるという。モンゴル最後の大ハーン、リクダン・ハーンがオルドスを通って、西のギョク・ノール（青海）へ進軍した際の遺留民だろうと伝承されている。またリクダン・ハーンがギョク・ノールで逝去した後、その部衆がチャハルの故地に戻り、後金国の支配下に入っていく時もオルドスを通過していることから、東帰途中の残留者たちの子孫だとも伝えられている。

　これらのチャハル人は「青いチャハル」とも呼ばれている。「青いチャハル人を役人にしてはならない。青い仔山羊を種雄にしてはならない」という俗語があり、チャハル人たちは長いあいだ差別されていた一面もあるようだ。ただし、チャハル人は勇猛さでも知られており、「チャハル人がいなければ戦は止まらない。羊毛がなければフェルトも作れない」ということわざもある。

　アルジャイ石窟の管理人の家に午後四時半頃に着いた。地面には薄い雪化粧ができていた。管理人はシャルヌート氏族に属するチョロー（?～二〇〇四）だ。シャルヌート氏族はモンゴル高原のハルハから約二百年前にオルドスに移住してきた歴史を持つ。今でこそモンゴル高原と南モンゴルのあいだに国境線が引かれているが、一九四九年までは両者は実に頻繁に行き来していた。

　アルジャイ石窟を含むこの辺りはウリヤースと呼ばれる。アルジャイ・ウリヤースともいう。ウリヤースに住むチョローは山羊二百頭、羊百頭を放牧している。オトク旗アルブス郷のほとんどすべてのモンゴル人と同じように、農業はまったくやらない。農業ができる環境ではないし、それ以上に家畜の放牧こそ、モンゴル人が営むべき最高の生業だと認識している。私の故郷ウーシン旗のモンゴル人たちは、そのような誇り高い価値観を羨望しながらも、半農半牧に依存せざるを得ないのが現状である。

　山羊の一部は出産期を迎えていた。厳しい冬を乗り切るため、二期出産制をとっているという。別の山羊群は春に仔を産むことになっているそうである。

　アルブス山中に住むモンゴル人たちは、一九五七年まで全員が移動遊牧をしていた。アルジャイ石窟周辺は夏営地だった。一九五八年に人民公社が成立し、政府から定住を命じられた。大半の人が固定建築を建てたが、一九六六年冬まで移動を放棄しない集団もいた。天幕を捨てて定住しない者は「反革命的な内モンゴル人民革命党分子」だと批判されたことから、翌一九六七年の夏から緑の草原に白い天幕が現れなくなった。不恰好で、低い技術で建てられたバイシンという固定建築に人々は入るようになったのである。

　夕方五時にアルジャイ石窟に到着した（図2－4）。あたりはすっかり暗くなった。それでも夕

図2－4　冬のアルジャイ石窟遠望

焼けで赤くなった石窟のある岩壁をビデオにおさめたかったが、寒くて手が痛い。管理人のチョロー老は山羊肉の塩ゆでを作ってくれた。この晩、私はアルジャイ石窟の一室、一時的に管理人の部屋として利用されている窟内で眠りについた。

　二〇〇〇年九月八日、私は内モンゴル自治区最西端のアラシャン盟からハイブルン・トハイ（現烏海市）経由で北から黄河を南へと渡り、アルジャイ石窟を目指した。途中の地名はすべてチンギス・ハーンと結びつくものだった。ウジュールト（棋盤井）鎮の南、道路の東側にある高い山はスゥルデン・ウーラという名で、かつてチンギス・ハーンの軍神黒いスゥルデがこの山の麓で祀られていたという。

　しばらく走ると、エジディン・オライという山々が見えてくる。エジデとは「主君たち」、「守護神たち」との意味で、チンギス・ハーンの祭殿八白宮を指している。八白宮は古い時代にアルブス山中に一時的に置かれていたとの伝説がある。その後、アルブス山中から東の黄河のほとり、ワンギン・ゴリン・ジョー（広慧寺）へ移る。ワンギン・ゴリン・ジョーは十六世紀に仏教を再導入した直後に、オルドスで建てられた寺の一つである。右翼三万戸の長たるジョノン（晋王）の宮帳もまたワンギン・ゴリン・ジョー付近にあった。

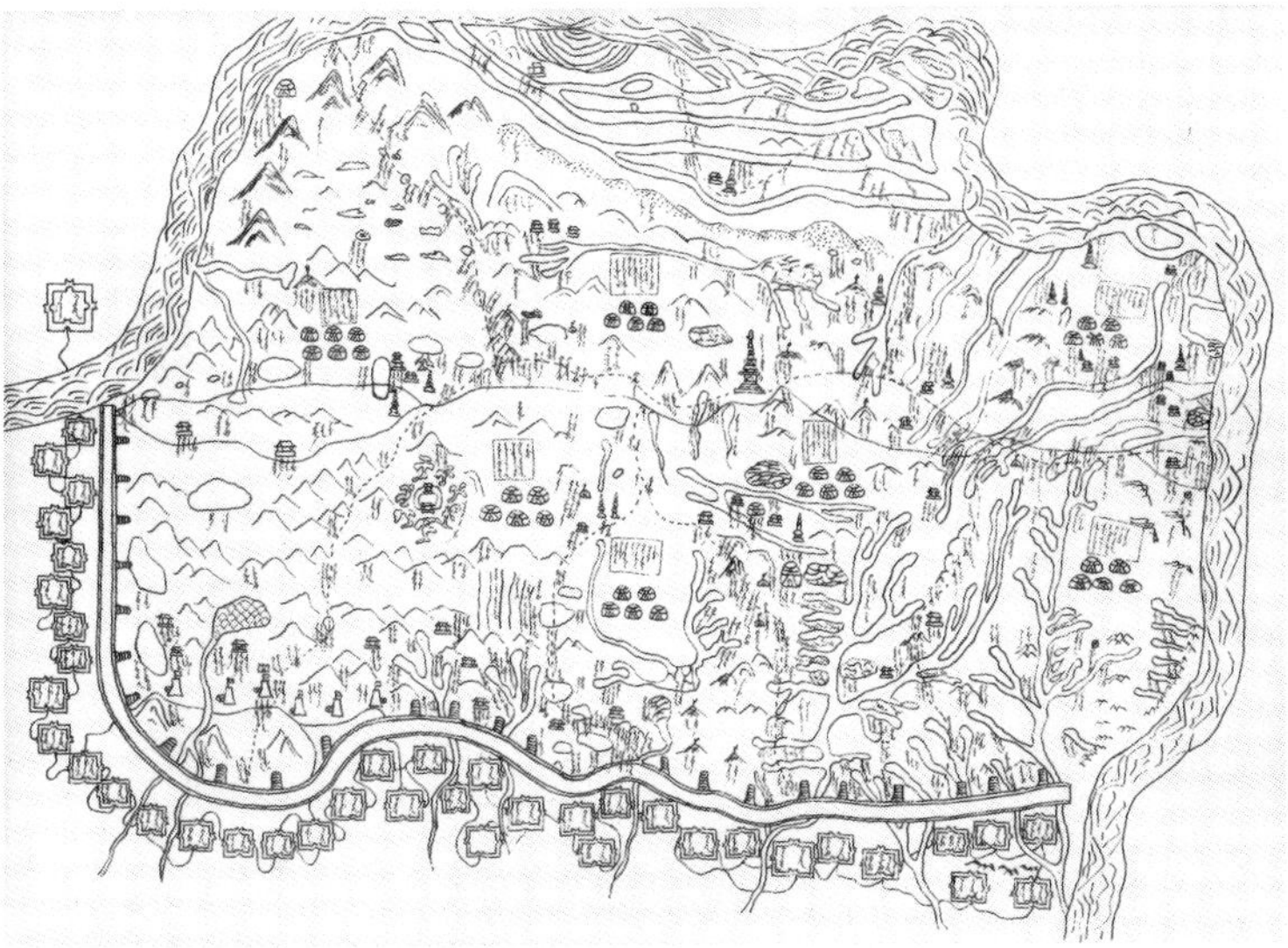

地図3　1740年に描かれたオルドス七旗の図。オルドス高原の真中を2本の駅站の道路が貫通している。

このように、アルジャイ石窟へは東西南北の四方から行くことができる。ベルギー人の神父らが発見し、公開した一七四〇年に描かれたオルドス七旗の地図には「ダライ・ラマが通った大道」と「駅站《えきたん》の道」という二本の幹線道路がある（地図3）。一五八五年に三世ダライ・ラマがアルタン・ハーンの招請で、一六五二年には五世ダライ・ラマが清朝皇帝に会いに行った際の道である。いずれもアルジャイ石窟からさほど遠くない南を横切っている。現在でも東の包頭《ブグト》市から西の銀川《イルガイ》市へ、南の楡林《テメート》市から北のバヤン・ゴル（磴口市）、ハイルブ湾へ通じる交通の要衝に、アルジャイ石窟は位置している。

二〇〇四年十二月二十八日は一九九九年十二月十九日よりも寒かった。気温はマイナス二十三度までに下がっていた。私とバトジャラガルが開通したばかりの舗装道路を走って、アルジャイ石窟の管理人チョロー老の家に着くと、彼はすでに十二月十六日に脳溢血で亡くなっていたことを知らされた。二〇〇四年八月に私がアルジャイ石窟に滞在していた頃、病床にいた彼を見舞いに行ったことがある。アルジャイの報告書はまだか、と聞かれたことがある。

石窟の周囲の歴史と地理

アルジャイ石窟の東方にグーン・チラガ郷がある。グーン・チラガとは「深い井戸」との意味である。このあたりは地下水位が低く、チラガという深い井戸を掘らないと生活用水は確保できない（図2－5）。水は貴重な存在であるためか、前掲地図3にも、地名は「何々チラガ」というものが特に多い。

水のないグーン・チラガ地域はオトク旗のなかで最も劣悪な環境に入る、と以前のモンゴル人たちは理解していた。そのため、もともとこの地にモンゴル人は少なく、陝西省北部から中華民国期に移住してきた中国人すなわち漢人たちが住んでいた。社会主義時代に入ると、中国人の一部はグーン・チラガを出て西のアルブス公社に移り住むようになった。

一九五九年から翌六〇年にかけて、公有化に伴って成立したばかりのアルブス人民公社の書記が中国人だった頃、アルブス地域の中国人の人口は急ピッチで増えた。現在、アルジャイ石窟の周辺にも八戸の中国人が住んでいる。彼らの放牧する山羊がいつも石窟内に入ってしまうので、一九九九年冬、オトク旗文物管理所のバトジャラガル所長は中国人たちの家を訪ね、文物保護の重要性について説明していた。全国重点文物となった現在、八戸の中国人もよそに移住することになった。

　グーン・チラガの南はシン・ジョー郷である。標高約一千五百メートルの高地草原が果てしなく続く。一九九〇年代初頭まではひとりの中国人もいなかったのが、地元モンゴル人たちの自慢だった。その後、草原の使用権が個人に与えられたことから、モンゴル人のなかには自らの草原を中国人に売り渡す者も現れた。これにいち早く反応したのはグーン・チラガの中国人たちだった。現在シン・ジョー郷の草原には数キロごとに中国人の家が建つようになった。

　シン・ジョー草原のほぼ中央にバヤン・オボーという聖地がある。別の名は「二頭の駿馬《しゅんめ》のオボー」という。昔、チンギス・ハーンの二頭の駿馬はこのあたりに放たれていたとの伝説がある。オルドスにはチンギス・ハーンの二頭の駿馬に関する英雄叙事詩があり、二頭の駿馬をうたった民謡も多い。バヤン・オボーの北にはチャガン・オボーという地がある。チャガン・オボーの北、ドゥルベン・クルトゥには古墳が一基あった。

　シン・ジョー郷の西からアルブス山脈が南東から北西へ続く。最高峰ウラン・ドゥシ山（図2－6）は標高が約二千百五十メートルである。ウラン・ドゥシ山の頂上は南北約二キロ、東西

図2－5　地中深くから水を汲み上げる井戸

図2－6　オルドスの最高峰ウラン・ドゥシ

約一キロの平らな台地となっている。このようなかたちから、ウラン・ドゥシすなわち「巧みにできている金敷《ドウシ》」との名で呼ばれるようになった。

　アルブス山脈の南端、シン・ジョー郷のノゴンダイ村の西にグシェン・アグイという石窟がある。グシェとは石碑の意で、グシェン・アグイは直訳すれば「石碑の洞窟」との意味である。このグシェン・アグイにはミイラ化した遺骨がいくつもある。地元のモンゴル人によると、一九五〇年春に蜂起したウーシン旗とオトク旗のモンゴル兵の遺骨であるという。かつてチンギス・ハーンもアルブス山中の洞窟内で療養したことがあると伝承されているので、石窟は戦いに敗れた後、傷を負った者の隠れ家にもなっていたようである。

　実はオトク旗をはじめ、オルドス高原には数多くの石窟がある。考古学者たちは西夏時代から僧侶たちが隠遁し、修行していた場所だと見ている（図2－7）。

　文化大革命期から中国とソ連が激しく対立するようになり、双方とも国境地帯に大軍を駐屯していたことは周知の事実である。当時、国境より後方に「第二国防線」が敷かれていた。アルジャイ石窟は「第二国防線」上のポイントの一つだった。一九六八年から一九八〇年まで、人民解放軍の一個小隊が常駐していた（図2－8、2－9）。仏塔を標的に射撃していた兵士たちの姿が周辺住民に目撃されている。壁画にある落書きの大半も、中国人民解放軍の兵士たちが残したものだといわれている。春から秋にかけて無数の蛇が石窟に出没する。兵士のひとりが蛇に噛まれて死亡したことを石窟付近の医者が証言している。石窟と軍人とのエピソードはこれが最後らしい。

図2－7　オルドス高原西部、オトク旗のトスト河沿いに残る石窟。西夏時代のものとされている。

『モンゴル秘史』とアルジャイ石窟

アルジャイ石窟とその周辺のアルブス山には、チンギス・ハーンと関連する伝説が多数ある。それらは単に伝説ではなく、年代記などの文献からも裏付けることができる、と主張しているのは、オルドス市オトク旗出身で、内モンゴル社会科学院の言語学者ナ・バトジャラガルである。ここではナ・バトジャラガルの学説をとりあげるが、その前に今一度ナ・バトジャラガルが依拠している文献、『モンゴル秘史』の記述を示しておこう。

『モンゴル秘史』第二百六十五節には次のようにある。

戊年《いぬどし》の秋、チンギス・ハーンはタングートの民（を征

図2－8　アルジャイ石窟に駐屯する人民解放軍の兵士。彼らはその銃で仏塔を撃っていた。バトジャラガル提供

図2－9　人民解放軍がいたアルジャイ石窟。バトジャラガル提供

服し）に出陣した。諸妃のなかからイェスゥイ妃を随伴させた。途中冬にアルブハで多数の野生ロバを巻狩した時、チンギス・ハーンは赤褐色の馬に乗っていた。野生ロバの群れが突進してきた時、赤褐色の馬が驚き、チンギス・ハーンは馬から落ちて体を大変痛めてチョールハトに駐営した。

その後、タングート（西夏）を破り、その国王を処刑した後、チンギス・ハーンは次のように戦いを回顧した、と『モンゴル秘史』第二百六十七節にある。

チンギス・ハーンは仰せられた。「タングートの人々と話し合いに来た時、その途中の冬にアルブハの野生ロバを巻狩した。痛めた体が治るようにといって、朕の身体と健康を気遣ってくれたのは近侍のトルンである。……」

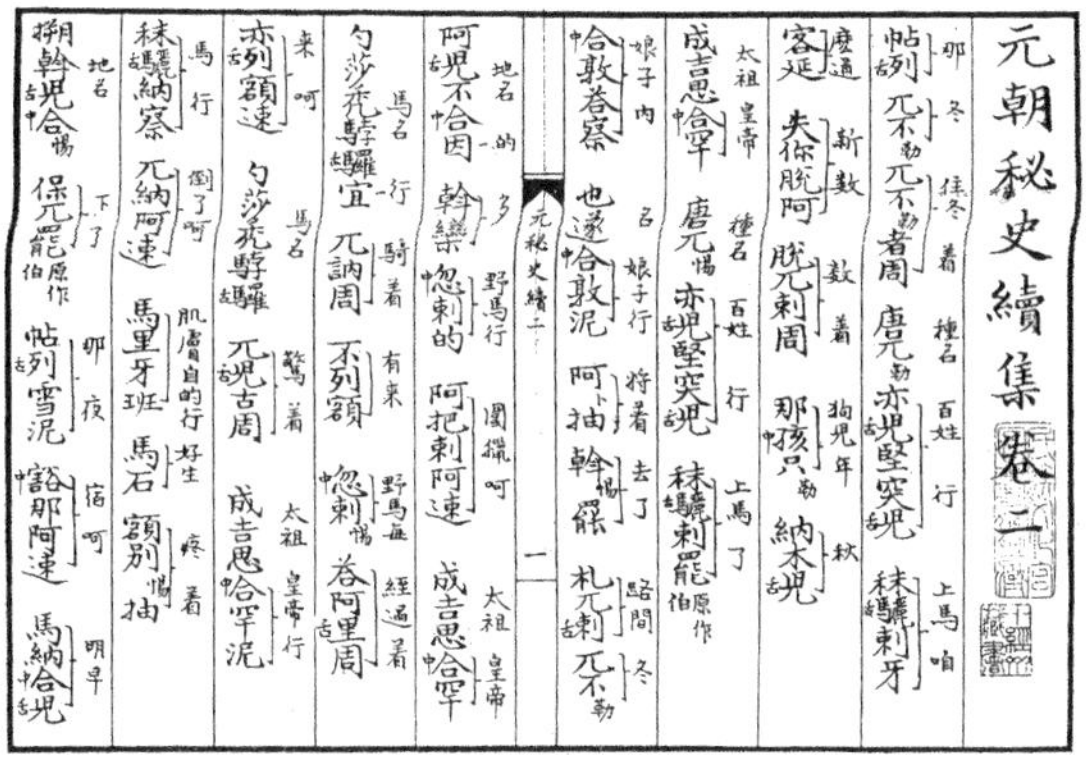
元朝秘史續集卷二

図2－10　『モンゴル秘史』の1ページ。左上に「多数の洞窟」チョールハトは「搠斡児合惕」と表記されている。

結局、チンギス・ハーンは巻狩で落馬したことが一つの原因となり、不帰の人となる。臨終の際にもアルブハでの巻狩のことに触れていることから見れば、ハーンに相当深い印象を与えたようである。

周知の通り、『モンゴル秘史』は漢字音写の書であり、上記のアルブハは「阿児不合」、チョールハトは「搠斡児合惕」とそれぞれ表記されている（図2－10）。言語学者のナ・バトジャラガルは『モンゴル秘史』が書かれた十三世紀のモンゴル語の言語学的な特徴と、モンゴル語諸方言のなかで特に古い特徴を多く維持しているとされるオルドス方言について分析した後、「阿児不合」と「搠斡児合惕」はそれぞれ現在のアルブス山とアルジャイ石窟にあたる、と推定した。この際、アルブスはアルブハの複数形からの音便である。

チョールハトとは、「多数の洞窟」を意味する。アルブス山中において、「多数の洞窟」はアルジャイ石窟しかないのである。

アルブスという山は十三世紀頃には、モンゴル人からアルブハと呼ばれ、その後、複数形の「アルブハス」、「アルブス」の方が次第に定着した、というのがナ・バトジャラガルらの見解である。ナ・バトジャラガルの説は現在、広汎な支持を得ている。アルブハとは「北の種牛」との意である。

実は、複数形アルブスのもととなる、単数形のアルブハという地名は現在も残っていることが、私の現地調査で明らかになった。地元の老人たちによると、アルブハという山はハイブルン・トハイ（現烏海市）の南、黄河南岸にある。現在ではガンディギル、ガンディルとも称されることが多いという。その近くにはブハン・アラルすなわち「種牛の中洲」という黄河の河中洲があり、ブハ（種牛）にちなんだ地名が複数あるという。モンゴル人たちは黄河南岸の険峻な峰々を雄々しい種牛に結びつけて表現していたことから、このような地名が生まれたのであろう。

オロン・ノホイン・ホドクとオンゴン・タラン・ホドク

ナ・バトジャラガルは続いてもう一つの地名、ペルシアの歴史家ラシード・ウッディンの『集史』に登場するオンゴン・タラン・ホドク（ūnqun-tālān-qūdūk）を特定する作業に挑戦した。『集史』ではチンギス・ハーンはタングート（西夏）征服の途中、春にオンゴン・タラン・ホドクの地で夢を見て死期の到来を予感した、とある。ナ・バトジャラガルは、オンゴン・タラン・ホドクは現在のオロン・ノホイン・ホドク、漢語では「百眼井」と呼ばれるところにあたる、と主張している。

ナ・バトジャラガルは次のように分析している。オンゴンという言葉には、次のように複数の意味がある。

①土地の乾ききった状態
②地面の凸凹状態あるいは穴だらけの状態
③守護神、シャーマニズムの偶像、禁地

タランの方はタラ（tal-a）ともダラン（dalan）とも理解できる。タラの場合は「平野」を意味し、ダランだと「七十」との意になる。ホドクは「井戸」を指す言葉である。

現在オロン・ノホイン・ホドク（百眼井）と呼ばれる地名は、アルジャイ石窟から南東へ約二十キロ離れた地点にある、と前に述べた。私もアルジャイ石窟へ行く時にはいつも通る。南北に形成された尻無し河の河床に、古代の井戸群が並ぶ。乾ききった河床は風に吹かれて凸凹状態になっている。時折瞬間豪雨に見まわれた時に河が出現するが、地下水脈が豊かなため、それを利用して井戸が掘られた。オロン・ノホイとは「たくさんの犬ども」を意味し、その昔チンギス・ハーンの大軍が通過した時に、喉が乾いた猟犬のために掘らせた井戸だという伝説があることは、すでに述べた通りである。

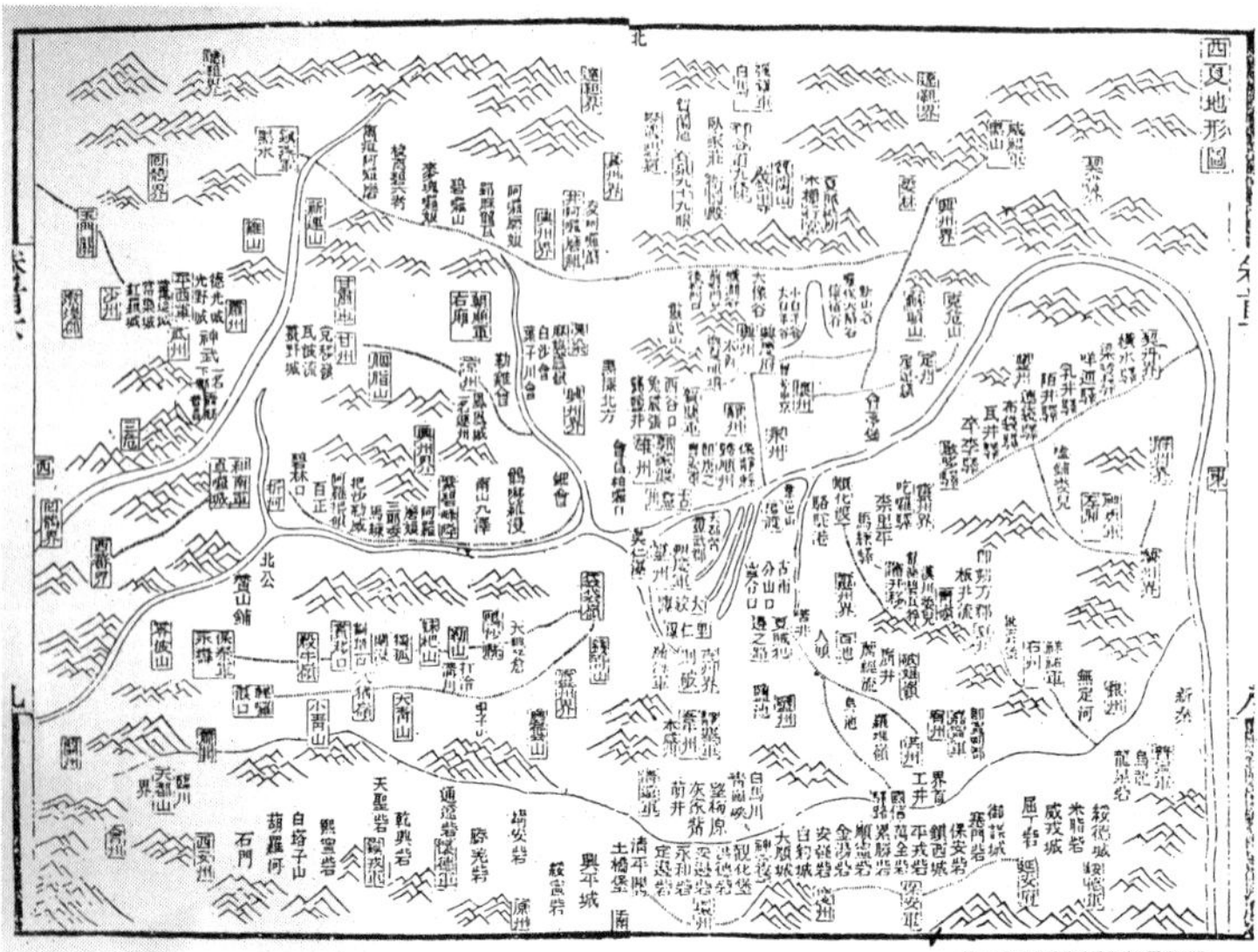

注:此图中“普宁军”应为“晋宁军”。

地図4　『西夏紀事本末』の「西夏地形圖」

『集史』のなかのオンゴン・タラン・ホドクを「オンゴン平野の井戸」と理解しようと、「オンゴン（という地の）七十の井戸」と解せようと、まちがいなく現在のオロン・ノホイン・ホドク（百眼井）に相当する、とナ・バトジャラガルは結論づけている。それは地理学的な特徴が一致しただけでなく、乾燥した草原地帯を行軍する際、軍馬と兵士の飲み水を確保するためには、オロン・ノホイン・ホドク（百眼井）周辺を利用する以外に選択肢はなかっただろう、という。

以上のナ・バトジャラガルの説をまとめると、次のようになろう。

一二二五年冬、チンギス・ハーンはモンゴル高原の根拠地を出発し、ムナン・グショーあたり、つまり陰山山脈の西端から黄河を南へ渡った。アルブハ山中で

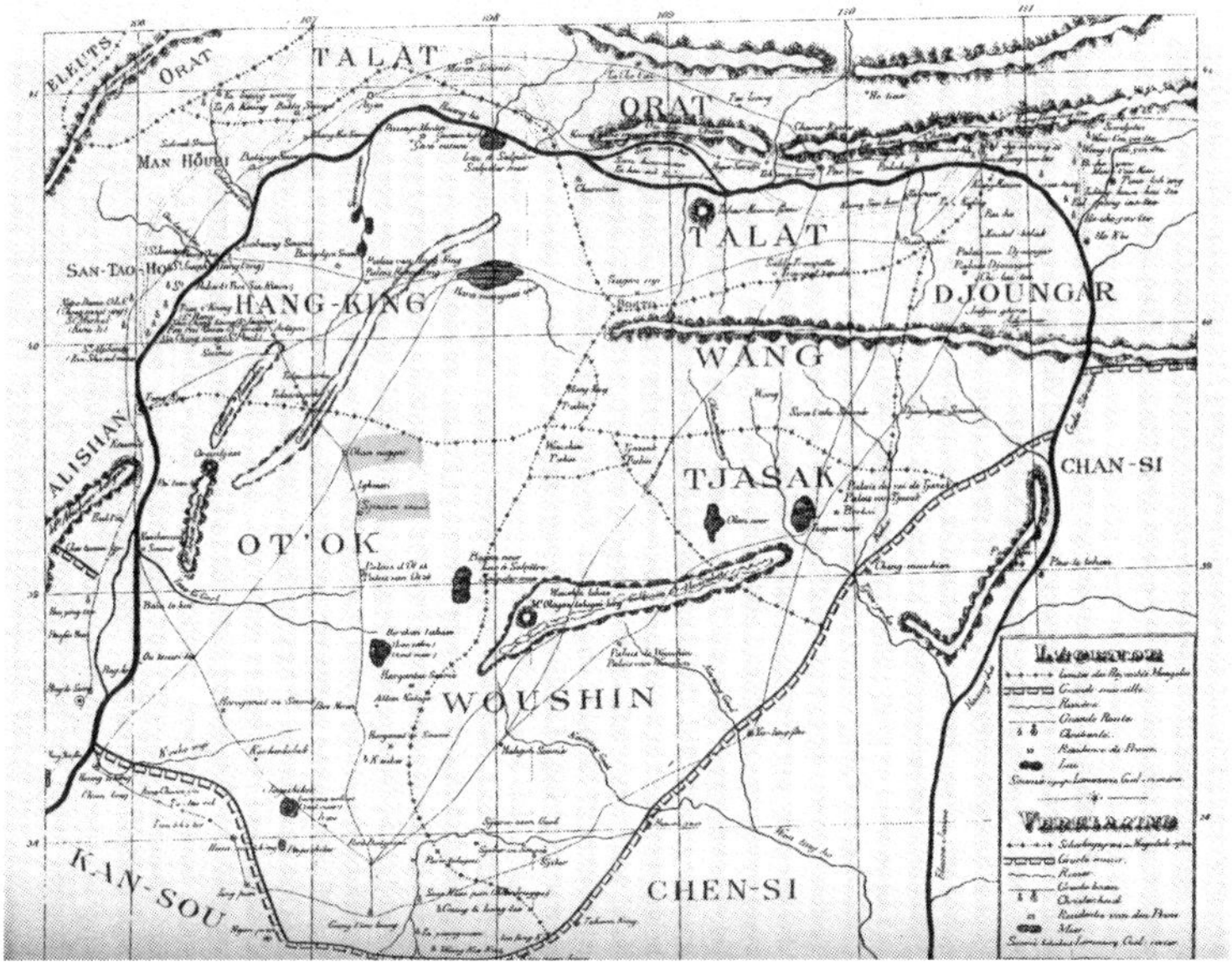

地図5　西洋からモンゴルで布教していた宣教師が描いたオルドス。Taveirne 2004より

巻狩中に落馬し、チョールハトでしばらく療養した。続いてオンゴン・タラン・ホドクへ進軍し、悪夢を見るなど健康状態は優れなかった。チンギス・ハーンが最後に活動していたアルブハは現在のオルドス地域北西部のアルブス山で、チョールハトはアルジャイ石窟にあたり、オンゴン・タラン・ホドクはオロン・ノホイン・ホドク（百眼井）でなければならない、ということである。

　ナ・バトジャラガルの学説は多くの研究者たちに伝わり、現在では広く受け入れられている。近年に現れた考古学的研究なども、すべてナ・バトジャラガルの学説を出発点とするようになった。

　私もナ・バトジャラガルの学説に賛

同しており、その説を側面から補強する資料を提示しておきたい。清代の書物『西夏紀事本末』に「西夏地形圖」という図がある。もともとは宋代の名臣范仲淹の文集に収録されていたものである。そのうち、霊州から契丹界へ向かう「夏遼駅道」の諸駅站《えきたん》の一つに陌井駅がある。陌は百に通じるので、すなわち「百井駅」となる（地図4）。この陌井駅を現在の百眼井と同定してもさしつかえなかろう。駅道は必ず水のあるところを通過する。チンギス・ハーンのモンゴル軍が西夏の駅站に沿って進んだのも用兵の理に適う。

西夏時代の有名な「夏遼駅道」は近代まで機能していたようである。十九世紀後半にヨーロッパからオルドスにやってきた聖母聖心会の宣教師たちが描いた「一九〇二年における西南モンゴル教区」（地図5）という地図内にも「夏遼駅道」と一致する道路がオルドス高原西部を南北に貫通している。南は長城の北側のバガ・キョールゲ（小橋畔）からはじまり、北はシャジン・トハイ（三盛公）まで至る道の途中に、**Sjinesen sume**、**olaan noggai**、**Tolon chirke**、**Arzsjai**などの地名が記されている。それぞれ今日のシン・ジョー寺、オロン・ノホイン・ホドク（百眼井）、ドロン・シルケイ寺、そしてアルジャイ石窟にあたる。聖母聖心会の宣教師たちもまた古代の「夏遼駅道」を行き来していたのである。

アルジャイ石窟の概要

石窟は、解脱を祈願し、功徳《くどく》を積むために為政者によって造営された。その石窟はまた為政者の祖先を祀る宗教儀礼の場所ともなっていく。アルジャイ石窟もその周辺環境から見れば、例外ではない。問題は、アルジャイ石窟の周りには、僧侶たちが徒歩で二～三日かけて行けるような村落や町はまったくない。したがって、遊牧民の方から移動して来て、寄進していたとしか考えられない。

厳密にいえば、アルジャイと呼ばれる地域は次のような三つの箇所からなっている。

①スゥメト・アルジャイ　「寺のあるアルジャイ」の意
②イケ・アルジャイ　「大きいアルジャイ」の意
③バガ・アルジャイ　「小さいアルジャイ」の意

三つのアルジャイのうち、スゥメト・アルジャイが一番南、イケ・アルジャイはその北約二キロのところに位置し、バガ・アルジャイはスゥメト・アルジャイの東約一キロ離れたところにある。遠くからも見た場合（図2－11）、三つのアルジャイは三つ巴《どもえ》のかたちをしていることが分かる。

現在「アルジャイ石窟」と表現した時、だいたいスゥメト・アルジャイにある石窟群を指す。今までに発表されてきたさまざまな研究報告や内モンゴル自治区文化庁

図2－11　アルジャイ石窟遠望。前方左がスゥメト・アルジャイで、その右がバガ・アルジャイである。

がアルジャイ石窟を全国重点文物に推薦するために二〇〇二年十一月二十日に書いた申請書でも、もっぱらスゥメト・アルジャイにある石窟群を紹介している。実際にはバガ・アルジャイにも石窟と仏塔が存在する。

　イケ・アルジャイの方は、まだ現段階で石窟があるかどうか完全に確認できていないが、私の初歩的な調査の結果、近現代以前の遊牧民の残した遺跡が若干存在していることが分かった。また、イケ・アルジャイの上にはチャハル人の聖地オボーがある。陰暦五月十三日には盛大な祭祀が行われる。この祭祀には地元のチャハル人だけでなく、遠くのアラシャン地域に住むチャハル人も参加するという。チャハル人たちはオルドスに定住してすでに三百年以上経つが、今でもオルドス・モンゴル人が祭祀に加わることを禁止されているという。

　今後、同地域の遺跡群に対する総合研究が行われることを考えると、私は「アルジャイ石窟」と表現する場合、上記三つのアルジャイをすべて含めるべきだと考えている。当然、本研究においても、三つのアルジャイをまとめて「アルジャイ石窟」と呼んでいることをあらかじめ断っておきたい。

　スゥメト・アルジャイは高さ約四十メートル、東西約三百メートル、南北約五十メートルの砂岩からなる山である。石窟は山の四方に分布している。現在確認されている石窟は六十六に達する。なかでも特に南側の岩壁に石窟が最も集中し、上・中・下三層からなっている（図2－12）。東と北側には石窟が少なく、例えば五十六号窟と五十七号窟とのあいだの約五十三メートルの空間内にはまったく窟を開造していない。比較的保存状態が良い窟は四十三あり、残りの窟は沙に埋もれるか、倒壊した状態にある。

　石窟群には中心柱式のものもあれば、平面方形や長方形のものもある。窟内部は直壁平頂、つまり壁面はまっすぐで、天井も平らな形式をとっている。壁には仏龕《ぶつがん》や須弥座《しゅみざ》、天井には網状の方格か蓮花状の藻井が開削されている（図2－13）。

　スゥメト・アルジャイこと「寺のあるアルジャイ」の岩壁には合計二十六の塔が彫ってある。そのうちの一つは密檐式塔（図2－14）で、他はすべて覆鉢式の塔（図2－15、2－16、2－17）である。高い塔では約六メートル、小さい塔はわずか十センチのものもある。

　すでに述べたように、今までの報告や研究はバガ・アルジャイの遺跡にあまり関心がなかったようである。私の初歩的な調査で、バガ・アルジャイには少なくとも石窟が一つ、浮き彫りの塔が三つあることを確認できた。塔の中腹部の龕《がん》にはチベット文字が書かれた肩甲骨がいくつか置

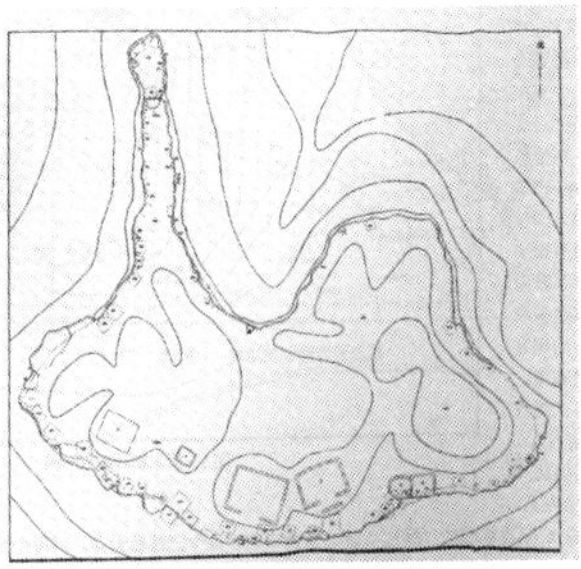
図2－12　アルジャイ石窟平面分布図

図2－13　蓮華状の藻井

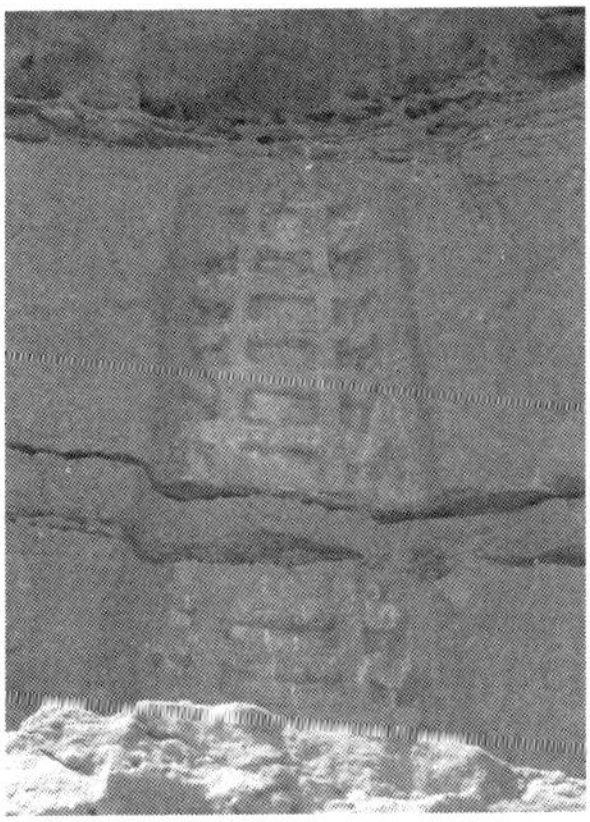
図2－14　岩壁に彫られた密檐式塔

図2－15　覆鉢式の塔

図2－16　覆鉢式の塔

図2－17　覆鉢式の塔

いてあった。

スゥメト・アルジャイのスゥメ（寺）の跡は山頂にある（図2－18）。合計六つの建物の跡がある。現在、付近のモンゴル人たちが建てたオボーが一つ加わったかたちとなっている。

注目すべき遺跡はもう一つある。スゥメト・アルジャイの南壁の中腹、十一号窟と十二号窟の前にある二つの天幕の基壇である（図2－19）。モンゴルなどの遊牧民は天幕を建てる場所を石で固めたり、あるいはレンガで基壇を作ったりする。アルジャイ石窟の天幕の基壇は壁と炉、それに入り口の階段がレンガでできている。基壇の直径は三百五十五センチで、四つの壁《ハナ》からなる小さめの天幕であったろう、と推定されている。この二つの天幕はおそらく僧坊のような役割を果たしていただろう（図2－20）。二〇〇〇年秋、天幕の基壇を試掘した地元の考古学者たちは手写本を見つけることができた。施主から献上された家畜の頭数等を記した帳簿だったという。

手写本は現在オルドス市博物館に保存されているという。

石窟のあるスゥメト・アルジャイの北西、約一キロのところにも仏塔が建っていたのを二〇〇六年夏に確認した（図2－21、2－22）。恐らく石窟を取り囲むように、東西南北にそれぞれ仏塔が建っていたのではないか、と僧たちは話していた。

インド淵源の中心柱窟

アルジャイ石窟に関する考古学的研究は、まだ始まったばかりである。一九九四年に出版され

図2－18　アルジャイ山頂の建築物の跡

図2－19　石窟の前にある天幕の跡

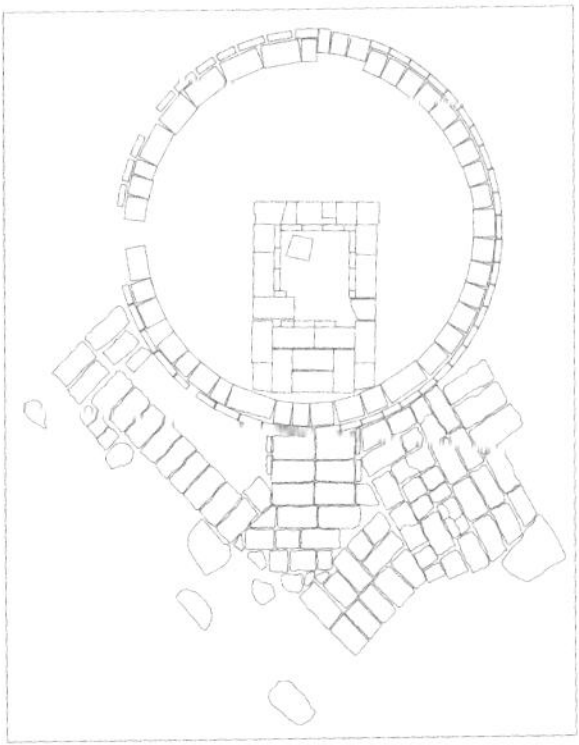

図2－20　天幕跡の復元図。包慕萍作成

図2－21　アルジャイ石窟の北西部の平野から見つかった仏塔跡

図2－22　アルジャイ石窟の北西部の平野から見つかった仏塔跡

た『内蒙古文物考古文集』（第一輯）に収録された考古学者の王大方、バトジャラガルそれに張文芳による「百眼窟の営造年代及び壁画の主要な内容についての初歩的研究――同地に於けるチンギス・ハーンの活動とも関連して」という論文が最も網羅的である。ここではその主な内容を紹介しておきたい。

王大方らによると、アルジャイ石窟に最も早く訪れた考古学者は、内蒙古文物工作隊の張郁であるという。彼は一九五六年に同石窟を調べているが、その後調査ノート等を紛失したため、成果を発表するには至らなかった。一九七〇年代になってから、自治区の考古学者である田広金が調査を行い、内部発行の『鄂爾多斯《オルドス》文物考古文集』（一九八一）に「百眼窑石窟」と題する文を発表した。田広金は「アルジャイ石窟は元朝時代かそれよりやや下る時代のもの」との見解を示していた。

一九九三年秋、王大方らはアルジャイ石窟で調査を行った。その際、中国国家文物保護局の方針にしたがい、主として石窟の亀裂や風化による損害の実態を把握する目的で調査を進めた。調査結果を中国石窟保護科学研究所と国家文物局に報告すると同時に、石窟の時代を特定するために西夏時代の石窟について豊富な資料を持つ、隣接する寧夏回族自治区の研究者らと情報交換をした。また、フフホト市内にあるシレート・ジョー寺の第十一世活仏らにアルジャイ石窟内の壁画の鑑定を依頼した。このように、王大方らは国家文物局の指示を仰ぎながら調査を進め、各界の権威ある識者の情報を研究に生かしている点が強調されている。

アルジャイ石窟に現存する六十五の窟を王大方らは、その大きさによって大・中・小の三種類に分けている。大型窟とされる窟は一つのみで、南壁の第十九号窟を指している。長方形の窟で、面積は約三十平米に達している。窟の入口の外には階段を穿った痕跡があり、窟の外壁には横穴が残っており、もともと建築物が窟外にあったと見られている。

中型窟は方形を呈し、高さが約二・五～三メートルで、面積は約二十平米である。前壁の中央に拱形か長方形の入口が設けられている。入口と反対側の正面（後壁）には主龕が造られ、その左右両側の壁にも相対峙する仏龕がある。天井中央には方形蓮花藻井があることから、典型的な西夏型窟である。一部の藻井は畳渋方形となっている。

中型窟のうち、第十号窟と第二十八号窟は中央に中心柱を掘り出し、中心柱の後方の壁面に主仏龕を開いている（図2－23）。こちらの方は典型的な北魏時代の石窟の特徴である。かくのごとき造営プランは敦煌にもある。以上が王大方らの分類である。

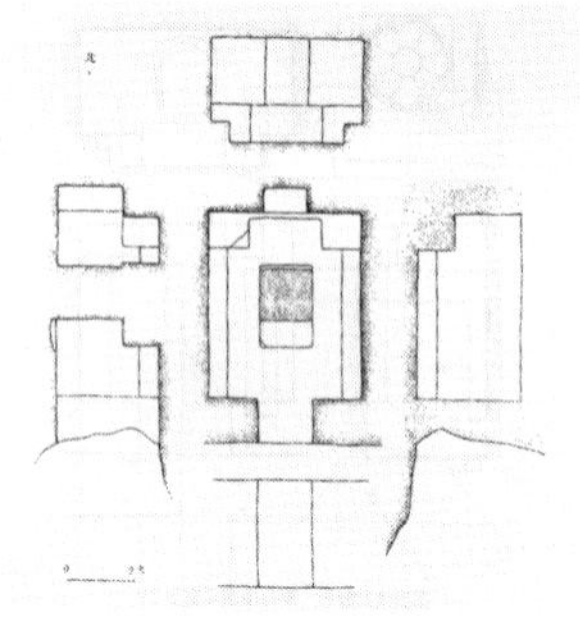

図2－23　中心柱窟形式の第28号窟の内部構造

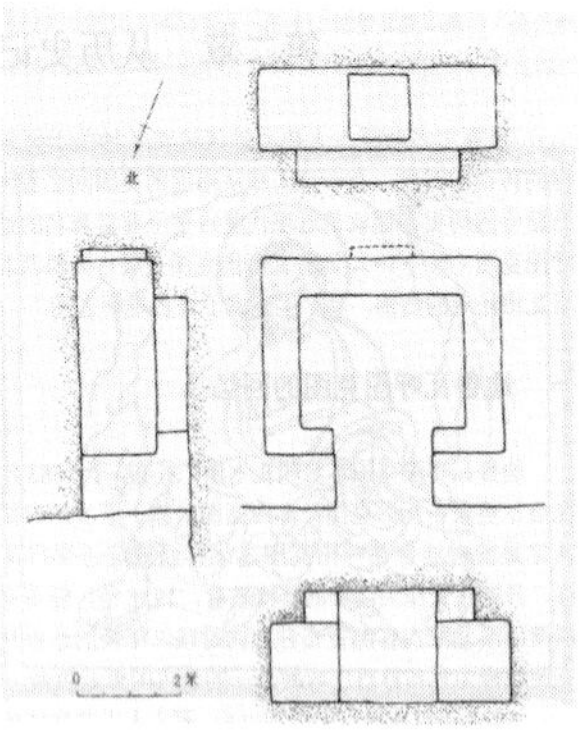

図2－24　第32号窟の内部構造

ここで重要なのは中心柱窟である。シルクロード沿線の石窟について研究をしてきた東山健吾は中国北魏・北周時代に造営された初期の窟の形態について紹介した際、次のように述べている。

塔廟窟は長方形プランの奥に中心方柱をほり出し、中心柱前部の窟頂を人字《じんじ》披《は》にするもので、北朝期に広く行われた形式である。……（中略）中心柱は礼拝の主な対象であり、正面に大龕を開き主尊を祀り、他の三面にも龕を造って各々尊像を安置している。チャイティア（舎利をおさめない塔廟）を祀ったインド窟院のチャイティア（塔廟）窟が発展したもので、インド式のストゥーパ（仏塔）の形式が中国式の方形の塔柱に変様したのである。中国では早くからチャイティアの音を訳した支《し》提《だい》という言葉がある。礼拝者は塔廟を右遶《うにょう》礼《らい》拝《はい》し、尊像は観像の対象だった。

このように、中心柱窟の起源をインドのチャイティア窟に求めている。一方、アフガニスタンのバーミヤン遺跡を長く研究してきた宮治昭《みやじあきら》は最近、次のような見方を示している。

従来、キジルなどの中心柱窟はインドのチャイティア窟の影響の下に成立したといわれてきたが、そうではなくアフガニスタンのバーミヤンの仏龕窟《ぶつがんくつ》との関係を考えるべきだという。キジルで一般化した中心柱の構造は、敦煌の北魏窟に影響を与えた、としている。となると、アルジャイ石窟も造営技術の面で中央アジアからの影響を受けている可能性がある。

中型窟の壁画は西夏、元、明時代のものである、と王大方らの考古学者は見ている。前室と主室からあり、入口から主室までの距離は約四～五メートルである。窟内に仏龕がなく、元代や「明代」の壁画が多数残っている。また、ウイグル文字モンゴル語やチベット語による榜題がある。詳しくは後述するが榜題が残っているのは、第三十二号窟である（図2－24）。

各窟とも塑像はまったく残っておらず、塑像の破片だけが採集された。石窟内には約一千点近い壁画がある。絵画を描く際、麦わらを混ぜた粘土で壁面を平らにし、白の下地の上に緑、黒、白、赤などの色彩が用いられている。壁画の内容は仏教的なものがほとんどであるが、祭祀や舞踊など世俗的な題材も認められる。

石窟のある岩壁にはまた二十六の仏塔が彫ってある。塔は

図2－25　寧夏回族自治区首府銀川市郊外に建つ西夏時代の仏塔

図2－26　アルジャイ石窟から発見されたウイグル文字モンゴル語のあるレンガ＝磚

覆鉢式で、早期のものは寧夏回族自治区で発見された西夏時代の塔（図2－25）と造型的に類似している。中期ないし後期のものは元代か「明代」のものである。一部の塔の腹部には楕円形の塔龕《とうがん》があり、骨や絹、それに紙片類が入っていた。おそらく高僧の舎利を納めた霊塔であろう。ある塔の中腹部にはガーダムバ派の悪魔駆逐のマークが彫られており、塔を西夏時代と断定する材料の一つとなった。また諸塔のなかには高さ約一・六メートルの十三重の塔があり、そのスタイルは北宋・西夏時代の楼閣式塔と同様である。

アルジャイ石窟の岩壁に彫った数多くの仏塔については、王大方らより先に調査を実施した中国のモンゴル人研究者ハスエルデニらも注目している。彼らは岩壁の彫刻塔のかたちが北京にある大元ウルス時代の妙応寺（大聖万安寺、俗称白塔寺）の白塔、エチナ旗ハラ・ホト遺跡内仏塔、フフホト市内ウストゥイン・ジョー寺の仏塔など、俗に言う「ラマ塔」に似ている、と指摘している。つまり、仏塔の多くも西夏から大元ウルス時代にかけて彫られたことをいわんとしている。

アルジャイ石窟の山頂には大型寺院の建築跡があり、火に焼かれた痕跡が確認できる。建築跡は計三カ所あり、三つの寺院が存在していたことを表している。現存する残壁の高さは一メートルくらいで、長方形の石材が使われている。

建築跡は南北方向に分布し、面積は約一千二百平米である。周辺の地表には黄色、緑色の瑠璃瓦、獣頭瓦当、青花瓷の破片が散乱している。またウイグル文字モンゴル語の模印のある青磚《せいせん》も発見されている（図2－26）。第三号窟から見つかったウイグル文字モンゴル語のあるレンガの写真は以前、『蒙古語言文字』（一九九〇年第二号）に載ったことがある。レンガないしその型にウイグル文字モンゴル語があるような建築材料の発見はきわめて珍しい。このような建築材料や青花瓷破片が確認できることなら、山頂の寺院は格式の高いものであったと判断できよう。寺院はおそらく元朝時代に建てられ、「明末」に放火されたのであろう。

石窟造営の年代区分

王大方ら考古学者たちは実地調査を基に、中国国内の他の石窟に関する研究を参照しながら、アルジャイ石窟の造営年代を次の四つに分けている。

①北魏時代

アルジャイ石窟第十号窟と第二十八号窟は方形プランで、窟中央に方形柱を掘り出し、正面に仏龕を開く。このような形式は山西省大同にある雲崗石窟一号、二号、寧夏回族自治区須弥山石窟第十四号窟と類似している。鮮卑拓跋によって建立された北魏王朝は、今の内モンゴル自治区中西部と北部において大きな影響力を持っていた。紀元四六〇～五二三年のあいだに開いた雲崗石窟は皇帝と貴族たちの支持があったためか、建築規模と芸術レベルの面では最高水準を極めた。王大方がいうところのいわゆる「雲崗形式窟」、実際はインド淵源の中心柱式窟は北方と西域にも波及した。アルジャイ石窟内の早期窟は北魏時代における全国的な崇仏風潮と雲崗式石窟の流行と無関係ではない。したがって、アルジャイ石窟も北魏時代から造営が始まったと見てよかろう。

②西夏時代

西夏は十一世紀ころから勃興し、その支配圏内で仏教は大いに流行した。一〇三六年に西夏が敦煌地区を占領した後、ただちに莫高窟《ばっこうくつ》と楡林窟《ゆりんくつ》を重修し、以前に開いた石窟内に壁画を新たに描いた。西夏は初期には北宋から仏教経典を求めるなど、いわゆる「漢地仏教」の顕教が主流だった。後期に入ると、チベット仏教すなわち密教の勢力が強まってくる。王大方らは西夏初期の壁画には「墨を利用し彩が少なく、ラインを重んじて色が薄い」特徴がある、としている。

仏教興隆の結果、西夏の域内には多数の石窟と寺院が造営された。アルジャイ石窟のあるオトク旗は、西夏時代に夏州や宥州に属していた（前掲地図4参照）。そのため、西夏人がここで石窟を開くことは十分可能である。アルジャイ石窟内の西夏時代の窟はほとんど中型窟で、次のような特徴が認められよう。

一、窟内の正面と東西両壁に半楕円形の仏龕を開き、壁の下部には壇を設ける。これは甘粛省馬蹄山の西夏時代の石窟と相似した布局である。

二、窟外の岩壁には覆鉢式と楼閣式の塔を刻む。塔腹が太いほど時代的にも早い。

三、壁画の内容は西夏早中期と晩期に分けることができる。早中期の壁画は学界でいう「西夏壁画緑」で、岩緑青が下地に大量に使われている。東山健吾によると、敦煌の壁画でも早くから鮮やかな青色の顔料が使われているが、岩群青（藍銅砿）の他に大量のラピスラズリ（青金石）が用いられている。

　ラピスラズリは西域からもたらされたものである。西夏時代に入ると、ラピスラズリの青は減少し、代わりに岩緑青が多用されるようになった、という。黒い墨と薄い色彩で仏と菩薩、山水を描く。壁画の内容も顕教的で、薬師仏を主尊とするなど、敦煌莫高窟内の西夏壁画と類似している。具体的には「捨身飼虎」のような物語が描かれている。晩期の作品には十一面観音、男女明王、密教祖師の説法など、密教的な内容が主流になってくる。

　四、窟天井の藻井には二種類ある。彫り開いた正方形蓮花藻井と、平面に描写した蓮花平棋藻井（図2－27）の二つのタイプである。こちらも敦煌莫高窟、楡林窟のスタイルと同じである。天井に蓮華を描いたり、彫ったりするのも、西夏窟の大きな特徴の一つである。

　仏教を尊崇する西夏は、その領土内で武威の天梯山、張掖の馬蹄寺、酒泉の文殊山、玉門の昌馬、安西の楡林窟、敦煌の莫高窟及び西千仏洞などを改修したり、新たに開いたりした。アルジャイ石窟も当然、一連の増改修事業に含まれていたにちがいない。

図2－27　天井の蓮花平棋藻井

図2－28　第31号窟内の元朝の衣装をまとった供養人

③モンゴルの大元ウルス時代

大元ウルス時代におけるアルジャイ石窟をどう位置づけるかについて、王大方らは次のように書いている。

チンギス・ハーンは西夏を征服する時にアルジャイ石窟周辺で活動したことがあるが、戦時中であったため、当然石窟を造営することはなかった。その後、西夏の故土もモンゴルの一部となり、仏教の保護とチンギス・ハーンを記念するため、石窟の開造が続いた。つまり、大元ウルス時代のアルジャイ石窟は仏教を崇拝することと、チンギス・ハーンを祀るという二つの権威を持っていた。具体的には次のような特徴が挙げられよう。

一、山頂に巨大な伽藍《がらん》が建ち、仏事と祖先祭祀の両方を挙行していた。黄色や緑色の瑠璃瓦、ウイグル文字モンゴル語の真言《しんごん》が刻まれたレンガ（磚）等が建築材料として用いられていることから、寺院は高いランクのものであっただろう。三つあった寺廟にはそれぞれ異なる機能があったと推測できよう。

二、窟の規模は西夏時代より小さい。壁画で覆われた窟もあれば、白の下地だけが造られ壁画が描かれていない窟もある。また、一窟二室の構造を持つ石窟もあり、室内には床暖房の設備もある。こうした状況から見れば、山頂に巨大寺院が建設されたことで、礼仏活動の中心が石窟か

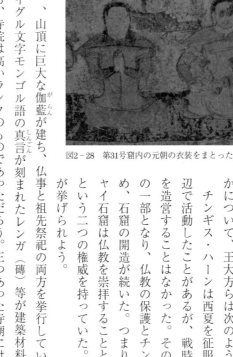

ら山頂へ移ったかもしれない。

三、大元ウルス時代の壁画は方形に区切られたスペース内で、仏教的な物語等を描く特徴がある。サキャ派的な図案が現れ、白、緑、赤、黒などの色で仏像の四面を描いている。また、宗教的な絵画の下に世俗的人物の祭祀（図2－28）、拝仏の場面を添えるようになっている。

四、竹ペンで墨を用いたウイグル文字モンゴル語とチベット語、それに少数のサンスクリットの榜題《ぼうだい》が登場するようになった。内容的には「四天王頌」、「十六羅漢頌」、「聖救度仏母二十一種賛経」などがある。これらの榜題は例外なく保存状態が悪くなっている。

五、高僧の舎利《しゃり》を納める覆鉢式塔が彫られるようになった。

十六世紀にアルタン・ハーンがチベット仏教を再導入してから、アルジャイ石窟はオルドス・モンゴル部によって維持され続け、再び繁栄した。そして最終的には一六三二年頃にモンゴル最後の大ハーン、リクダン・ハーンによって放火され、衰退したと推測している。

王大方らはまた報告書のサブ・タイトルに「百眼窟に於けるチンギス・ハーンの活動」を掲げているが、先述のナ・バトジャラガルの学説を紹介したことに留まっているため、ここで再度とりあげる必要はなかろう。アルジャイ石窟の学術的な意義を王大方らは、次のように示している。

第一に従来、中国北方の石窟寺院は五胡十六国時代（紀元三世紀末～五世紀中期）にはじまり、大元ウルス時代に幕を閉じたと見られてきた。アルジャイ石窟内の「明代」すなわち北元時代窟の存在は、石窟開削の年代をさらに後代まで延ばしたことになる。

第二、アルジャイ石窟の壁画にはチベット仏教（密教）各派の内容が確認できる。大元ウルス

図2－29　第31号窟内の隋唐風壁画

時代にチベット仏教がいかなるかたちでモンゴル草原に伝わっていたかを研究する上でも、重要な材料を提供している。

アルジャイ石窟の造営年代や建築方式に関する王大方、バトジャラガルらの報告について、私がここで特に論評を加える立場ではない。彼らが行った壁画の時代区分については、再検討の余地がある。それは西夏以降を大元ウルスと「明代」に分けている点である。

モンゴルが中原から撤退した後、明王朝の支配は今のオルドス地域に及んだことがない。もっと明確にいえば、現在の内モンゴル自治区全域において、明王朝が実効支配したことは一度たりともない。したがって、オルドスを含む内モンゴル地域の歴史を研究する時に、「明代」云々というのは、狭隘な明王朝中心史観、中原中心史観であるとしかいいようがない。狭い中原中心史観に固執していると、問題の本質を見落としてしまう政治的危険性がある。

五胡十六国の歴史を概観した三《み》崎《さき》良《よし》章《あき》は、次のように書いている。

「中国の石窟寺院は五胡十六国時代に始まり、やがて北魏に受け継がれて大同の雲崗、洛陽の龍門の石窟に至る。石窟寺院からはこの時代の仏教隆盛の姿を偲ぶことができるのである」。

北魏が歴史の彼方に消えた後、隋唐の創設者もまた大いに鮮卑拓跋の出自を帯びていた。アルジャイ石窟内にも隋唐風を彷彿とさせる画面がある（図２－29）。

王大方も他の考古学者も、アルジャイ石窟の開造時期を北魏に求めている。北魏は非漢人の国家で、モンゴル語系の言葉を話す鮮卑拓跋を支配層とし、「五胡」と漢人が共存した多民族国家である。五胡十六国は西域との国際関係のなかで仏教が導入され、その仏教は後に中華本土にも大きな影響を及ぼした。今日、広く知られている敦煌莫高窟の開造も、五胡十六国の運営結果の一つである。アルジャイ石窟寺院も北魏時代から繁栄し始めたのならば、当然、シルクロード全体のなかで、その歴史像を構築しなければならない。

（1）Van Hecken Joseph,1963, Les Lamaseries D'Otoy（Ordos）, *Monumenta Serica*, XXII,1, pp.121-167.

第三章

伝説と記憶のアルジャイ石窟寺院

ユーラシア東部の草原地帯の石窟寺院について、現地のモンゴル人はどう理解しているのだろうか。バーミャンも敦煌も、世界中の研究者たちは石窟そのものに関心を示しながらも、現地の住民の信仰や暮らしにさほど関心を示してこなかったのではないか。現地住民の信仰の変遷に注目すれば、意外に大きな進展につながる。

モンゴル高原最南端のアルジャイ石窟については、実に数多くの伝説がモンゴルの民間に伝わっている。そのうちのいくつかは一九八〇年代から文字化されている。また、アルジャイ石窟寺院は忘却された廃墟として見られていたが、二十世紀中葉頃になって、意外なところから記憶は甦ったのである。本章では民間伝説と高僧の記憶からよみとれるアルジャイ石窟の歴史に関する諸要素を整理しておきたい。

アルジャイ石窟に関する諸伝説

ここでは、草原の石窟、アルジャイに関する諸伝説のなかの代表的なものを紹介しよう。

①ウリヤース寺の伝説

オルドス市オトク旗モンゴル語語言文学弁公室が編集し発行している『ウラン・ドゥシ』誌は、旗内にあるアルブス山の最高峰ウラン・ドゥシの名をとった雑誌である。同誌の一九八〇年第四号に次のような伝説が載っている。

現在のアルプス人民公社クグジルト生産大隊にウリヤースというところがある。このウリヤースには今から約八百年前の寺の跡があり、現在は百十八の石窟が残っている。無数の瓦が散乱するウリヤース寺について、こんな伝説がある。

以前、チベットのラサ城中にある大昭寺の建設が竣工した後、工事に使われた牛車がみんなから塗油の祝福を受けた。その際、車の方が祝福されたが、牛は忘れられた。怒った牛が大昭寺の門前にやってきて、片方の角を地面にあてながら、「おれはいつか寺という寺をつぶしてやる」と誓った。「力を出すのは牛でも、祝福を受けるのは車だ」ということわざはこのことに由来しているのだ。

何といっても牛は大昭寺建設に力を出したので、死んだ後はハーンとして生まれ変わるように天が決めていた。その牛はチャハル部の「ハルジャン・ハーン」に生まれ変わったのである。チャハル部のハルジャン・ハーンは、自分の前世の不遇を思い出して寺院を次々に壊していった。そして彼は軍を率いてウリヤース寺にやってきた。

チャハル部のハルジャン・ハーンが布施を行うといって、ラマたちをウリヤース寺に集めた。寺のダー・ラマはハーンが呪術を使って寺を壊そうとしているのが分かっていた。経典の力を借りて神鳥ガルーダと救いの蛇を用意した。しかし、ハーンがやってきた時、ガルーダはまだ雛のままで、救いの蛇もまだ孵化したばかりだった。

ハーンはラマたちを石窟のなかに集めた。窟の下には爆薬をしかけて爆破しようとした。ダー・ラマは空を飛べる神通力を持ち、ラマたちを救おうとしていた。「わしの方を見なさい」とみんなに命じたが、ラマたちは恐くて導火線ばかり見ていて、ダー・ラマの方を見ようとしなかった。そのため、石窟が爆破された時、二人の弟子だけがダー・ラマの袈裟の裾をつかまって飛び立ったことから救われた。他のラマたちは石窟と共に粉塵と化してしまったのである。

石窟のダー・ラマは天上から神力を発揮して、チャハルの軍勢をひとりずつラマに変えていった。ラマに変わった人たちがチャハル軍を射殺した。チャハル部の軍隊は石窟の西にある河で全滅したことから、河もそれ以降「チャハル河」と呼ばれるようになった。

伝説のなかの「チャハル部のハルジャン・ハーン」は、モンゴル最後の大ハーン、リクダン・ハーンとされている。ここで、リクダン・ハーンは石窟の破壊者として語られている。

私もアルジャイ石窟付近で同様の伝説を聞いたことがある。伝説を語った人は、蛇が多いのはそのせいだと説明していた。蛇は石窟寺院にいたラマたちの生まれ変わりだという。二〇〇四年夏は特に蛇が多かった。窟という窟に蛇がいた。ほとんどすべてのモンゴル人と同様に私も蛇が苦手だが、しばらくすると慣れるようになった。壁画を観察する私の近くで、蛇は悠然ととぐろを巻いていた。

②アルジャイ・ウリヤース寺の伝説

オトク旗出身の郷土史家で、『オトク旗誌』（一九九三）を編纂し、長く地方史弁公室の主任をつとめたリンチンドルジは、オトク旗政府が編纂した『文史資料』一九八五年第一号に次のような伝説を書き留めている。

アルブス山中にウリヤースという山がある。山の上にある洞窟をアルジャイ・ウリヤース寺と呼ぶ。このアルジャイ・ウリヤース寺についてこんな伝説がある。

昔、今のオトク旗領内にバンジュンという将軍がいた。バンジュンはアルジャイ山の上に数珠《じゅず》の数に合わせるように一〇八の石窟を掘り、寺を造った。石窟の一部は僧坊としても利用された。寺には色とりどりの瑠璃瓦が使われた。

ところが、バンジュン将軍は自分の管轄する領地が狭く、属民も少ないと悩んでいた。そのため、彼はチャハル部のハルジャン・ハーンと争っていた。そして二人はアルブス山中の高い山、ウラン・ドゥシで戦うことを約束しあった。

バンジュン将軍とチャハル部のハルジャン・ハーンが激しく戦い、アルジャイ山のまわりは血に染められて赤くなった。近くのチャハル河という地名は、この戦いに由来している。チャハルのハルジャン・ハーンは戦いに敗れた腹いせから、バンジュン将軍の家廟であるアルジャイ・ウリヤース寺に放火したのである。窟内のラマたちも寺と共に灰に化した、という。

伝説のなかのバンジュンについては、オトク旗内に彼が住んでいたという城の跡がある（図3

－1）。

図3－1　オルドス西部オトク旗内のバンジュン将軍の城跡

バンジュンはチンギス・ハーンの近衛軍（ゲシク）だったとの伝説もある。同じくオトク旗の『文史資料』一九八五年第三号では、バンジュンをバン・チュンと表現している。バン・チュンはチンギス・ハーンのゲシクで、アルジャイ石窟は祖先祭祀用の太廟だった、との伝説を記している。太廟だったアルジャイ石窟は一六二七年に、右翼三万戸がリクダン・ハーンに対抗した際に破壊されて廃寺になったという。

③二八星宿としてのアルジャイ

一九八七年第一号の『アルタン・ガンディル』誌には、アルタンダライによるアルジャイ紀行文が載っている。アルタンダライは次のような伝説を記している。

アルジャイとは、アルディルという言葉に由来する。アルディルは二八星宿を意味する。つまり、二八星宿の一つがオルドス高原に落ちてきてアルジャイ山になったという。山にある寺院は北元時代に建てられたものだろう、とアルタンダライは書いている。

アルジャイ石窟寺院にチャハルのハルジャン・ハーンがやってきて、金銀財宝を略奪しようとした。それを察知した寺の大活仏は僧たちに、「われわれは今夜寺から離れよう。さもなければ全滅してしまうだろう。みなの者は私の裾をつかんでいなさい。全員でバルーン・ジョーへ避難しよう」といった。

大活仏が雲の上を飛んでバルーン・ジョーに着いてみたら、火おこしとコックの二人しかついてきていなかった。そして東のアルジャイ方向から黒い煙が立ちのぼっているのが見えた。寺がチャハル部のハルジャン・ハーンに放火されたのを知った大活仏は、神通力を使って石の雨を降らせ、チャハル部の軍勢を破った。アルジャイ石窟の周辺が岩石だらけなのは、その時に降った石だという。そして蛇はすべて焼死したラマたちの魂から成ったものである。蛇に意地悪をしなければ害はない。ラマたちは蛇に生まれ変わって、今でも洞窟を守っているのだという。

アルタンダライが記録したこの伝説は、基本的に上に紹介した他の伝説と似通っている。伝説のなかには、アルジャイ以外にもう一つ、バルーン・ジョーという寺院名が登場する。バルーン・ジョーとは直訳すれば、「西の寺院」との意味である。オルドス・モンゴル人は昔から黄河の西、アラシャン盟領内のアラク・ウーラ山（賀蘭山）中の廣宗寺をバルーン・ジョー寺と呼んできた（図3－2）。

④ディルワとナルワ（ナルバンチン）の伝説

民族学者のアルビンバヤルとソノムの共編著『オトク旗の寺院』（一九九八）は、同旗内の寺院について詳しく紹介している。アルジャイ石窟に関しては従来の諸伝説を網羅した上で、さらに興味深いエピソードを収録している。

図3－2　内モンゴル自治区西部、アラシャン地域のバルーン・ジョーこと廣宗寺

アルジャイ石窟寺院がチャハル部のハルジャン・ハーンによって破壊された後、ナルワ、ディルワ、ギルパという三人のラマが飛んでいって、黄河の北にあるバンチン・ジョーという寺に住みついた。以後、ナルワの化身はアルブス山の最高峰ウラン・ドゥシ周辺から三回見つかった。そのうち、二世ナルワの名はミンガ・ユンドンで、三世ナルワはナルバンチンという。ギルワの方もアルジャイ周辺のチョローン・バイというところから三回転生《てんしょう》した。そのうち三世ギルワの名はスゥルケムリンチン・カンブという。

以上の伝説ではナルワ（図3－3）、ディルワ（図3－4）、ギルパという三人の高僧の名が登場する。この三人の高僧と縁があるとされる寺は、黄河の北にあるバンチン・ジョー寺であるとしている。そしてナルワの後世としてナルバンチンがいたとしている。

二〇〇四年夏にアルジャイ石窟を再び訪れた際、ソンルブリンチン（当時六四歳）という僧がアルジャイ石窟寺院（二十三号窟）に滞在していた。彼はもともとドロン・シルケイ寺の僧である。ソンルブリンチン師はアルジャイ石窟の歴史を次のように語る。

アルジャイ石窟にはかつてディルワとナルバンチンという二人の活仏がいた。先代ディルワとナルバンチンはどちらもインドかネパールの尊者だったが、モンゴルの大元ウルス時代からは主としてオルドスから転生するようになった。アルジャイ石窟寺院は後にチャハル部のリクダン・ハーンに放火されて廃寺となり、ディルワとナルバンチンの二人は代わりにダルト旗内でバンチン・ジョー寺を建てた。そのバンチン・ジョー寺は黄河の北、現在のバヤン・ノール市臨河区ウラーン・トゥク（紅旗）郷内のオロン・ソールガトというところにある。

バンチン・ジョー寺が建ってからしばらくすると、

図3－3　チベット仏教世界で大成就者として尊崇されるナルワ。『藏伝仏画度量経』より

図3－4　チベット仏教世界で大成就者として尊崇されるディルワ。『藏伝仏画度量経』より

ディルワとナルバンチンの二人はさらに北のハルハ・モンゴルのところへ行った。それ以降、ハルハの僧たちも頻繁にバンチン・ジョー寺とアルジャイ石窟に訪ねて来るようになった。

このように、ソンルブリンチン師は、アルジャイ石窟寺院はモンゴル高原のハルハとつながりの強い寺だったと強調していた。

二〇〇五年八月二十三日、私はアルジャイ石窟の近くに住む、七十三歳になったオザルという高僧にインタビューした。彼は学識ある人物として地元で尊敬されている。彼は次のような伝説を語った。

> 私が子どもだった頃、老人たちはアルジャイ石窟をバンチン・ジョーと呼んでいた。バンチン・ジョーにはマルワ、ディルワ、ナルワという三人の活仏がいた。また、ダムバドルジという高僧もいた。ある日、ジャガルのランダルマ王がアルジャイにやってきて火を放った。寺院が破壊されたので、活仏たちは黄河の北へ行って、もう一つのバンチン・ジョーを建てた。

オザルの伝説ではチャハルではなく、ジャガルとなっている。ジャガルとはモンゴル語で天竺を指す言葉である。ランダルマ王も、仏教を破壊したとされる吐蕃《とばん》王国のランダルマ王（八〇九？～八四二）を彷彿とさせる。

⑤六世ダライ・ラマと結びつく伝説

現代モンゴル国の碩学チェリンソノムはその著書『モンゴル仏教文学』（二〇〇一）のなかでアルジャイ石窟について触れた際、六世ダライ・ラマと結びつく伝説を記録している。実はチェリンソノムは一九九五年十月十五日に、グルダワという僧にインタビューしている。グルダワは自分たちが子供だった頃、アルジャイ石窟はまた「アルブスの石窟」と呼ばれ、近くにアルブスン・キイトという小さな寺があり、寺の住職はオソル・バンディダという僧だった、と説明した。そして、さらに次のような伝説を話した。

> 六世ダライ・ラマのサンヤンジャムソ（一六八三〜一七四六）の頃、アルジャイ石窟はアラヴァザナティと呼ばれていた。岩壁にそのような文字があったから、そう呼ばれていた。六世ダライ・ラマはモンゴルの地を旅し、「ア」という文字ではじまる地名を探し、その地に寺を建てようとしていた。
>
> ある日、六世ダライ・ラマがアルジャイ石窟にやってきた。近くに住むオルドス・モンゴルの婦人が靴を作って、彼に渡した。六世ダライ・ラマは「靴をくれたのは『旅を続け、この地を離れなさい』という意味か」と理解し、アルジャイ石窟を去った。彼が次に見つけた「ア」のつく地域はアラシャンで、建立した寺院がバルーン・キイト寺すなわち廣宗寺である。この話は六世ダライ・ラマの伝記にもある。

アラシャン地域の廣宗寺、つまりバルーン・ジョーあるいはバルーン・キイトは確かに六世ダライ・ラマ縁の寺院だとモンゴル人に理解されている。六世ダライ・ラマはモンゴル人に深く信仰されており、いわゆる『六世ダライ・ラマの伝記』とする作品もチベット語やモンゴル語で何種類もある。グルダワがいう上記の伝記もそうした作品の一つを指しているにちがいない。

　僧グルダワから聞いた話を、チェリンソノムは次のように解釈している。

　アラヴァザナティとはラマ教でいう「五部文殊菩薩」の中心たる「黄色文殊菩薩」の「心のタラニ」である。アルジャイ石窟はおそらくラマ教がモンゴル高原にはじめて伝わった頃に行者《ぎょうじゃ》たちが修行した場所であろう。アラヴァザナティというサンスクリットの言葉を後世のオルドス・モンゴル人がアラヴァザと略称するようになり、アルバスないしはアルブスとして定着したのだろう、と見ている。

　ここまでで紹介した諸々の伝説を要約すると、次のようなポイントが抽出できよう。

　一、かつてアルジャイ石窟にあった寺院はバンチン・ジョーと呼ばれていた。寺院にはディルワ、ナルワ、ギルワと呼ばれる活仏たちがいた。そのうちナルワの後世にナルバンチンがいた。

　二、アルジャイ石窟はまたアラシャン地域のバルーン・ジョー（廣宗寺）と何らかのつながりを持っていた。

　三、アルジャイ石窟寺院はチャハル部のハルジャン・ハーン、もしくはジャガル（天竺）のランダルマ王に破壊されたが、高僧たちは「空を飛んで」黄河の北側に行き、そこで新しいバンチン・ジョーを建てた。

実は、これらの伝説には歴史的事実が含蓄されていた。次に、アルジャイ石窟を自らの寺とする高僧の回想を見てみよう。

記憶のアルジャイ

オルドスのモンゴル人がアルジャイ石窟についてさまざまな伝説を語っていた時、一人だけしっかりした記憶でアルジャイ石窟の興亡を自らの歴史の一部として回想する神秘的な人物がいた。西北モンゴルにあったナルバンチン寺領の管長ディルワ・ホトクト（図3－5）である。

彼は一八八三年にモンゴル高原西部のジャサクト・ハーン部トゥシェート・グン旗に生まれた。五歳の時に前世ディルワの化身として認められ、ナルバンチン寺で厳しい教育を受けるようになる。清朝が崩壊した一九一二年以降、若きディルワ・ホトクトはジェプツンダムバ・ホトクトを中心とするボグド・ハーン政権のために奔走し、独立国家のために尽力した。

図3－5　ディルワ・ホトクト。『蒙古の喇嘛教』より

ディルワ・ホトクトのその後については、従来の学界ではおおむね、次のような見解が一般的であった。

ジェプツンダムバ・ホトクトの死去に伴い、一九二四年にモンゴル人民共和国が成立するやいなや、彼は反革命の罪に問われて死刑宣告を受ける。

そこでディルワ・ホトクトは内モンゴルへ亡命し、徳王ことデムチュクドンロブが内モンゴルで民族自決運動を展開していた頃、彼もその近くにいた。徳王は彼に一つの旗を与え、管轄させた。その後、日中戦争中は四川省の重慶に移り、モンゴル学者のラティモアや中華民国総統蔣介石らと交流する日々を送るようになる。ラティモアはルーズベルト大統領と蔣介石間の個人的使節兼顧問であった。この間に、ディルワ・ホトクトは日本を訪れている。

　中国大陸で共産党政権が成立した一九四九年、ディルワ・ホトクトはラティモアについてアメリカへの亡命を余儀なくされる。一九四九年から一九五二年にかけて、アメリカの人類学者たちが組織したモンゴル・プロジェクトの主要なインフォーマントのひとりになり、その結果、名著『モンゴルのコミュニティと親族構造』（一九六二）などが上梓されている。また後には自らの経験を中心に、モンゴルの近現代史に関する回想文をつづり、ラティモアと磯野富士子の編集を経て公開されている。

　ディルワ・ホトクトは中華民国に亡命した一九二四年、当時の総統であった曹錕《そうこん》に会って、次のようなことを話していたという証言がある。「内モンゴルで自分のために寺院を建ててほしい。そうすれば、モンゴル人民共和国内にいる寺院専属民《シャビナル》たちは続々と南下するだろう。さらに中華民国側で軍隊を組織し、密使を派遣して旧部を召集しよう。そこで、中華民国軍がモンゴル高原に入れれば、各地で呼応が起こるだろう」と遊説していたそうだ。これは、当時、中華民国の蒙藏委員会の総裁に任命されたアラシャン・モンゴルの王タワンブリージャラの秘書が回想したものである。

しかし、ことの真相はそう簡単ではなかった。

ディルワ・ホトクトは実はモンゴル人民共和国のスパイだった、という研究が最近になって現れた。一九二三年末から九世パンチン・エルデニが内モンゴル各地を回り、一九三〇年代にかけてさまざまな政治運動に関わっていた。新生のモンゴル人民共和国は、パンチン・エルデニを宗教的な指導者とする内モンゴルの政治運動が自国に波及するのを恐れていた。そこで、パンチン・エルデニの信頼が得られやすい人物を密偵として派遣する必要が出てきた。いわゆる「死刑宣告」や「亡命」などはすべて、あらかじめ用意された計画に沿って実行されたドラマにすぎなかった、という説である。

一九六五年にアメリカで客死し、長いあいだ反革命分子とされていたディルワ・ホトクトであったが、一九九〇年五月十八日、民主化後のモンゴル国最高裁判所は彼に関連する「罪」を再審理した結果、名誉回復が決定された。私が一九九五年夏に、かつて彼の統治が及んでいたザウハン県やウリヤースタイ市を訪れた際、彼をめぐる近現代史の再評価が地元でも少しずつ始まっていると現地の知識人たちは語っていた。

ディルワ・ホトクトは当初、確かに新生のモンゴル人民共和国の特別な使命を帯びていたかもしれない。しかし、中華民国に渡った直後から母国では大規模な粛清と反宗教運動が長く続くことになる。幼少時から正統な宗教学的教育を受けて高僧となったディルワ・ホトクトが簡単に共産主義政権に完全に加担するようになったとは思えないところもある。今後、彼をめぐる歴史学的な研究が進めば、近現代史の不透明な部分も解明されるだろう。

図3－6　ミラレパ（1040～1123）。『藏伝仏画度量経』より

このようなディルワ・ホトクトであるが、アメリカに渡ってから二年後の一九五一年十一月、彼は「外モンゴルに於けるナルバンチン寺」について回想し、人類学者のブリーランドらによって記録されている。そのなかで、ディルワ・ホトクトは歴世ディルワについて次のように語っている。

その昔、仏陀の追随者のひとりにマンガラという人物がいた。マンガラの後世の転生のひとりがディルワだった。ディルワとはサンスクリットでゴマを意味し、ディルワは「ゴマつき」の意である。ディルワのチベットでの転生がミラレパ（図3－6）である。その後、モンゴルでもミラレパの転生が現れるようになり、その最初の者はダムバドルジという名だった。

ディルワはさらに詳しく語る。

内モンゴルのオルドス地域には「大きいアルジャイ」と「小さいアルジャイ」という二つの山系があり、ダムバドルジはそのうちの「小さいアルジャイ」の石窟に彼自身の最初の寺院を設けた。寺は後に明清交替期にチャハル・モンゴルのリクダン・ハーンによって破壊されたらしい。

ダムバドルジの次の転生はエルケ・ボクド・ラマで、彼はオルドスでバンチン・ジョーという寺を建てた（地図6）。康熙年間（一六六二～一七二二）に入って、ディルワ・ホトクトという系統の活仏は正式に清朝皇帝から認定された。「私」、つまりアメリカに亡命中の現世ディルワは五回目の転生である。歴代ディルワ・ホトクトのなか、外モンゴルで現れた転生者では、三番目にあたる。

「私」の前世がエルケ・ボクド・ラマとしてオルドス地域にいたころ、ナルバンチンは「私」の弟子だった。その後、彼は外モンゴルで転生するようになり、ナルバンチン寺（図3－7、図3－8）を築いた。続いて、「私」自身の後世も外モンゴルで生まれ変わるようになり、ナルバンチンは「私」を招き、彼の寺を共同で管理しようと勧められた。「私」ことディルワ・ホトクトがなぜナルバンチン寺と結びついているかには、以上のような経緯があった。

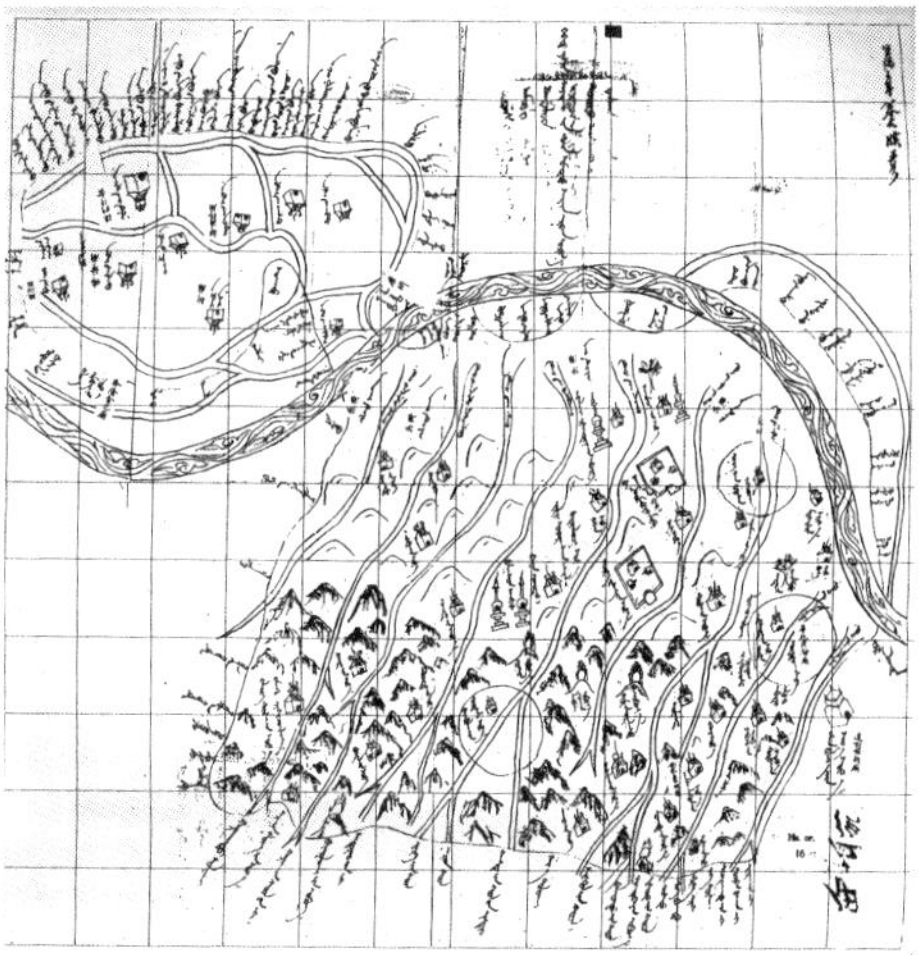

地図6　1910（宣統2年）に描かれたダルト旗の領域図。黄河の北にバンチン・ジョー寺（班沁昭、左上四行目の最左端）がある。Heissig 1978より

以上のように、ディルワ・ホトクトはアルジャイについてきわめて明瞭な認識を持っていたことが分かる。アルジャイという山系は大小二つあり、そのうちの「小アルジャイ」に石窟がある、との表現も実状と完全に一致する。

現在のモンゴル人は「寺のあるアルジャ

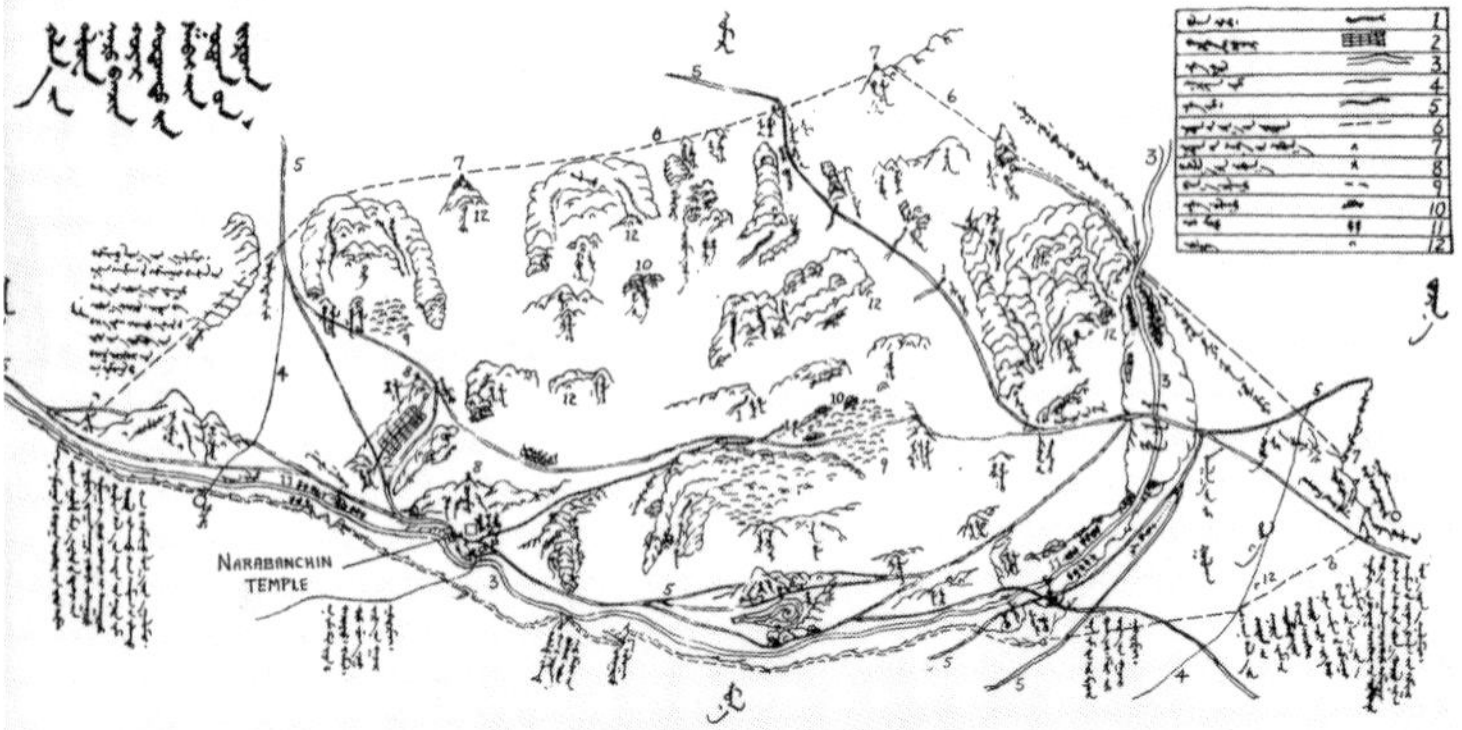

FIG. 1. Territory of the Narobanchin Monastery. 1, Spring; 2, Plowed fields; 3, River; 4, Trail; 5, Road; 6, Boundary line; 7, Some boundary marker; 8, Religious cairn; 9, Small rocks; 10, Large rocks; 11, Trees, wooded areas; 12, Winter quarters.

図3－7　モンゴル高原に存在したディルワとナルバンチン両ホトクトの寺領。

イ」、「大アルジャイ」と「小アルジャイ」のように三つに分けて呼ぶが、石窟があるのは「寺のあるアルジャイ」と「小アルジャイ」のみである。「寺のあるアルジャイ」と「小アルジャイ」は距離的にも近く、「大アルジャイ」の方がやや離れていることを考えれば、もともとは現在の「寺のあるアルジャイ」と「小アルジャイ」を一つにまとめて「小アルジャイ」と呼んでいたかもしれない。

もっとも、「寺のあるアルジャイ」とは、山頂の廃寺を含めて表現する時の呼称である。前節で紹介した諸伝説にもディルワ・ホトクトの回想と共通した要素が認められる。つまり、ディルワ、ナルワ、それにギルワという三人のラマがアルジャイ石窟の破壊後に黄河の北に移って、新たにバンチン・ジョー寺を建てて住みついた、という点は似通っている。

ナルバンチン寺の成立とディルワの北遷

ディルワ・ホトクトはその後もアメリカの人類学者たちの「モンゴル・プロジェクト」の優秀なインフォーマント兼顧問であり続けた。ブリーランドが書き上げた『モンゴルのコミュニティと親族構造』のなかで、彼はナルバンチン寺の成立とディルワ・ホトクトがオルドスから北のモンゴル高原へ移った歴史について、詳しく回想している。ナルバンチン寺とその寺領に強い関心を抱いていた愛宕松男《おたぎまつお》は、その全文を翻訳している。少し長いが、きわめて重要な記録であるので、訳文をここで引用しておこう（なお、日本語に翻訳した際の原文内のローマ字表記の固有名詞を分かりやすくするために、（）内にカタカナ表記を追加した）。

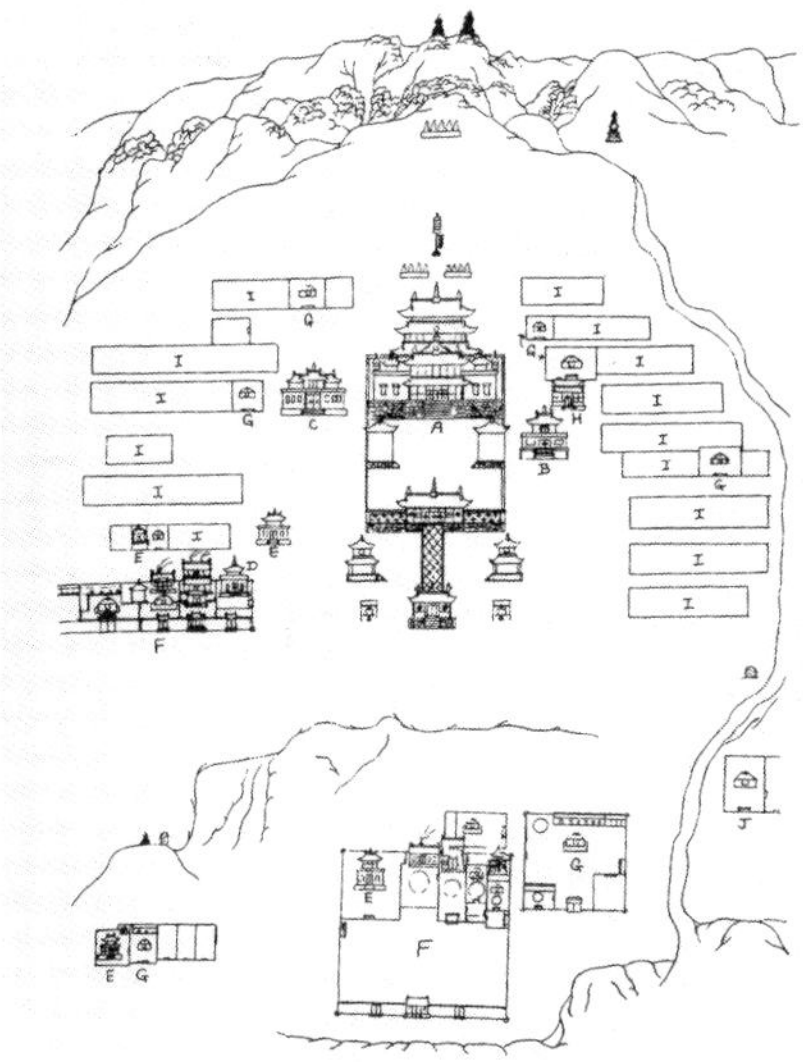

FIG. 2. The Narobanchin Monastery. A, Great Assembly Hall; B, College of Demonology; C. College of Philosophy; D, College of Astrology and Divination; E, Minor temples; F, Residences of living Buddhas; G, Storage tents for church treasuries; H, Cook house; I, Residential compounds of Lamas; J, Civil office.

図3－8　ディルワとナルバンチンが共同で運営していたナルバンチン寺。Dilowa Hutukhtu 1952より

乾隆朝（一七三六～九六）の少し前、西北外蒙古の一旗にナロバンチン・ラマと称せられた著名なhubilgaan（ホビルガン）がいてこの寺を主管した。当時

このラマ僧もその寺も、共に旗の管轄下に在った。このhubilgaan（ホビルガン）が死ぬや、彼の化身はこの旗内に現われないで、南Ordos（オルドス）地方にて別のhubilgaan（ホビルガン）たるDilowa Hutukhtu（ディルワ・ホトクト）の主管するBanchin Jo（バンチン・ジョー）寺の附近にて発見された。このナロバンチンの化身者はそこでジ《ママ》ロワ（すなわちディルワ、著者）の弟子となったが、しかし依然として彼はその前身が所属していたかの旗の者だと考えられていた為に、結局このナロバンチンの化身者は原旗のギャサックに強いられて、故の寺に帰ることになった。

引き続く時代（一七三六～九六）になって、ナロバンチンのこの化身者は公式に西北外蒙古の原旗から去って、Sain Noin Khan（サイン・ノイン・ハーン）のアイマック中のHoshochi Beise（ホショチ・ベイス）という旗に移った。そしてここに、彼の故郷たる西北外蒙古の富裕者たちの寄付によって、彼の為に一寺が創立された。ついで程なく、この寺が独立せる領域管区の中心として発足するに至るような色々な事件が起こった。即ち当時のヂロワの化身人は嘗ての弟子に対する情誼を表明せんが為に、自己の主管するBanchin Jo（バンチン・ジョー）寺の正式持分たるラマ僧八十人の半を割いてこれをナロバンチンに付与したき旨を北京朝廷に請願した。

時を同じくしてホショチ・ベイゼ旗のギャサックは、ナロバンチンの住持する新寺に寺額を下賜し併せてナロバンチン自身にHutaktuu（ホトクト）の称号を授けられたしと皇帝に懇願した。これらの請願は何れも聴許され、ここに寺は初めてナロバンチン寺という称呼を得たのである。
　ついで、ホショチ・ベイゼ旗のヂャサックは、ナロバンチン寺に旗の南境の一地を与え、さらに皇帝に請願を奉って、ナロバンチン寺とその保有地域に独立管区の位置を授け、ナロバンチンその人に官印を交付されんことを求めた。この請願もまた容認され、ここにナロバンチン寺領は、Sain Noin Khan（サイン・ノイン・ハーン）アイマックの盟を形成する二十四旗と等同な地位を享受する sabiin gajar（シャビン・ガジャル）となった。ナロバンチン寺領は後に Jinon Beile（ジョノン・ベイレ）旗からその南境地区を寄附されて増大し、その結果、最終的には隣接する二旗、即ちジョノン・ベイレ旗とホショチ・ベイゼ旗の接続地区を形成した。Sain Noin Khan（サイン・ノイン・ハーン）アイマックのこの二旗が寺領を取巻き、さらにその西南側面には Jassakhtu Khan（ジャサクト・ハーン）アイマックの Jasakhtu Khan（ジャサクト・ハーン）旗がこれに接壌している。（中略）
　ナロバンチン寺領の成立後、ヂロワは推定年齢百二十歳を以て歿した。彼の化身はオルドスの直北に当たる内蒙古の Domd Gung（ドンダ・グン＝中公）旗中に現われた。この化身者は Banchin Jo（バンチン・ジョー）寺につれて来られたが八歳で死し、次の化身者は奇縁にもナロバンチン寺領内のある家族に出生した。伝統に従ってこのヂロワはオルドスの Banchin Jo（バンチン・ジョー）寺に帰らねばならなかったのだが、故人となれる吾が師匠の化身者が会々自己の部民中に現われたと知ったナロバンチンは、ヂロワのこの化身者を自分の手許に留め置き、将来協力してナロバンチン寺領の統治に当たらんことを希望した。この目的について彼は清朝に申請したところ承認されたので、ここにナロバンチンとギロワの両 hubilgaan（ホビルガン）の協同主管に置かれることとなったのである。
　ギロワは以後も Banchin Jo（バンチン・ジョー）寺の顧問としての地位に留ったが、その寺からは一文の収入も寄附も受けなかった。かくして往時は毎年 Banchin Jo（バンチン・ジョー）寺から一人の代理人がナロバンチン寺に派遣され来ってギロワと相談し、その注告《ママ》と教示とを受けることになっていたが、Banchin Jo（バンチン・ジョー）寺の常務的行政は下位の hubilgaan（ホビルガン）によって処理されていた。

　ディルワ・ホトクトはここで大まかな歴史的な流れについて述べているが、具体的な年月や、活仏の父母名などは明示されていない。あるいは、聞き手の人類学者ブリーランドらはそのような情報に無関心だったかもしれない。
　オルドスのバンチン・ジョーという寺の由来については、ディルワ・ホトクトは次のように語っている。同様に、（）内のカタカナ表記は著者によるものである。

康熙年間（一六六二～一七二二）ニ建立サレタバンチン・ヂョ寺ハ、本来ハ Bogdo Lamaiin Som（ボグド・ラマ寺）ト称シタ。蓋シボグド・ラマガ hubilgaan（ホビルガン）トシテコノ寺ヲ主管シタニ由来スル。其ノ後ボグド・ラマハ hutukhtu（ホトクト）ノ位階ヲ授カリ、Dilowa Hutukhtu（ディルワ・ホトクト）ト称セラレ、寺ハ Banchin Jo（バンチン・ジョー）寺ト更名サレタ。

寺院の名称変更はホトクトという称号の授与と関係があったことを示している。ディルワ・ホトクトはまた、その弟子たるナルバンチンの招請を受けて、ナルバンチン寺領に留まり、両者が協同でナルバンチン寺領を運営するようになったことを回想している。なぜ、両者がそのような特別な関係に結ばれていたかについては、先代が師弟関係にあったことを強調して説明している。

カギュ派の系統を汲む歴世ディルワ・ホトクト

ディルワ（九八八〜一〇六九）はチベット仏教カギュ派のインド人祖師である。ディルワの弟子はナルバ（ナルワとも、一〇一六〜一一〇〇）である。ナルバに師事し、カギュ派の教義をチベットにもたらしたのが翻訳家マルパ（一〇一二〜一〇九七、マルワとも）とされている（図3－9）。

図3－9　チベット仏教の大成就者マルパ（マルワ）。『蔵伝仏画度量経』より

マルワの弟子のなかで最も著名な密教行者がミラレパ（一〇四〇〜一一二三、前掲図3－6）である。アメリカに渡ったディルワ・ホトクトも、ディルワとナルバンチンは師弟関係にある、と自身の宗教的系統に沿った認識を持っている。これはおそらくカギュ派のなかで、祖師

のディルワとナルワが師弟関係にあったという歴史的な認識に基づく見方であろう。後世においても、この種の親密な関係がずっと維持されていたと理解できよう。要するに、第七世ディルワ・ホトクトはモンゴルにおけるチベット仏教カギュ派を軸に歴史を語っていたのである。

　ミラレパは西チベットのネパールの国境に近い所に住む裕福な家庭に生まれた。幼少の時に父を失い、財産も叔父に奪われる。ミラレパは母親の意思に沿って呪術を学び、復讐を果たす。その後ミラレパは自らの行為を悔いてマルワに帰依し、洞窟でヨガを修習し、隠遁生活を送った。このようなミラレパの一生を語った『ミラレパ伝』をモンゴル人は愛し、一六一八年にフフホトの高僧シレート・グーシ・チョルジによってモンゴル語に翻訳されている。ミラレパの詩とされる作品もモンゴルの民間に多数伝わっている。

『ミラレパ伝』のモンゴル語訳を進めた施主は、ハルハの貴族で、カギュ派を強く支持していたチョクト・ホン・タイジとその母親である。ミラレパのように洞窟での隠遁修行がもしカギュ派の尊ぶ精神であるならば、ミラレパのモンゴルにおける最初の化身とされるダムバドルジがアルジャイ石窟を選ぶ理由も容易に理解できよう。

　前節において紹介した現代オルドスの民間伝説にある「空を飛ぶ高僧」も、カギュ派的な色彩を帯びているかもしれない。一八六五年に成書した『安多政教史』によると、涼州付近の白蓮寺はカギュ派のカルマパの修練する場所で、多くのカギュ派の高僧たちがここで修行していた。古代において、四人のヨガ師が白蓮寺で長期修行した後に空へ飛んでいったという。

　内モンゴル社会科学院の研究員ホルチャは同研究所が所蔵する『ディルワの知恵』、『エルケ・

名前	出身地	父親の名	出生年	入寂年
ゲゲーン・ゲレルト	インド	バルマンギーグルクチ	988	1069
ダムバドルジ	チベット	?	1569?	1649?
アワンジムバ	オルドス	チャ・ア	1650?	1702?
マハクルド	ウラト	ジル	1703?	1784?
デムチュクヤルピル	ハルハ	デンジリク	1785	1856
ラシポンスク	オルドス	バルダンオチル	1857	1884
ジャムスレンジャブ	ハルハ	ワシルー	1884	1965

表2　歴代ディルワ・ホトクト
出典：Qurča 1999, p.104.

チョルジの出自を上奏する抄本』、内モンゴル図書館にある『聖ディルワの伝』、内モンゴル師範大学図書館が保管する『ディルワ伝』等のモンゴル語の古い手写本資料を駆使して、歴代ディルワの出自と主な事績（表2参照）について要領よく述べている。その後、私はホルチャから上記第一次資料の複製を譲り受け、日本で影印出版した。ここでは主としてモンゴル語第一次資料とホルチャの研究成果を利用して、歴代ディルワの出自を追ってみたい。

　ホルチャはモンゴル語第一次資料に基づき、初代ディルワ、つまりカギュ派のインド人開祖をモンゴル語でゲゲーン・ゲレルトと表現している。彼の生没年が九八八年から一〇六九年までとなっていることは、大方が認める事実となっている。問題は第二世のダムバドルジである。すでに触れたように、アメリカに渡った最後のディルワ、ジャムサランジャブは漠然と「ダムバドルジは明代に小アルジャイの石窟で寺院を建てた」と表現したに止まっている。一方、ホルチャが注目したのは『エルケ・チョルジの出自を上奏する抄本』内の次のような表現である。

　そのように、初代ディルワが慈悲深くなり、無限な修行を積んで解脱の境地に達した際に、五百年間衆生のために奉仕した後に、もとの身で虚空の界に現れた。

初代ディルワが一〇六九年に「解脱の境地に達した際」に、五百年後に再びこの世に転生することを意味しているのだろう、とホルチャは解釈している。一〇六九年から五百年経った一五六九年あたりをダムバドルジの出生年代と見なしてもさしつかえなかろう、という見解である。『エルケ・チョルジの出自を上奏する抄本』はダムバドルジの事績について次のように書いている。

二世はダムバドルジ・ボディサドゥといい、チベットの地に転生し、オルドス地域のアルジャイ石窟というところで寺院を建て、金泥で『ガンジョール』を書写し、三依所（仏像、仏典、仏塔）を完成させ、衆生のために読経した。

ここでは、はっきりとオルドス地域のアルジャイ石窟という地で寺院を建立したと記している。後述するナルバンチン・ホトクトに関するモンゴル語古文書のなかにも同様な記述がある。この文書は現在北京の国家図書館内にある。同文書に次のような文章がある。

エルケ・チョルジの出自を調べたところ、最初、インドの地においてルブチン・ディルワという名の賢い僧がいた。その後、チベットで転生し、ダムバドルジ・ボディサドゥという名で知られていた。彼はオルドスのアルジャイという地にやってきて、寺院を建てて衆生のために働いた。

アメリカに渡った第七世ディルワ・ジャムサランジャブは、ダムバドルジをモンゴルに転生したミラレパの最初の化身だとしているのに対し、ここではダムバドルジを「チベットの地に転生し」たとしている。二世ダムバドルジはオルドス地域のアルジャイ石窟で寺院を建設し、金泥で『ガンジョール』を書写し、仏像や仏典、それに仏塔と仏画を完成させていたことが記されている。『エルケ・チョルジの出自を上奏する抄本』という資料はいつ成立したかもまだ分からないが、上記文章はアルジャイ石窟に関する最も具体的で、かつ古い記録の一つである可能性は高い（図3－10）。

図3－10　アルジャイ石窟から出土した仏画の断片。手にインドの戦神が用いる三叉を持っている。

　上で触れている金泥書写の『ガンジョール』がチベット語か、それともモンゴル語のものかは不明である。実際、アルジャイ石窟から金泥紺紙のチベット語『ガンジョール』の「般若経《はんにゃきょう》」部分が出土していることは確認されている。

三世ディルワ・アワンジムバ

三世ディルワ、換言すればモンゴル人初代ディルワは、オルドスのダルト旗の出身である。その転生と、ディルワとして正式に認定された経緯について、『エルケ・チョルジの出自を上奏する抄本』は次のように伝えている。

三世の名はアワンジムバで、オルドスのダルト貝子の旗内に住む箭丁（清代の領民）チャ・アの家に転生した。幼少のころに上楽金剛タラニを読んでカンジュム・ドゥワー仏母で称賛し、灌頂《かんじょう》を行った際に、聖なるダライ・ラマのナワンジャムチュは次のようにいった。「あっ、ここのオルドスの人々の運がたいそう良い。この子はインドの地において、釈迦牟尼仏の時に、ルブチン・ディルワとして知られていた人物の化身である」といった。そして、その子をオルドスの僧サンジャイシャラに渡して育ててもらうことにした。

ダルト旗は一六五〇年に成立した。また『五世ダライ・ラマ伝』によると、五世ダライ・ラマは清帝の要請を受けてチベットを離れてオルドスに入ったのは、一六五二年九月二一日で、同年十月十七日に去っている。この時、アワンジムバは幼少であったが、おそらくはオルドス・モンゴル人たちの要請を受けて、釈迦牟尼仏の同時代人ディルワの転生であることが認定された。一般的に前世の活仏が死去した翌年に次世が転生すると見られる習慣と、ダルト旗の成立時期、それに五世ダライ・ラマの来訪から考えて、三世ディルワ・アワンジムバは一六五〇年以降に生まれたにちがいない。そして前世の二世ディルワ・ダムバドルジも一六四九年あたりで入滅したのではないか、と推定できよう。

アメリカで活動していた七世ディルワ・ジャムサランジャブはまた、二世ディルワ・ダムバドルジの化身をエルケ・ボクド・ラマと呼んでいる。そして自らの系統がディルワとして認定されたのは、清朝の康熙皇帝時代のことだと回想していた。

彼の回想は一見『エルケ・チョルジの出自を上奏した抄本』内の記述と矛盾しているようだが、もう少し詳細なプロセスを追求する必要があろう。前出の『エルケ・チョルジの出自を上奏する抄本』には次のような文がある。

> その化身は経典と法術の訓練を大いに受けた時、ハルハの左右両翼のハーンやジョノン、それにタイジたちはお互いに不和だった。また、ジャサクト・ハーンのシャララらはオイラトのガルダン・ボショクトと親交したことから、康熙二十五（一六八六）年、庚辰の日にダライ・ラマのところから出発したガルダン・シレートと共に、閏《うるう》四月中にハルハのメルゲン・ノヤンの領地内で開かれた集会に参加した。
>
> その際、集会を主催したアラナイ、タイジ・バドマシ、ビリクト・ラマ、アチト・チョルジらは大軍と共に出発した際、大臣が途中で病気となり、化身アワンジムバが薬で治し、大

図3－11　モンゴル高原中央部、ハルハ人の地に建つバルーン・キイトという寺。初代ジェプツンダムバ・ホトクトゆかりの寺である。

軍と一緒に多くの事を見事に処理し、忠実な態度が明らかになった。そのため、大臣が「彼は大いに貢献した」と皇帝に報告したところ、……（中略）康熙二六（一六八七）年に勅命で化身を京師に呼び、「貴方は本当に衆生のために働く、真誠な人だ」といわれ、経典『ダンジョール』や守護尊を下賜され、「エルケ・チョルジ」と命名された。

以上の文章は一六八六年にモンゴル高原のクレン・ビルチェールの地で行われた、ハルハの左右両翼を和解させる会盟に関する内容である。当時のモンゴル高原では、ハルハという大集団が左右両翼に分かれ、チベットとの従来の関係や新興の満洲人の清朝との新しい外交関係などをめぐって、激しく対立し合っていた。モンゴル各部の不和を利用し、清朝の康熙帝は自身にことを有利に進めた（図3－11）。

『聖祖朝実録』、すなわち康熙帝の行動を詳しく記した実録の中に、「康熙二五年丙寅《へいいん》夏四月乙酉《いつゆう》朔」の項目には、クレン・ビルチェールというところで開催されたモンゴルとチベット、それに清朝による三者会盟についての記事がある。それによると、清朝皇帝から会盟に派遣されたのは理藩院尚書阿喇尼《アラナイ》で、ダライ・ラマ側からはガンデン寺座主《シレート》だった。[1] 石濱裕美子によると、別のチベット語資料では「アチトチュージ」も「大王の使者」として参列したことが伝えられているという。このアチトチュージは上記文章のなかのアチト・チョルジであることはほぼまちがいないだろう。

アチト・チョルジという称号は清朝皇帝より「エルケ・チョルジ」の称号を与えられる以前から用いられていたことを、『エルケ・チョルジの出自を上奏した抄本』は記述している。このアチト・チョルジという称号がいつ、どういうことから使用し始めたかも今後研究する必要があろう。

第七世ディルワ・ジャムサランジャブは、康熙年間に清朝皇帝によって、ディルワ系統の活仏が認定されたと回想している。これはおそらく「エルケ・チョルジ」との称号が与えられたことと無関係ではなかろう。ディルワの化身である、と認めたのは、チベット仏教の最高権者のダライ・ラマである。ダライ・ラマによる認定を受けた人物に「エルケ・チョルジ」の称号を与えることは、ディルワの化身であることを清朝政府も追認したことを意味している。エルケ・チョルジという称号は、十九世紀末まで歴代ディルワによって使用されてきた。

四世ディルワ・ホトクトと六世ダライ・ラマ

モンゴル語の写本『エルケ・チョルジの出自を上奏する抄本』は、四世ディルワ・ホトクトについて、次のように記している。

図3－12　オルドス東部ジュンガル旗の寺、ジュンガル・ジョー。

四世の名はマハクルデで、ウラト中公旗のジャルの家に転生した時も、さまざまな吉兆が現れた。

チベット仏教では一般的に高僧や活仏が誕生する際、いろいろな吉兆が示されるとし、その現象を記した内容である。ホルチャはこの四世が八一歳で入滅したと計算しているが、第七世ディルワ・ジャムサランジャブは、「彼の化身は内蒙古の**Domd Gung**（ドンダ・グン＝中公）旗中に現れた。この化身は**Banchin Jo**（バンチン・ジョー）寺に連れて来られたが八歳で死し」たとしている。つじつまを合わせるために、ジャムサランジャブはまた、第三世ディルワは「推定年齢百二十歳をもって歿した」と述べている。

この第四世はだいたい一七〇三年から一七八四年にかけて生きていたことになる。この間、アラシャンのバルーン・ジョーを拠点とする六世ダライ・ラマの来訪を受けている。『六世ダライ・ラマ伝』は六世ダライ・ラマを「上師尊者」と呼んでいる。この「上師尊者」はオルドスを二回訪問したことがあるという。

一回目は一七三六（乾隆元）年で、オルドスのジュンガル旗の貝子ナムジャルドルジの要請で、オルドスのラシチョイリン寺を訪れている（図3－12）。ラシチョイリン寺は最初、ダルト旗の寺だったともいわれている。「上師尊者」が招かれた時にはラシチョイリン寺には三千人もの僧がいたという。なぜ、ジュンガル旗の貝子の招請でダルト旗の寺を訪問しているのかは不明である。

第二回は一七四一年のことである。『六世ダライ・ラマ伝』は次のように伝えている。

（辛《しん》）酉《ゆう》年、エルケ・チョルジを中心とする施主たちが上師尊者を招いた。その際、オルドスの六人の札薩克《ジャサク》（ジャッサク）たちもまた招請者に名を連ねていた。彼らの願い通りに各種経典を与えた。また、その際にナルバンチンに居士ウバシの戒を授けた。エルケ・チョルジは主として自分の寺から千個の銀と百頭の馬等を献上した。

図3－13　第六世ダライ・ラマ。『唐卡中的西藏史』より

前に紹介した「二八星宿としてのアルジャイ」という伝説のなかで、アルジャイ石窟の活仏は石窟寺院が破壊された時に六世ダライ・ラマが建てたとされる賀蘭山中のバルーン・ジョー寺へ避難したとある。チェリンソノムもまた六世ダライ・ラマがアルジャイ石窟を訪れていたという伝説を記録している。

六世ダライ・ラマは風流な詩人としても有名であり、酒と女を酷愛した奔放な一面を持つ人物である（図3－13）。彼はラザン・ハーンとの政争に敗れ、積極的なチベット介入政策を推し進めていた康熙帝のもとへ護送されていた途中、一七〇六年に青海湖のほとりで死んだとされている。しかし、彼は死去したのではなく、姿を消してから名前を変えてモンゴルに来て仏教を広め、寺院を建設した、とモンゴル人たちは信じて疑わない。

『六世ダライ・ラマ伝』内の「上師尊者」が六世ダライ・ラマかどうかは別として、バルーン・ジョーの高僧とオルドスのバンチン・ジョーのエルケ・チョルジらはきわめて良好な関係を結んでいたことは確かなようである。「上師尊者」はまたディルワ・ホトクトの弟子ナルバンチンに居士ウバシの戒を授け、エルケ・チョルジからは膨大な布施が譲渡されている。エルケ・チョルジの寺領は相当豊富な財源に恵まれていたようである。

その他のディルワ・ホトクトたち

第五世ディルワ・ホトクトについて、『エルケ・チョルジの出自を上奏する抄本』では次のように書いている。

> 第五世の名はデムチュクヤルピルで、乾隆五十（一七八五）年乙巳《いっし》年にサイン・ノヤン部領内にあるナルバンチン・ホトクトの属民デンジクリクの家に転生した。……（中略）（咸豊）六年丙辰（一八五六）年三月五日に七十二歳で圓寂した。

第七世ディルワ・ホトクトの回想に基づくと、第五世はオルドスにあるバンチン・ジョー寺に帰ることなく、ナルバンチン寺領（地図7、地図8）に住みついた人物である。

ここで最後に、第六世、第七世についての『エルケ・チョルジの出自を上奏した抄本』内の記録を示しておこう。

第六世の名はラシプンチュク（ラシプンスクとも、著者）で、ナルバンチン・ホトクトの属民

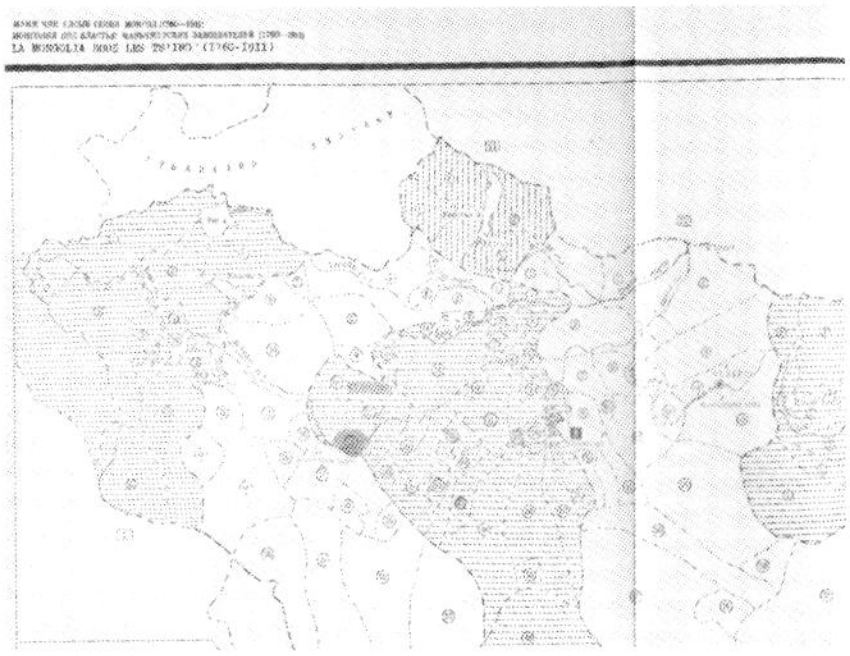

地図7　清朝時代モンゴル高原にあったナルバンチン寺領（ウリヤスタイの下、第十八番）

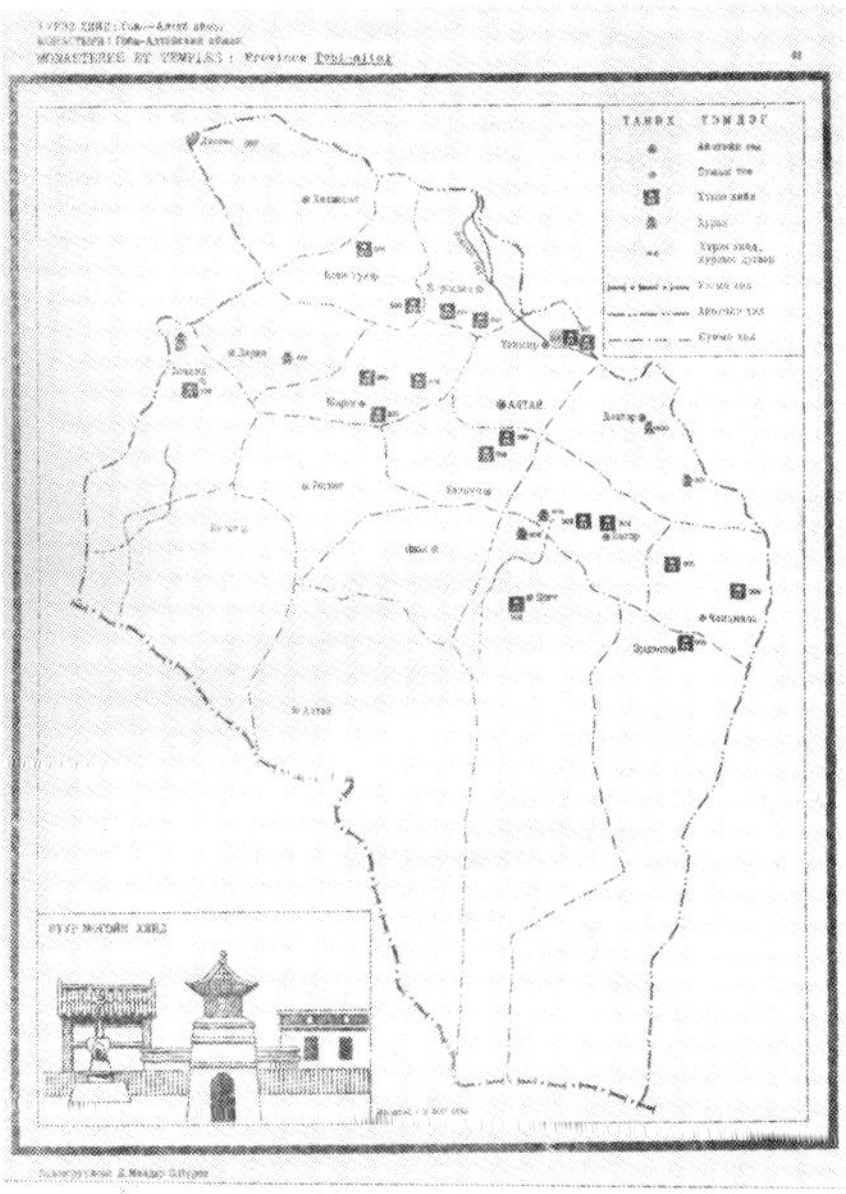

地図8　清朝時代モンゴルのナルバンチン寺（八九六番）。*Mongol Ard Ulsin Ugsaatni Sudlal, Xelnii Sinjleliin Atlas* より

バルダンオチル家に転生したのを知り、吉時良辰を選んで、その年の秋の仲月（八月）の上旬にナルバンチン寺に招請してきて、彼の弟子たちと合流させた。光緒十（一八八四）年五月三〇日に圓寂した。第七世の名はジャムサランジャブで、ジャク・ゴール盟輔国公級札薩克《ジャサク》ジャクダサムバル旗内の箭丁ワシルーの家に転生したのを知り、光緒十四（一八八八）年三月に彼が四歳の時に寺に招請してきて、その弟子たちと合流させた。五月八日吉日に。

『エルケ・チョルジの出自を上奏する抄本』では、第六世ディルワはナルバンチン・ホトクトの属民家の出身としている。ホルチャは『ナルバンチン・ホトクトのシャンジュドワ・ギリクオチルの書』という写本資料内の次のような表現に注目し、第六世ディルワ・ラシプンチュクはオルドスのダルト旗の出身だとしている。

> エルケ・チョルジの化身たるデムチュクヤルピルの新しい転生はどこで生まれたのだろう、といろいろなところで探し求めた。イケ・ジョー盟ダルト旗の貝子シャンジミデブの領内、黄河の北にあるガンガ・トハイという地にある我がホトクトの前世が建てたシャジン・ユルール寺（中国名は法佑寺）付近に住む、我が属民《シャビナル》バルダンオチルの家にひとりの男の子が清らかに生まれたと聞いた。

ホルチャは上記文章を根拠に、第六世ディルワ・ラシプンチュクもオルドスに生まれた人物だとしている。そしていわゆるシャジン・ユルールト寺（法佑寺）は十一世ナルバンチン・ホトクトのナワンチョイルクダンジンジャムチョが建設した寺だろうとしている。

黄河の北に位置するガンガ・トハイは清朝時代から中華民国期にかけて、オルドスのダルト旗の領地だった。ガンガ・トハイにはダルト旗の複数の寺があった。そのうちの一つ、シャジン・ユルールト寺（法佑寺）はディルワ・ホトクトの寺、バンチン・ジョーのモンゴル名であった。ディルワ・ホトクトの寺であるが、その建立にナルバンチン・ホトクトが関わっていたことが反映されている。

おそらくは第五世ディルワ・ホトクトの頃に活動の基盤をハルハに移したものの、オルドスのバンチン・ジョーとの往来はずっと続いていた。第七世ディルワ・ホトクトのジャムサランジャブは「往時は毎年**Banchin Jo**（バンチン・ジョー、筆者による）寺から一人の代理人がナロバンチン寺に派遣され来ってヂロワと相談し、その忠告と教示を受けることになっていた」し、また一九一四年には「オルドスにある自分の寺」からやってきた僧について経典を学んだ、とアメリカに渡ってから回想している。ディルワ・ホトクトにとって、アルジャイ石窟寺院とバンチン・ジョーは決して忘れられない歴史の一部だったにちがいない。

以上、ディルワ・ホトクトの回想とモンゴル語文書内の記述を総括すると、次のようなことが推察できよう。アルジャイ石窟寺院は洞窟での修行を重視するチベット仏教カギュ派の行者ミラレパの道統をひくダムバドルジが開いた寺であった。

チベット仏教カギュ派のアルジャイ石窟寺院は何らかの原因で廃寺と化すと、ダムバドルジの化身アワンジムバはオトク旗を離れて、康熙年間に黄河以北のダルト旗領地内でアルジャイ石窟寺院の継承寺バンチン・ジョー寺（法佑寺）を建てた。アワンジムバは清朝政府との結びつきも強く、ハルハ・モンゴル左右両翼の不和を調停する会盟に参加した政治的な事績等から、エルケ・チョルジの称号が与えられた。それにより、民間ではエルケ・ボクド・ラマとして知られるようになったのだろう。

続いてディルワ・ホトクトと師弟関係にあるもう一人の活仏、ナルバンチン・ホトクトについて調べてみよう。

歴世ナルバンチン・ホトクトと継承寺の名称

北京にある国家図書館の善本部に『ナルバンチン・ホトクトの文書四部』という手写本がある。万年筆で書写された手写本の底本は内モンゴルのどこかの機関にあるという。この『ナルバンチン・ホトクトの文書四部』はおそらく前節において紹介した、内モンゴル社会科学院の研究者ホルチャが研究に活用した『エルケ・チョルジの出自を上奏する抄本』と同じ性質のものであろう。私が調べたところ、写本の最後には「シュルが写した」とある。一般的に清朝時代の役所や寺院などの公文書は、他所へ差し出す時に一部書き写して手元に残す慣例がある。この写本のオリジナルもおそらくナルバンチン寺領内かサイン・ノヤン・ハン部に伝わっていた文書集の一冊であろう。写本のタイトルに「文書四部」とあるものの、実際には多数の文書が収録されており、歴世ナルバンチン・ホトクトに関する情報を詳しく伝えている。

　カギュ派のアルジャイ石窟寺院を離れたディルワ・ホトクトと歴世ナルバンチン・ホトクトらはモンゴルのどこで転生し、どのような宗教的な事績を残してきたのか。彼らが新たに建てた寺院の名称や規模はどれくらいのものであったのか。まず、道光二十五（一八四五）年八月一日付けのモンゴル語文書を見てみよう。


　ハルハのサイン・ノヤン・ハン部のナルバンチン・ホトクトのもとの出自を調べたところ、（次のようである）。最初インドの地において、釈迦牟尼の時代にいた、その前世の名はヤンギマヤランナダである。その化身で、二世の名はインドのバンジンニルブである。バンジンニルブの化身で、三世はインド人のソノムオスルである。その化身で、四世の名はインド人のバトガリンチンである。その化身で、五世の名はチベット人のトゥブチンカラブジャルである。その化身で、六世の名はチベット人のダルジクチョイジヤルブである。その化身で、七世の名はチベット人のラムンホジャブである。その化身で八世の名はチベット人のダルドイチンブルルブである。その化身で九世はチベットの地においてジャンジンニムブの名で知られていた。ここまでインドとチベットにおいて九回生まれ変わった年月について調べたところ、記録が残っていない。

　十世は康熙三十八（一六九九）年四月に、ハルハのサイン・ノヤン・ハン部の公、ゴンチョクの旗に住むタイジ、グルジャブの家から生まれ変わった。その名はバダマドルジという。

彼はナルバンチン・ホトクトとして、慈悲深き聖祖皇帝に謁見を賜り、「ナルバンチン・ホトクト」との称号と、八十日間使者として出かける時にはそのうちの四十日間に口糧を支給する、との恩賜が与えられた。

乾隆二（一七三七）年四月に逝去した後、乾隆四（一七三九）年五月に、オルドスの左翼後旗、すなわちダルト旗の貝子、ラワンバルダンセレン（在位一七六一～六五）の旗内に住むタイジ、ダシドントブの家に十一世は生まれ変わった。その名はナワンチョイルクダンジンジャムチョという。

十一世ナワンチョイルクダンジンジャムチョは乾隆十九（一七五四）年、三十八（一七七三）年、四十五（一七八〇）年、五十七（一七九二）年と嘉慶三（一七九八）年に北京に赴いて謁見し、皇帝の福寿を祈願した。乾隆三十七（一七七二）年に（以前からの権利を継承したい旨を）理藩院に報告したところ、同じ年にナルバンチン・ホトクトの全属民たちを管理する印璽が授けられた。そして、その年にシャンジュデワーを設置した。

続いてナルバンチン・ホトクトのナワンチョイルクダンジンジャムチョは聖主の万寿を祈願するために、自らの故郷で、オルドスのダルト旗において一つの寺院を建てた。また、オルドスのダルト旗の貝子《ベイス》ヨンドンドルジ（在位一七八九～一八一八）の故郷にも一つの寺院を建てた。理藩院に報告したところ、嘉慶八（一八〇三）年に勅命にて「ソヨル・イ・バダラグールクチ・スゥメ」と、「シャジン・ユルールト・スゥメ（法佑寺）」との名が下賜された。（嘉慶）二十二（一八一七）年十二月に入寂した。

その後、化身の十二世を探したところ、青海地方のアンドゥのチョイソン寺の属民ガルザンナムジャルの息子トゥクジジャブを候補者として理藩院に報告した。雍和《ようわ》宮内の金瓶からもトゥクジジャブの名のついたクジが引かれたため、道光八（一八二八）年二月二十日に上奏したところ、その通りに認定された。十二世トゥクジジャブは道光十一（一八三一）年四月にその弟子たちと会い、法座に就いた。その後、（道光）十六（一八三六）年、十九（一八三九）年と二十四（一八四四）年に、三回にわたって新年の参列に加わり、トゥンリ経を誦した。

　このように、ナルバンチン・ホトクトは以前にインドとチベットにおいて九回、ハルハの地において三回、計十二回にわたった転生した。現世ナルバンチン・ホトクトのトゥクジジャブは今年二七歳になった。皇帝の万寿を祈願して読経に励んでいる。……ナルバンチン・ホトクトの弟子エルケ・チョルジの化身であるデムチュクヤルピルは巳年（一七八五）生まれで、今年六一歳になった。道光二十五年八月一日に上奏した。

　歴世ナルバンチン・ホトクトのうち、第九世まではインドやチベットの地において転生を繰り返し、その生卒年代も不明である、と後世のナルバンチン・ホトクトも認めている。転生の年月や事績がはっきりするようになるのは、十世からである。

　十世ナルバンチン・ホトクトのバダマドルジは聖祖康熙皇帝に謁見し、その時に「ナルバンチン・ホトクト」との称号が正式に認定されたという（図3―14）。すでに述べたように、ディルワ・ホトクト系統も同じく康熙年間に清朝政府より認定されている。おそらくディルワ・ホトクトとナルバンチン・ホトクトは連携して清朝政府に働きかけたのであろう。そして、結果として、カギュ派系統の活仏（図3－15）が二人、モンゴルの地においてその存在が認められたのである。

前節において紹介した第七世ディルワ・ホトクトが語ったナルバンチン寺領の成立史は内容が非常に簡潔であった。この文書においては、年月が明示されており、ディルワ・ホトクトの回想をいっそう具体化できる。例えば、「ホショチ・ベイゼ旗のヂャサックは、ナロバンチンの住持する新寺に寺額を下賜し併せてナロバンチン自身にHutaktuu（ホトクト。著者による）の称号を授けられたしと皇帝に懇願した。これらの請願は何れも聴許され、ここに寺ははじめてナロバンチン寺という呼称を得た」と、ディルワ・ホトクトは回想していた。こうした行動も、文書内の

図3－14　五世ダライ・ラマと清朝の順治帝が1652年に会った時の風景。世俗の順治帝の席を高く描いているのが特徴的。『唐卡中的西藏史』より

図3－15　カギュ派の活仏は独特な黒い帽子をかぶる。モンゴル帝国の三代目の大ハーン、ムンケから授けられたもの。上方左がミラレパで、中央はマルパ。『唐卡中的西藏史』より

「乾隆三十七（一七七二）年に（以前からの権利を継承したい旨を）理藩院に報告したところ、同じ年にナルバンチン・ホトクトの全属民たちを管理する印璽が授けられた」、という内容と連動していると見てよかろう。

十一世ナルバンチン・ホトクトのナワンチョイルクダンジンジャムチョが自らの故郷、オルドスのダルト旗において建てた寺院で、嘉慶八（一八〇三）年に勅令にて「シャジン・ユルールト・スゥメ（法佑寺）」と命名されたのは、アルジャイ石窟寺院の継承寺である。民間ではバンチン・ジョーという名で知られている。清朝皇帝より名称を与えられたことは、アルジャイ石窟寺院の継承寺も正式にその存在が政府に認められたことを示している。これについては、もう一つ、嘉慶七（一八〇二）年の「ナルバンチン・ホトクトの文書」もほぼ同じような情報を伝えている。

理藩院に上奏する。引き続き権利を継承したい旨を乞う件。以前に下僕たるホトクトの私がオルドスのダルト貝子《ベイス》の旗内の西北部に位置するガンガ・トハイという地に、聖主の万寿を祈願するために、八十七間からなる寺を建てて、読経してきた。

雍正三（一七二五）年に、下僕たるホトクトの私が（皇帝に）謁見し、福禄を下賜された。その後、下僕の建てた寺院に二十の度牒《どちょう》を聖主から授けられたが、寺院名はもらえなかった。

このたび、下僕たるホトクトの私が希求するのは、寺院に名前を授けてほしいことである。また、下僕が住むジャブハン・ゴール河のチンダムニという地にもう一つ、聖主の万寿を誠心誠意に祈願する、百二十間からなる寺院を建てたので、引き続き理藩院から両寺院における下僕の権利を認めてほしい。そして、併せてこの二つの寺に命名し、度牒を授けてほしい。このために希求し、上奏する。嘉慶七（一八〇二）年十一月一日。……その後、それぞれ「ソヨル・イ・バダラグールクチ・スゥメ」、「シャジン・ユルールト・スゥメ（法佑寺）」との名が与えられた。嘉慶八（一八〇三）年十一月二十日。

このように、第十一世ナルバンチン・ホトクトは活動拠点を西北モンゴルに移してからも、故郷オルドスのダルト旗において寺院を建立したりして、強い関心を寄せ、積極的に運営に関わっていたことが分かる。

石窟にこだわるディルワとナルバンチン

では、歴世ナルバンチン・ホトクトとディルワ・ホトクトらはどのような宗教的な活動をしていたのであろうか。それを示す資料が次の嘉慶七（一八〇二）年九月一九日付けの「ナルバンチン・ホトクトの文書」である。これは、オルドス生まれの十一世ナルバンチン・ホトクトの上奏文である。

御前行走、侍臣らを管轄する内臣、旗を管理する和碩親王固倫額駙《ホショーチンワングルンエフ》殿に呈する。権利継承を乞う件。

ホトクトたる私の前世が先帝の治世中に、ハラグナ山の地に多数の仏像が生成された大きな石窟があると聞いて参拝に赴いた。その時、オルドスのダルト貝子《ベイス》の旗に住むエルケ・チョルジという師《ラマ》が案内してくれた。エルケ・チョルジが経学院を建てるといって私を招請したため、その地に滞在していたら、ハンギン貝子の旗内のタイジたちにも招待された。エルケ・チョルジ師の寺院に滞在しながら、経学院の建設に携わった。そこへ、アラシャン額駙《エフ》王の妃、アルキ・ゲーゲが病に倒れたため、呼ばれて行った。病気が治った妃は京師に行って、先帝にお会いになった時に、「貴方の病気を治したのは誰だ」と仰せられた。妃は「ハルハのナルバンチン・ホトクトをオルドスのエルケ・チョルジが呼んで、経学院を建てていた時に、私たちのアラシャン王が招いた。彼が私の病気を治した」、と答えた。

先帝は「彼はよいホトクトだね」と仰せられ、ラシという侍臣にこう命じた。「あなたはフフホトの庁と旗を管理するアンバンとともに、そのホトクトをハルハかオルドスのどちらからでもいいから見つけて連れてくるように」、との命令にしたがい、ホトクトたる我が前世は先帝に謁見し、浩蕩たる恩賜を承った。その時に、聖主の万寿と衆生のために、オルドス滞在中にハンギン旗とダルト旗において二つの経学院を建立した。そこで、「一十の度牒を授けるよう」、ホトクト自らが跪いて乞うたところ、その通りに授けられた。その寺のある地において、乾隆三（一七三八）年にホトクトたる私自身が生まれた。

その後、私が十七歳の時に、オルドスの伊《イ》克昭《ケジョー》盟の盟長ツェデンバンジョール貝子の上奏で聖主に謁見し、前世からのホトクトという称号を引き続き受け継ぐことになった。さらに二十七歳になった時に、ハルハのウイ将軍のところから上奏し、前世ホトクトの属民や弟子たちの住む地域に住まわせた。属民を代々統率する印璽を聖主から授けられ、ハルハの地に住むようになった。

その後、ホブドのミン・アンバンの上奏により、同じホブドのトゥゲメル・アムルジュールクチ・スゥメ寺に三回住んだことと併せれば、計十八年間奔走したことになろう。今や六十五歳になり、体も病んでいる。印璽つきの寺領にて病身を癒しているとはいえ、これから先にどうなるかも分からない。そこでホブドのアンバンに上奏して乞うことは（次の通りである）。私の生まれ故郷オルドスの二つの旗にある二つの寺院に、前世ホトクトの時に聖主から与えられた二十の度牒を引き続き下賜してくださるよう希求したい。謹んで奏して乞う件である。嘉慶七（一八〇二）年九月十九日に。

以上の文書からまず分かるのは、第十一世ナルバンチン・ホトクトはオルドスの左翼後旗すなわちダルト旗内に住む貴族タイジの家から転生していることである。第七世ディルワ・ホトクトの回想では、「南 Ordos（オルドス）地方にて別の hubilgaan（ホビルガン）たる Dilowa Hutukhtu（ディルワ・ホトクト）の主管する Banchin Jo（バンチン・ジョー）寺の付近にて発見された」、としている。両者の内容は一致しているが、この文書はオルドス出身のナルバンチン・ホトクトを一七三八年生まれとしているのに対し、前出の道光二十五（一八四五）年八月一日付けの文書は一七三九年生まれとしている。

前述したように、第四世ディルワ・ホトクトのマハクルドの在世中、チンゴル人が第六世ダライ・ラマと崇める人物がアラシャンからオルドスを一七四一年に訪れている。第六世ダライ・ラマは「ナルバンチンにウバシ（居士）の戒を授けた」という。十一世ナルバンチンは一七三八年か翌年に生まれているので、一七四一年の時点ではまだ二～三歳の幼児だった。いわゆるウバシ戒の授与も、おそらくその幼児を正式にナルバンチン・ホトクトの化身として認定する一連の作業の一つであったにちがいない。

十一世ナルバンチン・ホトクトの証言によると、その前世すなわち十世ナルバンチン・ホトクトとディルワ・ホトクトらはハラグナ山中にある石窟寺院に参拝したという。ここでもやはり、この二つの系統の活仏たちは石窟寺院に特別な関心を抱いていたことが顕著に現れている（図3－16）。ハラグナ山はムナン山（陰山）の西端に位置する（前掲地図1参照）。詳しくは次章で述べるが、この地のロブンチンベイン・アグイという石窟寺院にもディルワ・ホトクトに関する伝承が残っている。

図3－16　アルジャイ石窟から出土した塼。チベット仏教の法具が刻まれている。

ディルワとナルバンチンの両系統の活仏たちはダルト旗とハンギン旗領内で寺院を建てたり、アラシャン王妃の病気を治療したりして、積極的に活動していた。文書はところどころ物語性を強調するように書いてあるが、彼らが、モンゴルの王公たちとの結びつきが強かったことを示そうとしている。

氏名	出身地	父母の名	出生年	死去年
ヤンギマヤランナダ	インド	?	?	?
バンジンノルブ	インド	?	?	?
ソノムオソル	インド	?	?	?
バダガリンチン	インド	?	?	?
トブチンカラブジャル	チベット	?	?	?
ダルジチョイジヤルブ	チベット	?	?	?
ラムンホジャブ	チベット	?	?	?
ダルドイチンブルルブ	チベット	?	?	?
ジャンジンニンブ	チベット	?	?	?
バタムドルジ	ハルハ	グルジャブ	1699	1737年4月
ナワンチョイルクダンジンジャムチュ	オルドス	ダシドンルプ	1739年5月か1738年？	1817年12月
トクジジャブ	アンドゥ	ガルサンナムジャル	1819年？	1861年3月
バルワン	ハルハ	チョイソム	1862年	1883年11月
プルブジャブ	ハルハ	ドルジ	1885年	1903年
ジョクドルナムジャル	ハルハ	ロブサンチェレン	?	?

表3　歴世ナルバンチン・ホトクト

乾隆年間に入って、ディルワ・ホトクト系統の活仏は少しずつその根拠地をオルドスからモンゴル高原のハルハ西部へ移した。文書では「さらに二十七歳になった時に、ハルハのウイ将軍のところから上奏し、前世ホトクトの属民や弟子たちの住む地域に住まわせた。属民を代々統率する印璽を聖主から授けられ、ハルハの地に住むようになった」、とある。これは多分乾隆三十（一七六五）年あたりのことであろう。

　オルドスから西北モンゴルへの移転にはさまざまな政治的、宗教的な要素が絡んでいると思われるが、おそらく清朝政府の暗示か、少なくとも清朝政府の意中に沿った行動であるにちがいない。かつて康熙年間にあったようなハルハ・モンゴル部内の不和、ないしは西のオイラト・モンゴル軍の東進のようなことが起こらないようにとった宗教的な措置であろう。清朝政府にとって、ウルガ以外の地、モンゴル高原の西南部、アルタイ山脈の東麓に、もう一つ巨大な伽藍が誕生するのはまことに都合のいいことであった。

以上で紹介した諸文書のほか、もう一つ、宣統二（一九一〇）年六月十一日付けの文書にも歴世ナルバンチン・ホトクトの生卒年と主な事績が詳しく記録されている。モンゴルで転生した歴世ナルバンチン・ホトクトはいずれも貴族タイジの家庭から生まれているのも特徴的といえよう。ここでも、チベット仏教の聖性とチンギス・ハーン家との結びつきが確認できよう。北京国家図書館所蔵の「ナルバンチン・ホトクトの文書四部」の内容をまとめて作ったのが表3である。

（1）原文は「理藩院疏言、達頼喇嘛所遣噶爾丹西勒図、約於今歳閏四月至喀墨爾根台吉処、為期己近、応遣大臣莅盟、奏入。上命尚書阿喇尼、台吉巴忒馬什、畢力克図、喇嘛阿斉図綽爾済前往」。

第四章

流転の石窟寺院

図4－1　アルジャイ石窟を拠点に活動する現代の僧

前章においては、チベット仏教カギュ派のアルジャイ石窟についての民間伝説とディルワ・ホトクトの回想、それにディルワとナルバンチンの両ホトクトに関するモンゴル語古文書を中心に、一時期アルジャイ石窟寺院の住職をつとめていた活仏らの活動について概観してきた。

オルドスの民間においては、アルジャイ石窟寺院と黄河北岸のバンチン・ジョー寺、モンゴル高原のナルバンチン寺とのあいだに歴史的な関連性がある、という記憶が残っている。モンゴル高原にいたディルワ・ホトクトもしっかりとした宗教的な系統認識を持っていた。モンゴル高原西部に移った後も、オルドスのダルト旗のバンチン・ジョー寺とずっと往来していたと回顧している。

オルドスのラマ教界の僧侶たちもアルジャイ石窟寺院とバンチン・ジョー寺との関係について、確固たる認識を持っていた（図4－1）。つまり、ダルト旗のバンチン・ジョー寺が廃寺と化したアルジャイ石窟寺院の継承寺であるということは、オルドスのラマ教界の常識となっている。アルジャイ石窟は確かに今や遺跡と化してしまっているが、それでもアルジャイ石窟周辺のモンゴル人社会とバンチン・ジョー寺とは強く結ばれている。

バンチン・ジョー寺と呼ばれていたアルジャイ石窟

私は二〇〇三年夏にアルジャイ石窟に滞在していた時、当時石窟の管理人をつとめていた故シヤルヌート・チョローから「バンチン・ジョーという寺が建立された歴史及び建設年代」という毛筆で書かれた手写本を入手した。シャルヌート・チョローらはこれを「アルジャイ石窟の歴史」と呼んでいた。この「アルジャイ石窟の歴史」を書いたのは、アルジャイ石窟寺の継承寺、バンチン・ジョー寺の住職バルザン（一九二〇～二〇〇六）という人物だったという。写本は以前の報告書と著書のなかで影印のかたちで公開しているので、ここでは「アルジャイ石窟の歴史」の日本語のみをそのまま提示しておきたい。

バンチン・ジョーという寺が建立された歴史及び建設年代

バンチン・ジョー寺が最初に建てられた地は、内モンゴルの伊克昭盟《イケジョー》オトク旗のアルジャイ・ウラーン・アグイである。この地に、第五のラプチューン（六十周年）の丙子（一二七六）年、西暦の十三世紀に、ナルバンチン、ルブチン・ディルワ・ゲゲーンらが建てたものである。以後、この地に二六六年間存続していた。十六世紀にチャハルのハルジャン・ハーンに放火されて荒廃した。その当時、寺はナルバンチンが建てたものだからという理由で、ダムバドルジ・ボディサドゥという人物が「バンチン・ジョー」と名づけた。

その後、バンチン・ジョー寺はダルト旗のエンケ・トハイという地に、ルブチン・アクワン・ジムバという人物が第九のラプチューンの壬寅（一五四二）年に寺を移した。エンケ・トハイでは一六六年間存続し、その時の法会のしきたりはチベットのラシルンプ寺の規定にしたがって行われていたため、ラシムジョルチョイリン寺と呼ばれていた。この間に第十一のラプチューンの辛酉《しんゆう》（一六八一）年、すなわち康熙二十年に皇帝より宗教上のしきたりにしたがって、「シャジン・ユルールト・スゥメ」という勅名と八十の特権内の一つを同時に下賜された。これはバンチン・ジョー寺の二度目の移転である。

　バンチン・ジョー寺の三回目の移転は、ダルト旗内のバヤン・トロガイという地に住むタイジ・ブリント家の南方に、エルケ・ボグド・ラマという人物が生存していた時のことである。第十二ラプチューンの戊子年、康熙四十七（一七〇八）年秋の最初の月（陰暦七月）、申月十日の吉日に寺を建て、法会を始めたのである。

　バンチン・ジョーのシャブルン・ダー・ラマであるデグゼンドルジは、第十五のラプチューンの丁未（一九〇七）年に北モンゴルのバンチン寺領に転生したものである。その化身は寺に招請されてきて、第十六ラプチューンの癸巳（一九五三）年に四十七歳で圓寂《えんじゃく》した。

　バンチン・ジョー寺のノヤン・ラマであるダムビジャルサンは、光緒二十九年すなわち第十五のラプチューンの癸卯（一九〇三）年にオルドスのオトク旗に生まれ変わった。寺に招請されてきて、第十六のラプチューンの己卯（一九三九）年に三十七歳で入寂《にゅうじゃく》した。彼の次代であるチュルテムリンチン（チュルケムリンチン）は現ラプチューンの庚辰年（一九四〇）にオルドスのオトク旗に転生したものである。甲午（一九五四）年夏、十五歳で寺に招請され、その後、グムブン寺（塔爾寺）に経典を学ばせるために派遣した。

　バルザン師が書いた以上の資料にはアルジャイ石窟寺院について、きわめて詳細かつ重要な情報が含まれている。
まず、ノヤン・ラマの化身チュルテムリンチンが十五歳の時にバンチン・ジョー寺へ招請されたとあるが、慣例に比べると非常に遅い。これは内モンゴルにおける一九四〇年代から続く戦乱、中華人民共和国成立後の厳しい宗教政策などが原因であろう。アルジャイ石窟寺院は一一七六年頃にナルバンチンとルブチン・ディルワ・ゲゲーンらが建てたという表現は、カギュ派の祖師ディルワとナルワの道統を汲む人物が石窟寺院の運営に関わっていたということを示しているにちがいない。

資料はさらにアルジャイ石窟寺院をバンチン・ジョー寺と呼んでいる。寺院名もカギュ派の祖師のひとりナルワに由来するとしている。チベットの地にあったカギュ派の本山からすれば、アルジャイ石窟で建てた寺院は「第一回の移転」となるだろう。資料はそのような視点に立ち、第二回と第三回の移転について詳しく述べている。

石窟寺院に「バンチン・ジョー」と名づけた人物がダムバドルジ・ボディサドゥだという表現は、第七世ディルワ・ホトクトのジャムサランジャブの回想と『エルケ・チョルジの出自を上奏する抄本』内の記述とも完全に一致する。資料は寺院建設の年代を「第五のラプチューンの丙子年」、つまり一二七六年としている。一二七六年は世祖フビライ・ハーンの至元《しげん》十三年にあたり、モンゴルとチベット仏教側がすでに緊密な関係を結んでいたことは周知の通りである（図4－2、図4－3）。

アルジャイ石窟にあったバンチン・ジョー寺は二六六年間存在したという。単純に計算すると、

図4－2　アルジャイ石窟28号窟内の壁画。チンギス・ハーン一族だと理解されている。

図4－3　アルジャイ石窟31号窟内の壁画。元朝時代の服装を纏った供養人か。

一五四二年まで続いたことになる。当然のように資料は、第二回の移転で、ダルト旗のエンケ・トハイの地に新しいバンチン・ジョー寺が建った年代をも一五四二年あたりとしている。一五四二年はおよそ北元のバトムンク・ダヤン・ハーンの治世期に入る。いわゆる「チャハル部のハルジャン・ハーン」たるリクダン・ハーンの登場とは程遠い。資料内のこのような矛盾点については、第六章で検討する。

先に述べたように、内モンゴル社会科学院のホルチャは、ダムバドルジの出生年を多分一五六九年だろう、と解釈している。バルザン師の書いた資料では、寺の命名者としていることから、ダムバドルジを十三世紀の人物であるように位置づけている。

バルザン師の資料は一六八一年に康熙皇帝より新しい寺に「シャジン・ユルールト寺」との勅名を与えられたとしている。この寺名については前章で紹介したモンゴル語諸文書のなかにも見られる。「シャジン・ユルールト・スゥメ（法佑寺）」という勅名が与えられたことは、ディルワ系統の活仏の存在を清朝政府が正式に認定したことを意味している、と前章で指摘した。バルザン師の資料がいうルブチン・アクワン・ジムバとは、先の『エルケ・チョルジの出自を上奏する抄本』内の三世ディルワ・アワンジムバと一致するが、生卒年代に開きがある。

バンチン・ジョー寺は同じダルト旗領内でもう一度、つまり「三回目の移転」をエルケ・ボグド・ラマの時に実施している。このことについて第七世ディルワ・ホトクトのジャムサランジャブは何も言及していない。

ディルワ・ホトクトらがバンチン・ジョー寺から北のナルバンチン寺領へ拠点を移した後も、バンチン・ジョー寺のシャブルン・ダー・ラマはナルバンチン寺領内から転生するなど、両者の結びつきは強固だったことを資料が示している。そしてバンチン・ジョー寺のもうひとりの重要人物、ノヤン・ラマはオルドスのオトク旗から転生していた。要するに、オルドスのダルト旗にあったバンチン・ジョー寺はアルジャイ石窟と、北のモンゴル高原のナルバンチン寺領の両方とつながっていたのである。

現在、アルジャイ石窟第二十三号窟を拠点に活動しているソンルブリンチンという僧によると、バンチン・ジョー寺はアルジャイ石窟寺院の継承寺であるため、そのノヤン・ラマは主としてアルブス山周辺から転生していた。今のノヤン・ラマであるチュルケムリンチンは六十五歳で、青海省のドゥラーン（都蘭）に滞在しているという。ノヤン・ラマであるチュルケムリンチン師は二〇〇五年の春節にアルジャイ石窟を訪れたという。

ソンルブリンチン師はさらに興味深い情報を語る。

黄河の北に位置する磴口県のガトン・トハイ郷にロブンチンベイン・アグイという石窟寺院がある。ディルワ・ホトクトらは昔、ロブンチンベイン・アグイにも滞在していたという。そのような過去があって、ディルワ・ホトクトの転生、つまりアメリカで客死した第七世ディルワ・ホトクト・ジャムサランジャブの化身がオルドスのダルト旗から見つかり、現在ロブンチンベイン・アグイ寺を拠点にしているという。私は、このロブンチンベイン・アグイ寺は、前章で紹介したナルバンチン・ホトクトに関するモンゴル語文書のなかに登場する「ハラグナ山中の石窟」にあたるのではないか、と推測している。

バンチン・ジョー寺の主人はディルワ・ホトクトで、「寺はナルバンチンが建てた」との認識がオルドスの仏教界では一般的であった。実際、チベット仏教カギュ派内においては、法灯はディルワからナルワへと継承されている。後世において、ディルワ・ホトクトとナルバンチン・ホトクトという二つの系統の活仏が互いに強く結ばれていたのは、カギュ派内の伝統に沿ったものであろう。

継承寺バンチン・ジョーの僧は語る

廃れたアルジャイ石窟寺の継承寺はバンチン・ジョー寺である。言い換えれば、アルジャイ石窟寺の僧侶たちはアルジャイの地を離れて、別のカギュ派の寺院を建立したのである。その別の寺院が黄河の北に位置している。二〇〇五年八月二十七日、私はオトク旗文化局のアルビンブラク局長やバトジャラガル副局長らとバンチン・ジョー寺を訪れた。

　このバンチン・ジョー寺（図4－4）は内モンゴル自治区バヤン・ノール市臨河区のウラーン・トク郷《ソム》（旧紅旗人民公社）のディヤンチ・ブリドという小さな湖のほとりに建つ。ディヤンチ・ブリドとは「修行者のいる湖」との意だ。地元の漢人たちは湖のことをバンチン・ハイズ（班禅召海子）と呼んでいる。こちらも当然、バンチン・ジョー寺に由来する名称である。

　現在のバンチン・ジョー寺で私たちはバルザン（二〇〇五年当時八十五歳。図4－5）とチョイジジャムソ（二〇〇五年当時三四歳。図4－6）の二人の僧に話を聞いた。

図4－4　現在のバンチン・ジョー寺

図4－5　バルザン師。片方の耳は文化大革命中に中国人に千切られてなくなった。

　バルザン師はウラト・モンゴルの出身で、ハラヌート氏族に属する。七歳の時に出家してバンチン・ジョー寺の僧になったという。

　チョイジジャムソ師はオルドスのオトク旗出身である。若いチョイジジャムソは現在のバンチン・ジョー寺の八世ディ

図4－6　チョイジジャムソ師

図4－7　内モンゴル自治区の未公認ディルワ・ホトクトの肖像画

ルワ・ホトクト（四十五歳）の弟子を自称している。このディルワ・ホトクト（図4－7）はまだ中国政府の正式の認可を受けておらず、自由な宗教活動ができない状況にいる。このようなバンチン・ジョー寺には現在、三人の僧しかいない。

ちなみに、アメリカ合衆国のニューヨーク市とモンゴル国にもう二人のディルワ・ホトクトがいる。世界では今、三人の八世ディルワ・ホトクトが並存していることになる。

バンチン・ジョー寺のモンゴル語の正式名称はシャジン・ユルールト・スゥメで、チベット語名はラシミンジョールチョイムプリンで、漢語名は法裕寺だ、とバルザン師ははっきりと記憶している。かつて、最盛期には五百人、一九四九年に中華人民共和国が成立した時点でも、百人前後の僧がいた、とバルザン師は語る。バンチン・ジョー寺は一九六一年に「宗教は人民を毒害するアヘンだ」との信条を掲げる中国共産党に破壊された。現在の寺は一九九九年に、東北（満洲）地域のある信者の寄付によって再建されたものである。

私たちはバルザン師が書いた前掲の「バンチン・ジョーという寺が建立された歴史及び建設年代」という資料内の内容を詳しく確認した。バルザン師は次のように語る。

ディルワとナルワは師弟関係にあり、二人ともカギュ派の高僧である。二人はチベットからモンゴルのオルドス地域にやってきて、カギュ派の寺院アルジャイ石窟寺を建てた。時はチンギス・ハーンが亡くなった後のことである。師匠ディルワは弟子のナルバンチンに寺院の管理運営権を委ねていたため、アルジャイ石窟寺は「バンチン・ジョー」と呼ばれていた。バンチンとは、「智者」との意味である。

バンチン・ジョーがアルジャイ石窟にあった時のディルワの名は、ダムバドルジ・ボディサドゥだった。その後、バンチン・ジョー寺は黄河の北側にあるダルト旗の領地に移った。

二世ディルワの名はアワンジムバで、彼がバンチン・ジョー寺を運営していた時にオルドスの六旗の王（ジャサク）はそれぞれ六〇戸の遊牧民を属民として寺に渡した。

以上のようなバルザン師の証言から得られた情報を次のようにまとめられよう。

第一、モンゴル時代のアルジャイ石窟寺とその継承寺のバンチン・ジョー寺はカギュ派の寺院だった（図4－8）。ディルワとナルワ（ナルバンチン）は師弟関係にある、というバルザン師の見方もカギュ派内の法灯の継承に合致する。

第二、二世ディルワ・アワンジムバはオルドス・モンゴルがまだ六旗からなっていた時代の人

図4－8　アルジャイ石窟31号窟内の壁画。釈迦と両脇侍。

物だ、という話も前章で紹介した『エルケ・チョルジの出自を上奏する抄本』内の記述と矛盾しない。オルドス・モンゴルが七旗に編成されたのは一七三一年のことである。

第三、バンチン・ジョー寺は一時、三百六十戸からなる属《シャ》民《ビナル》を有していた。すでに述べたように、近世において、モンゴル高原にあったナルバンチン寺領はおよそ四百戸の属民を統括していた、と第七世ディルワ・ホトクトは回想している。両者はほぼ同規模だったことが分かる。

バンチン・ジョー寺がアルジャイ石窟から移ってきた最初の地はエンケ・トハイだった、と資料「バンチン・ジョーという寺が建立された歴史及び建設年代」に書いてある。このエンケ・トハイは現在のバヤン・ノール市の四団という地にある。四団とは、「生産建設兵団第四師団」の略である。内モンゴルに駐屯する生産兵団は文化大革命中の一九六九年五月に、毛沢東の直接指示で結成されたものである。計六個師団からなり、第五と六師団はシリンゴル盟の東西ウジュムチン旗に駐屯する以外、ほかの四個師団はすべてバヤン・ノールから包頭にかけての黄河沿線地域に布陣していた。最盛期には約十九万人の兵士を有していた（『内蒙古大辞典』編委会編、一九九一）。

エンケ・トハイに約百六十六年間存続したが、黄河に近かったことから、氾濫を避けるために移転せざるを得なかった。エンケ・トハイはオルドスのダルト旗の領地だったが、ハンギン旗からの牧畜民が多かった。彼らはエンケ・トハイ周辺を冬営地として利用していた。エンケ・トハイは後に一時ナイマン・ソールガ、つまり「八つの塔」とも呼ばれるようになった。バンチン・ジョー寺がさらにバヤン・トロガイという地に移った後も、仏塔が残っていたから、そのような名称が冠されていたのである。

　バヤン・トロガイに移ったのは、その近くに住む裕福な貴族の強い招請を受けたためだ、とバルザン師は語る。バヤン・トロガイは現在のバンチン・ジョー寺が建っている場所、ディヤンチ・ブリドから少し南のところにある。

　ディルワ・ホトクトは清朝時代の乾隆年間にさらにモンゴル高原の西部、後にナルバンチン寺領《クレー》として知られるようになった場所へ移る。その理由は、カギュ派の教義を広めるためだ、とバルザン師は説明している。ディルワ・ホトクトとナルバンチン・ホトクトの二人がナルバンチン寺領《クレー》に移動し、日常的にかの地で生活するようになった後も、二人とも引き続き黄河の近くのバンチン・ジョー寺の指導者であり続けた。

　ディルワ・ホトクトを頂点に、その次がナルバンチン・ホトクトという位階制度に変わりはなかった。二人とも普段はハルハ・モンゴルの地、つまりナルバンチン寺領《クレー》（あるいは「バンチン寺領《クレー》」ともいう）に滞在していたが、バンチン・ジョー寺はノヤン・ラマとダー・ラマという二人の高僧に管理運営されていた。ノヤン・ラマはオルドスのオトク旗から、ダー・ラマの方はナルバンチン寺領《クレー》からそれぞれ転生していた、という。バンチン・ジョー寺からモンゴル高原西部のナルバンチン寺領《クレー》まではおよそ三カ月の道のりであるが、双方の僧たちは実に頻繁に行き来していた。一九五〇年以前、バンチン・ジョー寺からトゥブデンとダンゼンといった僧たちが仮面劇チャムを教えにナルバンチン寺領《クレー》に行っていたことをバルザン師は記憶している。この記憶はアメリカに渡った第七世ディルワ・ホトクトの回想とも完全に一致している。

　バルザン師はまた第七世ディルワ・ホトクトがバンチン・ジョー寺にやってきたことを覚えている。それは自分が十六歳の時、亥の年のことだったという。背の高いディルワ・ホトクトは十数人の追随者とともに、内モンゴル中部のドゥルベト旗からシャンバ（陝壩）のガンジョール寺経由で、陰暦十一月六日にバンチン・ジョー寺に来る。一週間滞在してから十三日に黄河を南に渡って、オトク旗のシン・ジョー寺へ向かったという。ディルワ・ホトクトは、当時オルドスに滞在中のパンチェン・ラマに会うためだ、と周囲の人たちに話していたそうだ。

　いわゆる「亥の年」は、一九三五年にあたる。数え年をとるモンゴルにおいて、一九二〇年生まれのバルザン師がいう「十六歳の時」も一九三五年になる。しかし、バルザン師がいう「陰暦十一月六日」の時点では、まだ西暦の一九三四年十二月二十二日にあたる。別の資料では、九世パンチン・ラマは一九三四年七月十九日にオルドスに入り、九月三十日にオトク旗のシン・ジョー寺に到着し、十一月二十日まで滞在したとしている。このように、バルザン師の記憶と他の資料とのあいだに多少時間的な齟齬はあるものの、ディルワ・ホトクトがパンチン・ラマを追おうとしていたことは確かであろう。

　バルザン師の情報は、当時のディルワ・ホトクトが内モンゴルの民族自決運動と深く関わっていたパンチン・ラマの動向を探る目的でモンゴル人民共和国から「亡命」した、という最近の説をさらに裏付けたことになろう。

　シン・ジョー寺はアルジャイ石窟の南約四十キロメートルのところにある。九世パンチン・ラマも確かに一九三四年からこの寺を訪れていた。シン・ジョー寺に行くためには、必ず途中のアルジャイ石窟を経由しなければならない。こう考えると、第七世ディルワ・ホトクトは一九三四年冬に、彼の故寺、アルジャイ石窟を訪れていたと推定できよう。

　バルザン師によると、自らの「バンチン・ジョーという寺が建立された歴史及び建設年代」はバンチン・ジョー寺に古くから伝わるさまざまな史料を駆使して書いたものだ、という。しかし、史料の大半は文化大革命中に共産党に燃やされ、本人も暴力を受けた。

　私たちはバルザン師から「威儀奉行の報告」という写本の複製本をもらった。法会の最後に、威儀奉行から施主たちに法事が無事完了したことを報告する内容だという。バンチン・ジョー寺において、経典はすべてチベット語で読経されていたのに対し、この「威儀奉行の報告」のみがモンゴル語で唱えられていた、という。チベット語を解さない、一般の施主たちへのサービスであろう。この写本を私は二〇〇七年春に公開しているが、そのなかにはディルワ・ホトクトとナルバンチンに関する言及がある。

　輝かしいバンチン・ナルワ師に灯明と絹布を献上しよう。法令にて冊封された禅定の師たる、
　輝かしいディルワ・ハムブ師に、灯明と絹布を献上しよう。

上記「威儀奉行の報告」というテキストのなかではディルワ・ホトクトを「法令にて冊封された禅定の師」と表現している。これはディルワ・ホトクトが清朝皇帝より「エルケ・チョルジ」との称号を与えられた歴史を反映しているのであろう。このほかにまたバンチン・ナルワ、パンディダ・ノヤン、ダー・ラマらバンチン・ジョー寺の有力者たちの名が挙がっている。

若い僧チョイジジャムソ師は現在、モンゴル高原にあったナルバンチン寺領や第七世ディルワ・ホトクトに関する資料を系統的に翻訳している、と話していた。近いうちにさらに新しい資料が公開されることを期待したい。

現在のアルジャイ石窟とバンチン・ジョー寺

二〇〇三年八月二日、私はアルジャイ石窟でアクワンバルダンという僧に出会った。当時六八歳だったアクワンバルダン師は、かつてアルブス山中にあった医学院、マンバ・ラサンの最後の卒業生である。医学院を出てからアルジャイ石窟の東約四十キロメートルのところにあったブルガスタイン・スゥメ寺（チベット語名はガンダンレクブラシチョイプルリン）の僧だった。ブルガスタイン・スゥメ寺は文化大革命の時に破壊されたため、現在はアルブス山中のディヤン・スゥメ寺（図4-9）を拠点としている。このディヤン・スゥメ寺は近代オルドス地域にあった唯一の、ラマ教カギュ派（紅帽派）の寺である。

アクワンバルダン師は一九九一年からアルジャイ石窟を訪れるようになり、現在は最大の二十三号窟を利用して仏教活動を行っている。彼は、アルジャイ石窟はもともとバンチン・ジョーと呼ばれていたが、後に黄河の北にあるダルト旗の領地へ移ったと語る。

　アルジャイ石窟寺院から黄河以北へ移転された際、寺の宝物もダルト旗に運ばれた。仏教の立場からすると、黄河の北側にあるダルト旗の領地に建つバンチン・ジョー寺はアルジャイ石窟寺院の継承寺である。「バンチン・ジョー寺の現在の活仏はチュルケムリンチンというが、厳密にいえば、彼も実際はアルジャイ石窟寺院の活仏だ」とアクワンバルダン師は主張していた。チュルケムリンチンは「アルジャイ石窟の第十二代の活仏」にあたるという。先述の「バンチン・ジョーという寺が建立された歴史及び建設年代」というバルザン師の書いたモンゴル語資料にもあるように、チュルケムリンチンは青海省で経典を学んでいることになる。

図4−9　現代オルドスのカギュ派寺院ディヤン・スゥメ

　アルジャイ石窟とバンチン・ジョー寺との関係、自らがどのようにアルジャイ石窟で活動するようになったかについて、アクワンバルダン師はモンゴル語で「スゥメト・アルジャイは我が国の文化財なり」という文章をつづっている。ここではアクワンバルダン師が書いたモンゴル語資料に基づいて、一連の経緯を振りかえってみたい。

　病気治療で各地を歩き回っていたアクワンバルダン師は、一九九一年からアルジャイ石窟を訪れていた。アルジャイ石窟を再び寺院として復活させようと決心した彼は、以前に同じくカギュ派の寺ディヤン・スゥメを再建したシャラブトイソムの力を借りることにした。シャラブトイソムから「一九九二年四月十四日壬辰の日は吉日だ。その日に石窟に行って、香と灯明を献上しなさい。わしはその十日後に行く」と指示された。

　アクワンバルダン師は続いてダルト旗のバンチン・ジョー寺を訪ね、バルザン師に次のようにいった。「バンチン・ジョー寺はもともとアルジャイ石窟にあった。我々が今からアルジャイ石窟を再建することになったので、バンチン・ジョー寺から何か歴史的な記念品を送ってほしい」と要求した。僧バルザンは彼の要求に応じて、白い法螺を再建の記念として渡した。

　シャラブトイソムは一九九二年五月二十四日に、地元の人々の歓迎を受けてアルジャイ石窟にやってきた。オルドス暦の十月、つまり陰暦の七月二十五日に、シャラブトイソム、アクワンバルダン、ソノム、ガルディなどの僧たちは、バンチン・ジョー寺から贈られた法螺を演奏して法会を催した。かくしてアルジャイ石窟は寺院としても正式にその復活が宣言されたのである。

　復活したアルジャイ石窟寺院（二十三号窟）では毎月二十五日に法会が開催されており、周辺のディヤン・スゥメ寺、ドロン・シルケイ寺の僧たちが集まってくる。

　アルジャイ石窟はチンギス・ハーンとゆかりのあるところだ、とシャラブトイソムはアクワンバルダン師に語っていたことも「スゥメト・アルジャイは我が国の文化財なり」という資料に記されている。西夏征服のためにアルブス山中に入ったチンギス・ハーンは狩猟で落馬し、バヤンウンドゥルにあるシャルハン・アラシャンという温泉に入って傷を癒した。シャルハン・アラシヤンとは「傷を治した温泉」との意味である。チンギス・ハーンはまたアルジャイ石窟に泊まり、その近くで軍事訓練を行っていたとも語っていた。

アルジャイ石窟の歴史を語った後、私はアクワンバルダン師の案内で第二十八号窟を見学した。上段は時輪金剛《カーラチヤクラ》で、下段は聖者たちの修行の様子だと教えられた。時輪は灌頂していない者には見せないことになっていたので、本来はシルクの垂れ幕で隠されていたという。ラマタチはその垂れ幕の前に正座して瞑想に耽る。悟ったレベルに応じて、時輪の異なる姿を観賞していたそうである（図4－10）。私もその壁画の前に正坐してみた。最初は聖者たちを見、上へ視線を転じると、時輪になっていくという昇華形式である。

以上で述べたように、アルジャイ石窟第二十三号窟は一九九二年から正式に仏教寺院としての機能が復活した。寺院の再建には、近代オルドスに存在する唯一のカギュ派（紅帽派）の寺、ディヤン・スゥメ寺の僧たちが中心的な役割を果たしていた。ディヤン・スゥメ寺の僧たちも当然、ディルワ・ホトクトとナルバンチン・ホトクトはカギュ派の系統を汲む活仏であることを知っていた。彼らの行動から、モンゴルにおけるチベット仏教カギュ派の命脈を絶つまいという執念が感じられる。共産党の一党独裁政権下において、チベット仏教カギュ派が厳しい状況におかれている事実をモンゴル人僧侶たちも知っている。一九九九年十二月に、カギュ派の若き法王、すなわち十七世大寶法王がチベットから密かにインドへ脱出し、亡命したことも把握している。

本章では主として「アルジャイ石窟の歴史」と呼ばれている「バンチン・ジョー寺が建立された歴史及び建設年代」などのモンゴル語資料と、バンチン・ジョーやオトク旗の僧たちの語りを

2

1

4

3

図4－10　第28号窟内の時輪と聖者（1～12）

9

10

11

12

中心に、アルジャイ石窟とバンチン・ジョー寺との関連について述べてきた。オルドス仏教界の人々にとって、アルジャイ石窟とは決して荒廃してしまった存在ではないし、孤立した寺でもない。何らかの理由で繁栄が中断してしまったものの、その継承寺バンチン・ジョー寺はずっと栄えてきた。

　バンチン・ジョー寺の活仏たちはオルドスとハルハのナルバンチン寺領の両方で活躍した。寺にはさまざまな階級の活仏たちがおり、ノヤン・ラマのように代々アルジャイ石窟周辺のアルブス山中から転生する者もいた。近現代の歴史において重要な役を演じ続け、国際的にも知られているディルワ・ホトクトの系統は断絶することなく、その新しい化身も発見されている。政府の認知を受けているかどうかは別として、少なくとも一般の民衆から認められていることは事実である。そういう意味で、アルジャイ石窟は文献にあまり登場しない歴史を維持する一つの装置になっているといえよう。

以下は識別可能な壁画（図4－10）の名称である。識別は現地の僧による。

1持金剛
2ヤマンタカ
3ヤマンタカ
4勝楽金剛
5勝楽金剛
6護法尊
7護法尊
8大成就者
9大成就者
10大成就者
11大成就者
12大成就者

第五章

大元王朝のウイグル文字モンゴル語題辞

前章では、アルジャイ石窟の歴史を民間伝承やモンゴル語文書に基づいて追ってきた。その結果、歴史上の一時期、ディルワ・ホトクトとナルバンチンというカギュ派の系統に属する活仏たちがアルジャイ石窟を拠点に活動していたことが明らかになった。ただし、具体的にいつからいつまで、という細かい時代の特定には至らなかった。では、現存しているアルジャイ石窟にはどの時代の、どのような文字資料が残されているのであろうか。本章では主としてアルジャイ石窟内のウイグル文字モンゴル語榜題が伝える情報に注目したい。

ウイグル文字モンゴル語榜題資料の概要

アルジャイ石窟内のウイグル文字モンゴル語榜題に注目し、現地調査を通して次々と研究成果を発表してきたのは内モンゴル自治区出身のモンゴル人研究者たちである。内モンゴル社会科学院モンゴル言語文字研究所のナ・バトジャラガルをはじめ、『モンゴル言語文学』誌、内モンゴル大学モンゴル言語文学部、それに中央民族大学などの機関の研究者たちが合同チームを編成し、アルジャイ石窟をはじめて訪れたのは一九八九年十二月のことだった。

彼らは翌年には再度調査を実施し、新聞や学術雑誌を通して広く社会全体と学界に向けて発信した。一九九七年には中央民族大学のハスエルデニを筆頭に、内モンゴル社会科学院のナ・バトジャラガル、内モンゴル大学のブリンバトらを含む研究グループが、『アルジャイ石窟ウイグル文字モンゴル語榜題の研究』（一九九七）と題する集大成を出版している。ここではハスエルデニらの研究成果を詳しく紹介すると同時に、私自身がここ数年進めてきた研究成果とあわせて新しい解釈を試みたい。
ハスエルデニらが調査を始めた時、アルジャイ石窟の番号付けはまだ暫定的なものであった。一部倒壊して確認が困難なものも窟として数えるかどうか、全体でどれくらいの窟が存在するのか、などの問題がすべて未解決だった。そのため、ハスエルデニらも石窟の番号付けが難しいことを認め、研究成果のなかで独自の番号を用いている。これからハスエルデニらの研究を紹介する際、現在定着している窟番号を使う。これは私がオトク旗文物管理所のバトジャラガルと一緒に現場で確認したものである。

ウイグル文字モンゴル語榜題は現在の第三十二号窟にある。窟内の壁画のなかにはモンゴル語で「青、紺、藍」と書いてある文字がある。また、現在の第三十一号窟内の白地の壁画に「無色」や「空色」とも書いてある。これらはいずれも壁画描写に関する指示である。このような指示用語がすべてモンゴル語で書かれていることから、壁画作成の際、モンゴル語がコミュニケーションに使われており、壁画の書き手もモンゴル人であっただろう、とハスエルデニらは見ている。なかでも特に無色や空色と表現しているのが特徴的で、少なくとも十七世紀以降の文献には見られない言い方だとしている。

三十二号窟の榜題と仏画について、ハスエルデニらは次のように描写している。
石窟内の正面に主尊釈迦牟尼を描き、左右両壁にも仏画を並べる（前掲図2－24参照）。ウイグル文字モンゴル語榜題は関連する仏画の両側にあり、チベット語の方は上にある。現状では基本的に左右両壁の一列目に三十五仏を、二列目に度母《ターラー》を、そして三列目に十六羅漢を配置している。

アルジャイ石窟内のウイグル文字モンゴル語榜題の内容を分析することによって、石窟寺院の榜題類が書かれた年代を推定しようとハスエルデニらは試みている。

ハスエルデニらはまず、「懺悔《トンシャク》三十五仏を礼拝する詩」の分析から着手している。トンシャクとは悔過《けか》や懺悔《さんげ》を意味するチベット語で、「懺悔三十五仏を礼拝する詩」は僧たちが毎日必ず誦む経典の一つである。普通、「帰依」の次に詠むことになっていたという。

「懺悔三十五仏を礼拝する詩」は『ガンジョール』の「最聖三蘊大乗経」と内容上密接な関連がある。『ガンジョール』に収録されていること、「大乗経」と称されていることから、釈迦牟尼の著作である可能性が高い。ただし、アルジャイ石窟内の壁に書いてある「懺悔三十五仏を礼拝する詩」は『ガンジョール』内の「最聖三蘊大乗経」とはすべてが一致しない。内容的にはむしろジャルツァブ・ダルマリンチン（一三六四～一四三二）やジャミヤン・チョルジ・ダシバルダン（一三五二～一四三五）らツォンカパの高弟たちによって書かれた、同じ宗旨の作品と合致する部分が多い。つまり、十四世紀末から十五世紀初頭にかけての作品である可能性が高い。

次は「度母《ターラー》の賛歌」である。最も古い「度母の賛歌」は七世紀のインドのチャンドラグミン（月宮）の作品である。モンゴル語の「度母の賛歌」が初めて開版印刷されたのは一四三一年のことである。アルジャイ石窟内の壁に書いてある「度母の賛歌」は一四三一年版と基本的に同じであり、石窟内の榜題もおそらくそれ以降に書かれたものであろう。

三つ日は「十六羅漢賛歌」である。石窟内の榜題は十八世紀にウラト地域の学僧ダルマ師が翻訳し、北京で木版印刷された「偉大な主尊たちの賛歌」とは段落の分け方や意味も同じであるが、訳文は異なる。ダルマ師の訳文には「多聞の僧ゲンドゥンジャムソが勇気をもって編集した」とある。ゲンドゥンジャムソとは二世ダライ・ラマ（一四七六〜一五四二）のことであろう。ゲンドゥンジャムソは「編集」したとされている以上、もとの作品はそれ以前に書かれているだろうが、多くの人々が利用できるようになったのはやはり十六世紀以降のことであろう。

十六世紀後半にモンゴルが仏教を再び導入した後、オルドス高原は仏教東伝のルート上にあった。どんな寺院が興隆したかについて、文献に記録があるのが一般的である。しかし、アルジャイ石窟は巨大な伽藍であるにもかかわらず文字資料に現れないのは、やはりそれが十六世紀以降のものではないことを物語っている。さらに榜題類には一五八七年にアユーシ・グーシが創出したアリ・ガリ文字は現れない。榜題類のもととなった作品の性質から見ると、アルジャイ石窟内のウイグル文字モンゴル語榜題は多分十五世紀末か十六世紀初頭に書かれただろう、とハスエルデニらは判断している。

ハスエルデニらはせっかくこのような結論を導き出したにもかかわらず、ホルチャやオトク旗の郷土史家らが提唱する、一六三二年にリクダン・ハーンがアルジャイ石窟を破壊したとの俗説にも賛同し、結論に矛盾した一面が残っている。

懺悔三十五仏の詩

三十五仏の配置は次のようになっている（図5－1）。

正面の壁面に主尊を描き、その主尊の右側に二列計八つの仏を配置している。正面主尊の左に

図5－1　アルジャイ石窟第32号窟内の三十五仏の一部。左下端は第十四仏、清浄施。

は一列に四つの仏を描写している。窟内の右壁は上から一列目に十、上から二列目に二つを描く。左壁は上から一列目に十、計三十五仏である。

三十五仏の名称を特定するのに、ハスエルデニらは『ガンジョール』内の「聖證知律師近達請問大乗経」を利用している。三十五仏の詩（賛歌）はまた『ダンジョール』にも収録されている。『ダンジョール』内のマティチタラ作の「三十五善逝賛」を注疏に利用している。確かに三十五仏を尊崇する風習は現代まで続いており、オルドスの民間に伝わる「三十五仏を礼拝する賛歌」という作品を私は以前、二〇〇〇年に発表したことがある。

ハスエルデニらはその著作のなかで、まず判読できた榜題を写真で提示し、それから翻字・転写し、注疏を行っている。彼らによると、次の諸仏とウイグル文字モンゴル語の詩文が残っているという。

(1)第二仏、金剛不壊仏の賛歌
(2)第三仏、宝光あるいは宝勝仏の賛歌
(3)第四仏、龍尊王仏の賛歌
(4)第七仏、宝火仏の賛歌
(5)第八仏、宝月光仏の賛歌
(6)第九仏、現無愚仏の賛歌
(7)第十仏、宝月仏の賛歌

(8)第十一仏、無垢仏の賛歌
(9)第十二仏、勇施の賛歌
(10)第十三仏、清浄の賛歌
(11)第十四仏、清浄施の賛歌
(12)第十五仏、水天の賛歌
(13)第二十四仏、無量掬光の賛歌
(14)第二十五仏、蓮花光遊戯神通の賛歌
(15)第三十仏、善遊歩功徳の賛歌
(16)第三十一仏、闘戦勝の仏の賛歌
(17)第三十二仏、善遊歩の賛歌
(18)第三十五仏、宝蓮花善住婆羅樹王あるいは山主王仏の賛歌

以上が認識し、判読可能な三十五仏の仏画と榜題である。

聖救度仏母二十一種禮讃経

第三十二号窟内のウイグル文字モンゴル語榜題のなかで、二番目に多いのは「聖救度仏母二十一種禮讃経」である（図5－2）。

モンゴル高原では、観音菩薩の化身たる蓮花から生まれた度母《ターラー》を信仰する風習は古くから盛ん

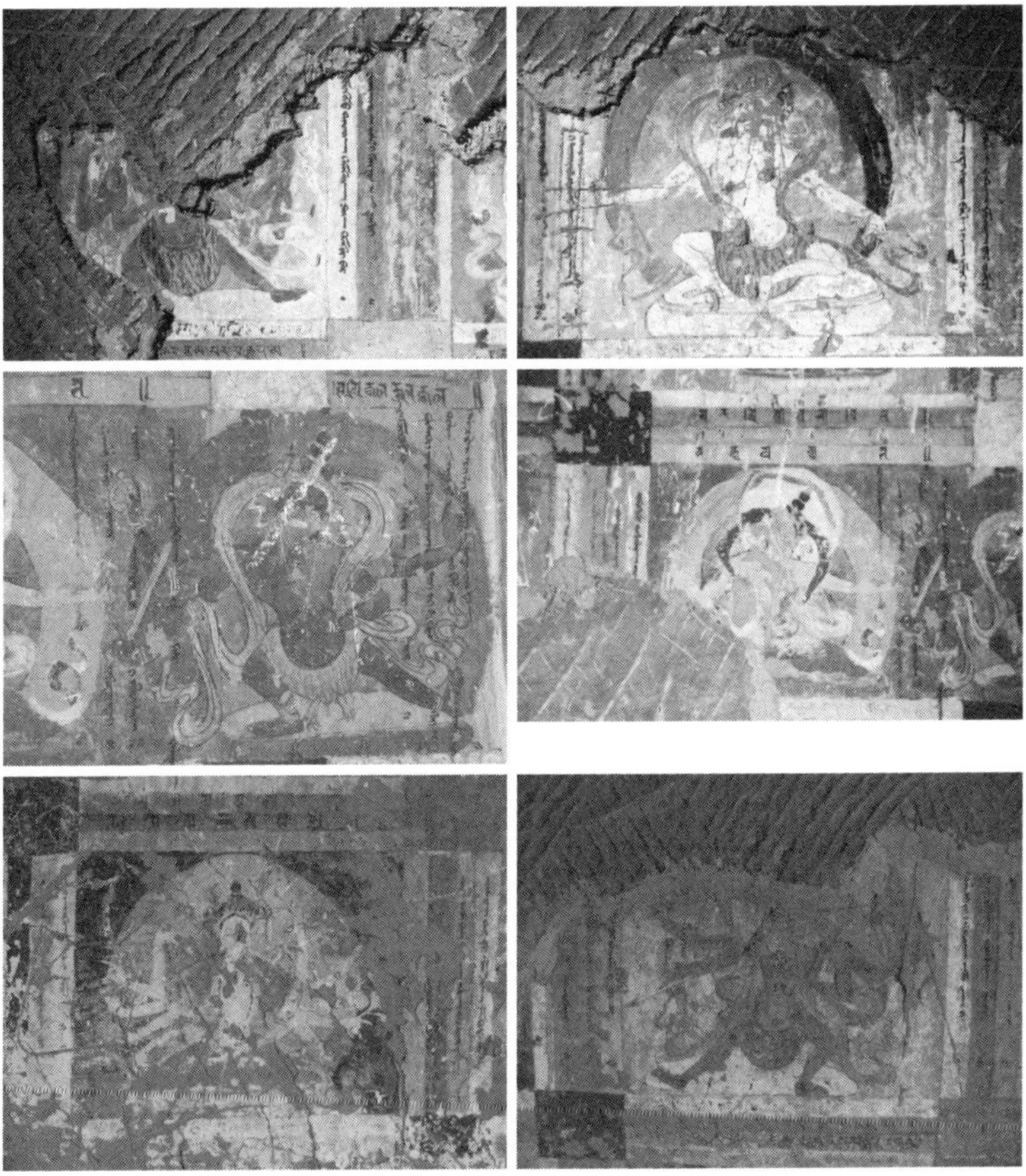

図5－2　アルジャイ石窟第32号窟内の聖救度仏母二十一種禮讃経

で、数多くのターラー賛歌が創作されてきた。現在知られているなかで、最も古いターラー賛歌は一四三一（宣徳六）年に北京で再び開版印刷された「聖救度仏母二十一種禮讃経」という木版本（巻末テキスト参照）である。詳しくは後述するが、これは元朝版の復刻である。その他にもさまざまな手写本が各地に伝わっている。

内モンゴルの研究者たちはアルジャイ石窟内の榜題「聖救度仏母二十一種禮讃経」をまず一九九〇年にその一部を公開し、紹介している。その際、彼らは一四三一年の北京版（元朝版）と比較するかたちをとっている。比較の手法はその後も踏襲されており、剥落したり字が薄くなったりして判読しにくくなった部分を識別するのに一四三一年の木版本が活用されている。また、注《ちゅう》疏《そ》には十八世紀にウラト地域の学僧ダルマ師の訳本が利用されている。ハスエルデニらは次のように記述を展開している。

「聖救度仏母二十一種禮讃経」は三十二号窟の正面にも描かれていたが、今や破壊され、ほとんど残っていない。現状では十八の方格形仏画の傍に十九首の賛歌が残っている。ターラーたちの絵は窟内の左壁から始まっている。上から二列目内の第三の仏画からスタートし、左壁には八、右壁には十、そして正面に四つで、合計二十二あった。つまり、二十一のターラーと正主尊を入れて、全部で二十二というわけである。また、ターラー賛歌の文字は後述する十六羅漢の礼拝詩より大きいのも特徴的である。

興味深いことに、絵と榜題の内容すなわち賛歌が一致しないところも存在していることに、ハスエルデニらは気づいている。もともとターラーの賛歌には冒頭に「序詩」があるものとないものという二種類があった。アルジャイ石窟内の榜題には「序詩」が含まれている。そのためか、正主尊の傍らに「序詩」の最初の一首を書いてしまい、第一ターラーの側には「序詩」の二首目を書き続けて進み、第三ターラーの側には本来なら第一ターラーのところで書かなければならなかった詩を持ってきている。このようなミスマッチがずっと続き、第十四ターラーのところでやっとまちがいに気づいたらしく、急遽軌道修正をしている。絵描きと榜題の書き手が異なる人物だったために生じたミスだろう、とハスエルデニらは分析している。

一四三一年の木版本は真中に仏画があって、その左右と下方に四体言語の賛歌がある構図となっている。それには例えば、「讃青色一面三目四辟第七」、「讃紅色一面二目四辟第八」のように、ターラーたちの色彩や印相姿勢についても詳しく書いてある（巻末テキスト参照）。もし、アルジャイ石窟の壁画の描き手がこのような見本を使用していたら、仏画と賛歌が一致しないようなミスを起こすことはなかったかもしれない。となると、石窟内に榜題を書いた絵師たちは、ターラーの絵が入っていなかった手写本を使っていた可能性が出てくる。

十六羅漢の礼拝詩

モンゴルでは十六羅漢に対する信仰が篤く、「十六羅漢の礼拝詩」は寺院等で広く誦まれてきた経典の一つである。もとの経典は序詩と各羅漢への賛歌からなっており、賛歌は四行の詩で構成されていた。

アルジャイ石窟第三十二号窟には完全なものと欠損したものの両方を含めて、計十三首の「十六羅漢の礼拝詩」が残っている。三十五仏と二十一ターラーの場合は、仏画の右側に関連の詩を書くようになっていたのに対し、十六羅漢の場合は仏画の左側に礼拝詩が書いてある。仏画は窟正面の奥から入り口の方に向かって進むように配置され、羅漢たちは第三列に描かれている。

羅漢の仏画と礼拝詩は、最初は一致していたが、第九羅漢諾巨羅《ナクーラ》のところでまちがって四天王のひとり、北方多聞天王への賛歌を書いてしまったことから、それ以降の仏画と礼拝詩は一つ、ずれてしまっている。ハスエルデニらはそのようなミスが生じた原因を次のように分析している。羅漢諾巨羅は手にネズミを持つイメージであった。北方多聞天王もネズミを手にしていることから、両者の榜題をうっかりして混同してしまったのであろう。

「十六羅漢の礼拝詩」を整理する際、ハスエルデニらはウラトのダルマ師が十八世紀に翻訳した「偉大な主尊たちの賛歌」を注疏に利用している。アルジャイ石窟内の榜題とダルマ師の翻訳とは意味も段落の仕分けも同じであるが、文章は異なっている、という。具体的には次のように礼拝詩が整理されている。

(1)序詩の第一首
(2)序詩の第二首
(3)序詩の第三首
(4)序詩の第四首
(5)序詩の第七首

(6)序詩の第八首
(7)第一羅漢因竭陀（Ingata、図5－3）あるいは支生の賛歌
(8)第二羅漢阿氏多（Ajita）あるいは未敗の賛歌
(9)第四羅漢迦里迦（Karika）あるいは時相応の賛歌
(10)第五羅漢閥闍羅仏多羅あるいは金剛媳子の賛歌
(11)第六羅漢跋陀羅あるいは妙賢の賛歌
(12)第七羅漢迦諾迦閥蹉あるいは金犢の賛歌
(13)第十羅漢羅古羅の賛歌

図5－3　因竭陀尊者。『藏伝仏画度量経』より

以上のような十三の礼拝詩である。

近事男ダルマタラと四天王の賛歌

近事男、あるいは男居士、つまり在俗の男性信者をモンゴル語でウバシという。これはサンスクリットのウパサカ（upāsaka、優婆塞《うばそく》）に由来する。

アルジャイ石窟内に近事男ダルマタラの賛歌一首四行がほぼ完全なかたちで残っている。ウバシ・ダルマタラと思われる仏画はもともと三列目の入り口に近い

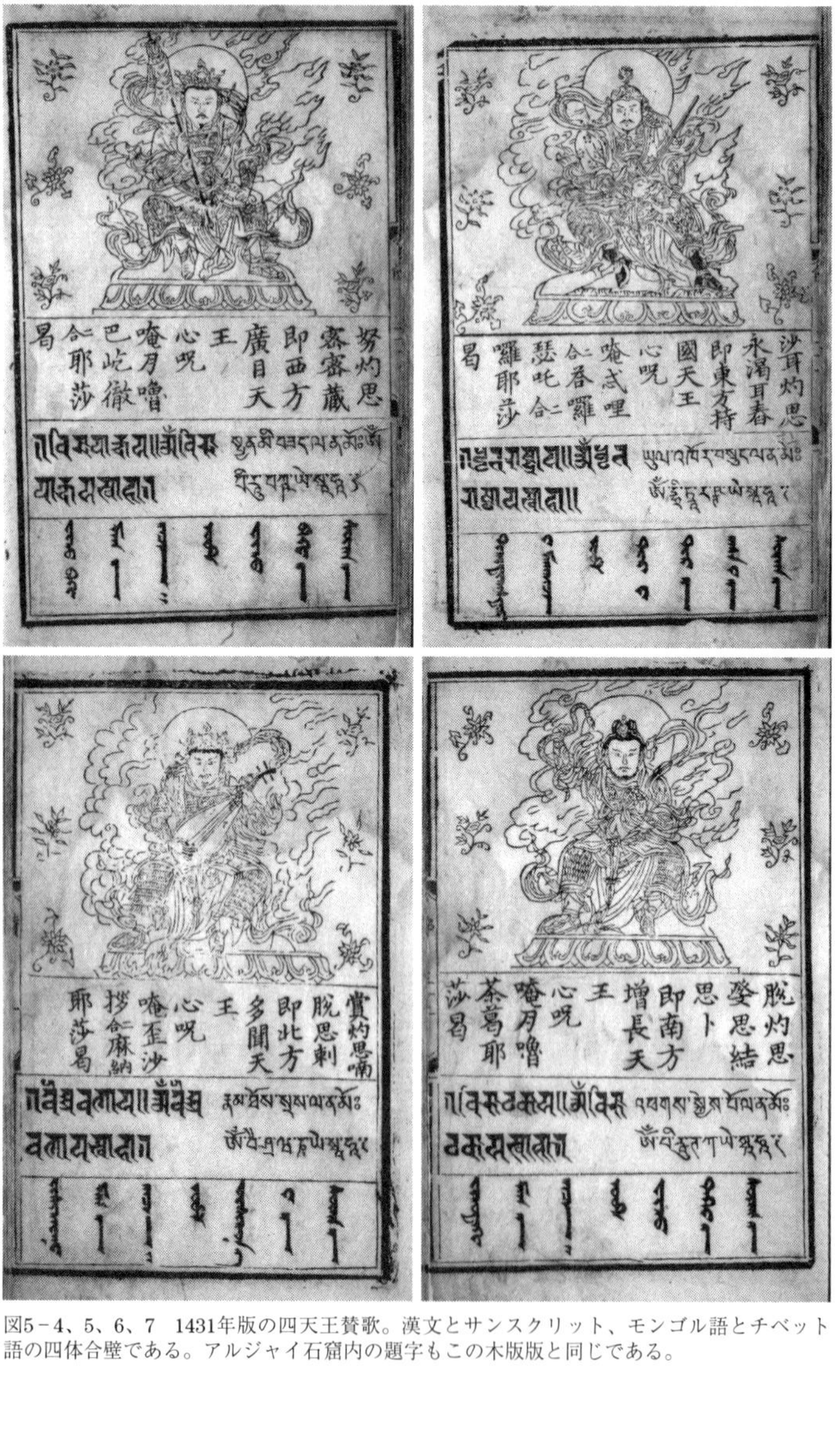

図5－4、5、6、7　1431年版の四天王賛歌。漢文とサンスクリット、モンゴル語とチベット語の四体合璧である。アルジャイ石窟内の題字もこの木版版と同じである。

ところにあったが、破壊されて残っておらず、ただ賛歌のみが原型をとどめている。また、この三十二号窟内のダルマタラとは別に、第三十三号窟にも近事男が描かれている。

ハスエルデニらは次のように論じている。

「無尽の宝珠」という経典には羅漢たちがハラシャンという地にやってきた時、近事《ごんじ》男《なん》ダルマタラは清掃するなどして奉仕したとある。いわゆるハラシャンとはおそらくアラシャン（賀蘭山）のことであろう。また、モンゴル人学僧アクワンロントゥブドルジが一七五七年に書いた「六世ダライ・ラマの伝記」にも、ダルマタラはアラシャンで誕生したとある。三世ジャンガー・ホトクトの作品にも、アラシャンを十六羅漢と近事男ダルマタラが夏令安居した場所だとの表現がある。十六羅漢はいずれも釈迦牟尼の高弟だった。彼らがアラシャンにやってきたという伝承は、仏教が匈奴時代にモンゴル高原に伝わり、北方経由で漢土に入ったという『魏書』「釈老志」の記録と関係があるだろう、と推察している。

ハスエルデニらは最後に「四天王賛歌」をとりあげている。「四天王賛歌」は一首四行で、左壁の三列目、入り口から三番目の仏画の側に書かれていた（図5-4、5-5、5-6、5-7）。四天王の中で、モンゴル人は十三世紀から北方多聞天王はチンギス・ハーンが成った、と理解している。

ハスエルデニらはアルジャイ石窟内のウイグル文字モンゴル語榜題の学術的な価値をいち早く認識し、記録と研究を積極的に行ってきた。学界に対する彼らの貢献は高く評価されるだろう。私とオトク旗文物管理所所長のバトジャラガルは二〇〇三年夏から再び三十二号窟内の榜題と壁画を撮影し、より鮮明な映像を残そうと努力してきた。私たちの観測では、ハスエルデニらが調査を始めた一九八九年や一九九〇年に比べると、壁画の剥落と損壊はいっそう進んでいることが分かった。

ターラー信仰とアルジャイ石窟内の「聖救度仏母二十一種禮讃経」

歴史上のある一時期から、アルジャイ石窟寺院はカギュ派の系統を汲むディルワ・ホトクトとナルバンチン・ホトクトらによって運営されてきた。このようなカギュ派的な色彩の強いアルジャイ石窟寺院のなかに、ターラーの尊像が描かれたうえ、「聖救度仏母二十一種禮讃経」などがモンゴル語とチベット語、それにサンスクリットによって書かれている。アルジャイ石窟内に残る「ターラー賛歌」の榜題は、次の通りである。

(1)救度仏母序詩の第一首

この部分は一四三一年北京版（実際は元朝版）にはないものである。大正新脩大蔵経内の第1108B番の「聖救度仏母二十一種禮讃経」の冒頭にある漢文偈頌とは内容的に相似している。[1]

(2)救度仏母序詩の第二首

この部分も一四三一年版にはない内容である。大正新脩大蔵経内の第1108B番の「聖救度仏母二十一種禮讃経」の冒頭にある漢文偈頌に相当する。[2]

(3)正主尊たる緑度母の賛経
(4)第一奮迅度母の賛経
(5)第二威猛白度母の賛経
(6)第三金顔度母
(7)第四頂髻尊勝度母の賛経
(8)第五吽音吒度母の賛経
(9)第六勝三界度母の賛経
(10)第七破敵度母の賛経
(11)第八推破魔軍度母の賛経
(12)第九供奉三宝度母の賛経
(13)第十伏魔度母の賛経
(14)第十一解厄度母の賛経
(15)第十二烈焔度母
(16)第十三顰眉度母の賛経
(17)第十四救飢度母の賛経
(18)第十五大寂静度母の賛経

(19)第十六消疫度母の賛経

アルジャイ石窟に欠けている部分は次の通りである。剝落してしまったからである。

第十七賜成就度母
第十八消毒度母
第十九消苦度母
第二十明心吽音度母
第二十一震撼三界度母

アルジャイ石窟内のウイグル文字モンゴル語榜題《ぼうだい》と一四三一年の北京版とは同じ祖本を利用していると思われる。しかし、両者は若干、つづりの面で差異が認められる。

一四三一年、すなわち明王朝の宣徳六年に「聖救度仏母二十一種禮讃経」はまた北京で開版印刷した木版本のなかにも収録された。この印刷事業はカギュ派の活仏、第五世カルマ・バクシの明廷訪問を記念して行われた。アルジャイ石窟内の榜題と一四三一年の北京版、現在に伝わる二種類の古い「聖救度仏母二十一種禮讃経」が、いずれもカギュ派の活動と密接に連動していることは、大いに注目すべき現象である。

ターラー菩薩は、観音菩薩の瞳から生まれた美しい女神とされている。観音の救済から漏れた衆生をも済度《さいど》する。密教信仰の篤いチベットでは、女児が誕生すると、ターラー菩薩の尊徳にあやかって、そのチベット語名をつけたりするといわれている。チベット人の多くは子どものころから「ターラー賛歌」を覚え、火事や洪水など「八難《はちなん》」に遭遇した時などの場面で唱える、と伝えられている（図5－8）。

図5－8　アルジャイ石窟内の31号窟に描かれたターラー菩薩八難救度図（部分）

モンゴル人も女神ターラーについて、特別な信仰心を抱いている。一般的に化身制（活仏）をとるモンゴルの仏教界において、高僧はたいてい男性であるのに対し、女性の場合はターラーの化身が存在していた。十九世紀後半、モンゴル高原西部のドゥルベト部内において、緑ターラーと白ターラーの化身がいたことを、ロシアの著名なモンゴル学者が伝えている。そして、そのターラーの化身の認定作業に、ディルワ・ホトクトの弟子ナルバンチン・ホトクトが積極的に関わっていた。また、ナルバンチン寺においても、一七一〇（康熙四十九）年と乾隆年間にターラーを祀る経堂を建てていた、という乾隆十九（一七五四）年の記録がある。[3] また、独立したモンゴル国のハーン、ボグド・ジェプツンダムバの妃もターラーの化身として崇められていたことは前に述べた通りである。

モンゴルの民間には数多くのターラー賛歌が伝わっている。私も以前に数種のターラー賛歌を発表したことがある。私が公開した「二十一のターラー賛歌」はアルジャイ石窟内の榜題に近似し、十八世紀のウラトのダルマ師の訳文とは異なる点もまた多い。この点について、イタリアのモンゴル学者キョード女史も拙著への書評のなかで触れている。

モンゴルの民間に多数の「ターラー賛歌」が広まっている事実は、大元ウルス時代にこのテキストがすでにモンゴル語に翻訳されていたことと無関係ではなかろう。

繰り返し強調しておくが、現存する最も古い「聖救度仏母二十一種禮讃経」は二種類ある。一つはアルジャイ石窟内の題辞で、もう一つは一四三一年、つまり明王朝宣徳《せんとく》六年（辛亥）に北京で復刻、開版印刷された「聖救度仏母二十一種禮讃経」である。

この「聖救度仏母二十一種禮讃経」について、カルメイとハイシッヒらによる緻密な研究がある。「聖救度仏母二十一種禮讃経」は『諸仏菩薩妙相名號経咒』という書物の一部を構成している。一四三一年の木版本はモンゴル語、チベット語、サンスクリット、漢語の四体合璧である。カルメイとハイシッヒの二人はともにフランスのミュゼ・ギメ（Musée Guimet）所蔵の木版本を利用し、カルメイは芸術学、図像学の立場、特にチベットと漢土との交流の視点からこの作品をとりあげている。

一方、ハイシッヒはそのモンゴル語の部分だけを影印のかたちで出している。仏画や漢文、チベット語とサンスクリット部分は公開していない。カルメイによると、ミュゼ・ギメの『諸仏菩薩妙相名號経咒』は二冊からなり、冒頭の漢文の序の部分が少し欠落しているそうである。

カルメイとハイシッヒの研究もあって、従来、主としてミュゼ・ギメ所蔵の一四三一年の宣徳版「聖救度仏母二十一種禮讃経」が学界で知られていた。二〇〇六年七月にオルドス市オトク旗において開催された「アルジャイ石窟文化全国学術研討会」の席上で、故宮博物院宮廷部の羅文華から、北京国家図書館（旧北京図書館）善本部にも一四三一年版の「聖救度仏母二十一種禮讃経」の入った『諸仏菩薩妙相名號経咒』が収められていると聞いた。私は早速北京にある中国国家図書館に赴き、調査を実施した。

私が北京で調べた結果、中国国家図書館には二種類の『諸仏菩薩妙相名號経咒』があるのを把握した。そのうちの一つは函なしで、No.7593となっている。大きさは約二十七センチ×十七センチで、四冊からなる。四冊のうちの第二冊に「聖救度仏母二十一種禮讃経」が入っており、巻首の序文に「宣徳六年歳次辛亥春三月吉日」とある。

もう一種の『諸仏菩薩妙相名號経咒』は二冊からなり、残本である。同じく二冊目に「聖救度仏母二十一種禮讃経」が含まれ、この部分は完全な姿をとどめている。私は非常に高い撮影料を支払って、「聖救度仏母二十一種禮讃経」などの部分の写真を入手した（巻末付録参照）。ここでは、カルメイとハイシッヒらの研究成果を汲みつつ、この一四三一年版の「聖救度仏母二十一種禮讃経」の性質について検討してみたい。

隠されたモンゴルの皇太后

『諸仏菩薩妙相名號経咒』内の六十尊諸仏菩薩の画像のなかに、唯一の人物画像として、「葛哩麻尚師即大實法王」（図5－9）がある。人物画像下部のモンゴル語は「カルマ・バクシ。ウム・マ・ニ・パデ・マイ・ホン」となっている。

この葛哩麻尚師はカルマ・カギュ派の第五世活仏カルマ・バクシのデシンシクパ（一三四八〜一四一五）であろう。カルマ・バクシのデシンシクパは一四〇三（永楽元）年から一四〇七年にかけて、明王朝に渡り滞在し、永楽帝より「大實法王」の称号を与えられた。そして、五世カルマ・バクシこそが「聖救度仏母二十一種禮讃経」を含む『諸仏菩薩妙相名號経咒』を明廷に開版印刷させた人物である。

図5－9 『諸仏菩薩妙相名號経咒』内の大實法王。Karmay 1975より

モンゴル語の内容も含む『諸仏菩薩妙相名號経咒』が明廷に現れた現象を理解するためには、その序と跋を検討しなければならない。まずモンゴル語の序文を見てみよう。それには次のような言葉がある。

仏教が東方に広がり、衆生に益するため、菩薩の化身として生まれた修積善住が、以前に霊鷲山に説法処ができたために、法典にであったことに鑑み、ハーンの福蔭裏、衆生のためになるようにとして、「聖救度仏母二十一種禮讃経」と他の経典を大いに広げ、信心にて祈願した。世界の主君たるハーンと皇太后、それに太子ら黄金家族《アルタン・ウルク》の福寿が、大海原のなかの威光ある諸山の冠たる須弥山《しゅみせん》のように。……宣徳六年辛亥年春末日（陰暦三月）吉日に大いなる京都にて完成した。[4]

モンゴル語序文のなかでは、明廷がカルマ・バクシに授けた「大寶法王」云々は見られない。逆に「ハーン」と「皇太后」、それに「太子」ら「黄金家族」の福寿を祈願する目的が明記されている。

チベット語の序文では施主の修積善住が「カルマ法王」こと「大寶法王」から宗教的な指導を受け、諸仏菩薩の画像などを送られたことが記されている。そして、五世カルマ・バクシの影響を広げるために印刷し流伝させたとしている。

序文では特に施主の名などは確認できないが、「聖救度仏母二十一種禮讃経」などを流通させる意義が説かれている。カルメイも指摘しているように、漢文の序はチベット語とモンゴル語の序とは内容的にまったく一致しない。漢文の序にこそ施主の名が登場しないものの、跋文では「諸仏菩薩の尊像をはじめ、十七種の諸品経咒を西来の大寶法王が伝えた」、と記している。[5]

従来、カルメイとハイシッヒらの諸先学は施主たる修積善住の存在に主な関心を寄せてきた。カルメイは、『諸仏菩薩妙相名號経咒』内の漢文の比重が相対的に大きいことなどから、施主たる修積善住は漢人僧侶の法号であろうと判断している。

これに対し、ハイシッヒは、序文は全体的に修積善住と第五世カルマ・バクシについて誇らしげに言及し、カルマ・バクシの北京滞在二十八年後、死後十六年後に経典を印刷させた事績を述べている。修積善住はカルマ・パクシに直接会い、親交を重ねた特権階級の人物であろうという。そのうえで、ハイシッヒはモンゴル語序文内の「菩薩の化身たる修積善住」との表現に重要なヒントが含まれていると分析している。というのも、後世の十六世紀後半から十七世紀初頭にかけて現れるモンゴル語木版本類の奥付《コロフォン》に「菩薩の化身」として登場するのはだいたい貴族階級の女性たちであるからだ。このように、一四三一年版「聖救度仏母二十一種禮讃経」の開版印刷事業は、大元ウルス時代の伝統を維持している、とハイシッヒは理解している。

皇太后は誰を指しているのか

続いて一四三一年版「聖救度仏母二十一種禮讃経」内のコロフォンを検討してみよう。

衆生のためにどんな経典を開版印刷したかはコロフォンが詳しく伝えている。「阿弥陀仏の書」と「三十五仏の書」、それに「救度仏母の礼拝」などを信心深く開版したという。「西方より朝覲《ちょうきん》に来られた大實法王の仏画と諸仏の仏画や賛歌、タラニを布施として配布した」という。

内モンゴルの歴史学者チョイジは大元ウルス末期における帝室とカルマ・カギュ派（図5－10）の関係について論じた際、太皇太后ボタシャシリが非常に重要な役割を果たしていたと指摘している。ホンギラート部出身のボタシャシリはジャヤート・ハーン（在位一三二八年九月～同年一二月、再即位は一三二九～三二）の皇后《ガトン》で、トゴン・テムールがハーンになった一三三三年に皇太后に崇められ、一三三五年には太皇太后となっている。彼女が権力を握っていたころに、カギュ派も局面を挽回している。このような有名な皇太后ボタシャシリが、一三二八〜二九年のあいだに描かれた仏画タンカにも登場している（図5－11）。

トゴン・テムール・ハーンの即位式に参加した三世カルマ・バクシのランジュンドルジは一三三五年、乙亥年にチベットに帰り、ハーンより下賜された金銀で一六〇函の『ダンジョール』を金泥《こんでい》で書写している。しかし、まもなくハーンや太皇太后から詔旨が届き、またもやカルマ・バクシを大都へ招請していた。一三三六年冬の陰暦十月十日に届いた詔旨には、太皇太后は「三宝を支持し、三宝に帰依した太皇太后」とあった。

仮に、乙亥年前後を一つの重要な時期だと考えるならば、「聖救度仏母二十一種禮讃経」や「三十五仏の書」などはカルマ・カギュ派と緊密な施主・帰依処の関係を結んでいた太皇太后ボタシャシリらの支持で一度、成

図5－10　カギュ派の開祖ガルマ・バクシ大寶法王を描いた仏画。かぶっている黒い帽子はモンゴルのムンケ・ハーンから授けられたとしている。実際は二代目のカルマ・バクシ（1204-1283）がムンケに初めて会っている。『院藏藏伝仏教文物』より

図5－11　メトロポリタン博物館所蔵の元代仏画。左の人物がボタシャシリ皇后である。Komaroff and Carboni より

書した可能性も出てくる。こうなると、木版本の序文にある「皇帝《ハーン》の福蔭裏」や「黄金家族」、それに「皇太后」との表現も容易に理解できるのではないか。コロフォン内の「西方より朝覲に来られた大實法王」も『元史』「本紀第三十九　順帝二」にある「三年……徴西域僧加剌麻至京師、號灌頂国師、賜玉印」との記録と結びつく。加剌麻は明らかにカルマで、カルマ・バクシのことである。順帝三（一三三七）年に西域《さいいき》ことトルキスタンからカルマ・バクシが大都北京に到着し、灌頂国師の称号を与え、玉印を授けたとある。

　三世カルマ・バクシが仏典を編集した際、モンゴル人たちが理解しやすいように、すでに安藏が活躍していた以前の時代にモンゴル語に訳されていたテキストや、ウイグル語の典籍類に手を加えた可能性も否定できないだろう。

　一歩退いて、別の角度から考えてみよう。

　明王朝皇帝は確かに一時期、カルマ・カギュ派と良好な関係を築いていたように見える。五世カルマ・バクシのデシンシクパは一四〇六（永楽四）年二月に明朝側に招かれ、明の永楽帝と何回も面会している。一四〇七（永楽五）年三月には「萬行具足十方最勝圓覚妙智慧応佑国演教如来大寶法王」との称号を皇帝より与えられている、と『明太宗実録』巻六五にある。しかし、こ

れは永楽帝の独創というよりも、フビライ・ハーンがかつてサキャ派のパクパに大寶法王を授け、死去した後には「宣文輔治大聖至徳普覚眞智佑国如意大寶法王」と加封したことの模倣にすぎなかったのではないか。

ある研究によると、五世カルマ・パクシは北京において、明王朝の外交言語の運用に関わっていた。そして、対周辺外交における翻訳言語の運用はすべて大元ウルスのそれを踏襲するものだったという。明の外交文書が大元ウルスの伝統を援用していたことは最近、松川節《まつかわたかし》やハスエルデニらの研究によって、いっそう立証されている。

「聖救度仏母二十一種禮讃経」や「三十五仏の書」などのような大元ウルス期に誕生したモンゴル語典籍が、モンゴルのハーン家と良好な関係を築き上げていたチベットのカギュ派教団内に多数保存されていた可能性がある。永楽帝はフビライ・ハーンを模倣して、往昔のモンゴル帝国時代のように多言語を駆使して対チベット外交を展開しようとし、五世カルマ・バクシの訪問を招請した。一方のデシンシクパは教団内で維持していた大元ウルス時代の木版を持参し、明廷に復刻再版を促した。それは先代すなわち三世カルマ・バクシの事績を弘揚する行為でもあったため、五世カルマ・バクシは嬉々として推進したのであろう。

アルジャイ石窟内の二十一ターラーの賛歌と三十五仏の賛歌の榜題類が同じ一つの窟内に書かれていることも興味深い。繰り返し主張するが、一四三一年版のコロフォン内でも「ターラー賛歌」と「三十五の書」は一緒に開版印刷したとある。アルジャイ石窟の榜題と一四三一年に木版を彫る時に使った祖本はやはり、モンゴルの大元ウルス時代に成立したものでなければならない。

後世の例であるが、リクダン・ハーンはアルタン・ハーン時代にモンゴル語に翻訳された経典類を自らの功績と結びつけた。清朝の康熙帝はまたリクダン・ハーンの功績を簒奪《さんだつ》した。明王朝の永楽帝が五世カルマ・バクシを招請したことを受けて、明宣宗も仏前で功徳を積みたかったのだろう。その際、彼が乙亥《いつがい》（一三三五）年を辛亥（一四三一）年に書き換えた可能性はきわめて高い。ことは簡単だ。たった一字の違いである。他はすべて先人の事績を剽窃するだけで済んだはずである。したがって、「一四三一年明朝版」と呼ぶのではなく、元朝版と訂正すべきであろう。

元朝版を継承した明王朝の北京版「聖救度仏母二十一種禮讃経」

一四三一年に北京で開版印刷されているので、一見したところ、どうしても明王朝側を過大評価してしまいがちである。「聖救度仏母二十一種禮讃経」を含む『諸仏菩薩妙相名號経咒《きょうじゅ》』の誕生を考えるために、今一度その性質を分析してみる必要があろう。

まず、『諸仏菩薩妙相名號経咒』の書誌学的な特徴を見てみよう。同書は中央に仏画を置き、左側にその印相と色彩を示す言葉、右側に漢文賛歌、そして下部にサンスクリット、チベット語それにモンゴル語の賛歌が配置される、という構図である（巻末史料参照）。

大元ウルス期の出版文化について包括的な研究成果を上梓した宮紀子《みやのりこ》によると、仏典とそれ以外の儒教の聖典などの絵解き本で、上図下文の形式をとる挿絵本は、大元ウルス時代に成熟し、定着した出版文化の特徴であるという。宮紀子の学説にしたがえば、アルジャイ石窟第三十二号窟内の榜題と仏画の描き方もやはりモンゴル時代のもの以外には考えられないことになる。『諸仏菩薩妙相名號経咒』も当然、大元ウルス期の伝統を全面的に踏襲していたのである。

次に「聖救度仏母二十一種禮讃経」内の漢文の方をとりあげよう。大正新脩大蔵経にも漢文「聖救度仏母二十一種禮讃経」がAとBの二種収録されている。周知の通り、これは一二五一（憲宗元）年に完成した高麗再雕本《さいちょうぼん》を底本としている。そのうちのNo.1108A本は明本とされている。タイトルが「聖救度仏母二十一種禮讃経」で、巻首に「御製救度仏母讃」があり、巻末には「根本十字真言」と「救度八難真言」が漢字と悉曇《しったん》文字で記されてある。

この大正新脩大蔵経内の「聖救度仏母二十一種禮讃経」の本文は「翰林学士承旨中奉大夫安藏奉詔訳」とある。つまり、漢文の方は大元ウルスの翰林学士安藏が大ハーンの勅旨を受けて翻訳したとされている。安藏が翻訳した「聖救度仏母二十一種禮讃経」と一四三一年版『諸仏菩薩妙相名號経咒』内の「聖救度仏母二十一種禮讃経」を比較してみると、わずかにいくつかの異字の差と、本文冒頭に序詩がない点で相違は認められるが、ほかの文章はまったく同じである。

大正新脩大蔵経内のもう一種の「聖救度仏母二十一種禮讃経」は道光四年刊で、冒頭に序詩があり、ターラーの尊像も表記されている。文章は安藏訳と同じである。要するに、大正新脩大蔵経内の二種の漢文「聖救度仏母二十一種禮讃経」は、すべて大元ウルスの翰林《かんりん》学士安藏の手による翻訳文を再録したものである。カルメイも比較研究した結果、訳者名を明記していない一四三一年版『諸仏菩薩妙相名號経咒』内の「聖救度仏母二十一種禮讃経」は、大元ウルスの安藏がチベット語から翻訳したものである、と指摘している。

大元ウルスの安藏とはいかなる人物であろうか。『元史』はきわめて限定的な情報しか伝えていないが、彼は多分ビシュバリク出身のウイグル人で、「諸国の言葉に通じ」、さまざまな漢文典籍を世祖フビライ・ハーンのために翻訳するなど活躍していた。[6] 安藏が亡くなったのは一二九三年とされている。

では、モンゴル語「聖救度仏母二十一種禮讃経」の方はどうであろう。明史研究家のセールイス師は、一四三一年の木版本はまちがいなく大元ウルスのテキストの復刻再版だとの立場をとっている。私もモンゴル語「聖救度仏母二十一種禮讃経」は大元ウルス時代の翻訳である、と見ている。そのように考える理由を次のように示しておこう。

まず、「聖救度仏母二十一種禮讃経」内のモンゴル語序文にある「皇帝《ハーン》の福蔭裏」は大元ウルス時代のモンゴル語命令文の冒頭にある常套句である。経典の翻訳という政治的な事業も、勅命によって運営されていたことを表しているのであろう。

次に、序文に出て来る黄金家族を意味するアルタン・ウルク（altan uruγ）と須弥山を指すシュメル・タグ（sumur taγ）の二つの表現も特徴的である。モンゴル語のアルタン・ウルクは、チンギス・ハーンを生んだボルジギン一族に対してのみ用いる。明王朝側にいたモンゴル語のできる僧たちはその独特の言葉でもって明の皇帝朱家を指すことはあり得ない。

また、シュメル・タグのタグはテュルク・モンゴル語で山を意味するが、一般的な表現ではない。むしろテュルク系の言葉のなかで古くから山をタグと呼んできた。一概にはいえないかもしれないが、少なくとも後世において須弥山スゥムベル・ウーラ（sümür aγula）と表現することが多い。

別の大元ウルス期の仏典で、一三一二年前後に同じく大都で開版印刷された「マハーカーリー賛歌」にもスゥムベル・ウーラではなく、シュメル・タグとして現れている。このシュメル・タグというユニークな表記はウイグル語仏典の影響である可能性が高い。

インド発祥の仏教が今日の東トルキスタンに伝わり、そこで誕生した多くのウイグル語仏典がモンゴル語に翻訳されていた。同じアルタイ系の言語であるので、翻訳というよりも置き換えのような作業である。少なくとも、翻訳者にとって、シュメル・タグの方が、後世で一般的なスゥムベル・ウーラよりなじみやすかったであろう。

大元ウルスの国教であるチベット仏教の重要な経典「聖救度仏母二十一種禮讃経」を国語たるモンゴル語に置き換えなかったとはとうてい考えにくい。翻訳者もやはり、「諸国の言葉に通じ」た安藏のような人物がもっとも適任者だったと推察できよう。

北京版より内容豊富な石窟内題辞

私はまた石窟内の榜題と木版本のテキストを比較するため、ターラー信仰の篤いモンゴル社会において、人々が実際にどのような「二十一ターラー賛歌」を誦読《じゅどく》していたかも重要だと考え、以前にオルドスから収集し、二〇〇〇年に公開した手写本と比較した。アルジャイ石窟内の榜題と一四三一年の北京版木版本（元朝版）、それに現代オルドスに伝わる写本とを比較したところ、次のような三点で大きな違いがあるといえよう。

第一に、アルジャイ石窟内の「聖救度仏母二十一種禮讃経」は「序詩」が二首あるのに対し、一四三一年の木版本には見られない。長い歳月のなかで人為的にあるいは自然に剝落してしまって現存しない部分を除けば、「序詩」の存在はきわめてユニークである。

この相違に言語学者のハスエルデニらも気づいている。ハスエルデニらは、アルジャイ石窟内の榜題と一四三一年版とされる木版本の両者は同じ一つの祖本を用いた可能性が強いが、榜題の方は木版本の写しではない、と分析している。言い換えれば、石窟内の榜題にあって、木版本にはない二首の「序詩」を根拠にすれば、榜題の書き手は木版本を利用していないことになる。

私も、アルジャイ石窟内の榜題と一四三一年の木版本（元朝版）は同一の祖本を利用していたとの従来の見解に賛同している。そして、アルジャイ石窟の榜題の書き手たちは大元ウルス期に成立し、明廷に残っていたテキストよりもさらに良質な木版本か手写本を使用していたと推測している。今後はアルジャイ石窟内に残るチベット語とサンスクリットの榜題を一四三一年版のテキストと比較研究することも欠かせないだろう。

第二に、アルジャイ石窟内の榜題に漢語が完全に欠けている点である。アルジャイ石窟寺院の壁にターラーを描き、多言語からなる榜題を付けようとした時、漢語は選択されなかった。漢語のない形式は、大元ウルス時代に一度成書していたと思われる「聖救度仏母二十一種禮讃経」の本来の書誌学的な姿を伝えているかもしれない。

第三、オルドスの民間に伝わり、現代まで日常的に読誦されていたテキストは、十八世紀のウラト地域の学僧ダルマ師の翻訳文よりもアルジャイ石窟内の榜題や一四三一年の北京版木版本に近い。語彙の運用や表現の面から見ると、オルドスのテキストとダルマ師のテキストは異なる文章であるといえよう。このような視点から考えると、オルドスの民間に維持されてきた古い手写本は脈々と大都北京時代の伝統を守っていたといえる。

ウイグル文字モンゴル語六字真言磚

アルジャイ石窟からまたウイグル文字モンゴル語六字真言磚《しんごんせん》が三つ、出土している（前掲図2−26参照）。磚《せん》のような建築材料にウイグル文字モンゴル語がある文物は、非常に珍しい、と考古学者は見ている。私とバトジャラガルは以前にそのうちの一つの写真を公開したことがある。それは、大きさが長さ三十三センチ、幅十八センチで、ウム・マ・ニ・バド・マイ・ホンという六字真言が書いてあった。

図5−12　敦煌莫高窟六体文字碑。杉山正明著『逆説のユーラシア史』より

六字真言の重要性については、モンゴルの年代記も強調する。例えば、十六世紀に編纂された、政治と宗教のありかたを詳しく論じている『十善福白史』にも記述があることから、モンゴルにおける仏教信仰の精神を示す重要な概念であることが分かる。

モンゴル帝国時代の六字真言碑は敦煌の莫高窟《ばっこうくつ》内にもある（図5−12）。杉山正明によると、その六字真言碑は一三四八年に莫高窟の一室を改修した際の記念碑だそうである。改修の中心人物は速来蛮《スレイマン》西寧王で、大元ウルス治下の甘粛地方にあった「もうひとつのチャガタイ・ウルス」の当主であった。その名が示す通り、おそらくはムスリムであった。

敦煌石窟には真言碑以外に六字真言の榜題もある。中国の考古学者宿白によると、大元ウルスが改築した西夏の窟、つまり第四六四号窟にはサンスクリット、チベット語、ウイグル文字モンゴル語、それに漢字による四体六字真言榜題があるという。窟内にはまた至正《しせい》三十（一三七〇）年との墨書や宣光《せんこう》三（一三七三）年との題記もあるという。

アルジャイ石窟出土の六字真言磚に早くから注目したのは、内モンゴル大学教授のブリンバトである。ブリンバトによると、アルジャイ石窟から出土したウイグル文字モンゴル語六字真言磚は二種類あるという。それは、ウム・マニ・バド・マイ・ホンという六字真言の書き方による分類である。

ブリンバトによると、二種類あるウム・マ・ニ・バド・マイ・ホンという六字真言は、モンゴル文字では五つの文字で表現されているという。つまり、ウム・マニ・バド・マイ・ホンという五文字である。

この五文字は二行からなっており、左行にウム・マニと、右行にバド・マイ・ホンとなっているものと、左行にバド・マイ・ホン、右行にウム・マニとある。六字真言磚は二種類あって、それぞれ左と右からウム・マニと始まっていることから、ブリンバトは、このような磚は多数あっただろうとの見解を示している。二種類の磚を交互に用いることで、ウム・マ・ニ・バド・マイ・ホンという六字真言は、それが使われた建物に二行現れただろう、と復元している。

ブリンバトはアルジャイ石窟出土の六字真言磚にあるウイグル文字を、敦煌の莫高窟内にあった六字真言碑にあるウイグル文字と比較している。莫高窟の六字真言碑は一三四八（至正八）年のものである。敦煌の六字真言碑はウム・マニ・バドマイ・ホンという四文字からなっているが、両者のウイグル文字特有の書写形態は完全に同じであり、年代的にも近い、との結論を出している。

私とバトジャラガルが以前に公開した磚にある文字は、五つの文字からなっているのではなく、その名の通り、六つの文字、つまりウム・マ・ニ・バド・マイ・ホンとなっていることが分かったのである。これで、六字真言磚は二種類ではなく、現時点では三種類ある、と訂正する必要があろう。

六つの文字、ウム・マ・ニ・バド・マイ・ホンという六字真言はまた、前に触れた一四三一年に北京で開版印刷された『諸仏菩薩妙相名號経咒』内の「大寶法王」像（前掲図5－9）の下にもある。上で列挙した諸々の証拠から判断して、この『諸仏菩薩妙相名號経咒』は大元ウルスの伝統と性質をほぼ全面的に踏襲したものである、との結論に達したのである。

（1）偈頌は次の通りである。「波答拉勝境　緑色答嘛字生　三世仏業母　頂厳無量光　祈並眷属臨」。

（2）偈頌は次の通りである。「諸天非天頂髻厳　恭敬跪捧両足蓮　度諸窮苦中之母　致禮救度仏母前」。

（3）前章で詳しく紹介した、北京国家図書館にある『ナルバンチン・ホトクトの文書四部』という文書に記述がある。それは次のようになっている。Engke Amuyulang-un döčin yisüdüger on-dur ..... ter-e üy-e-dür

Qonšimbodisadu-yin bey-e-yi Dar-a Eke-yin bey-e mingγ-a mingγ-a bütegbe. .....Tngri Tedgügsen-ü ejen-ü üy-e-dü Qonšimbodisadu-yin süm-e. Dar-a Eke-yin süm-e ba. Namjil Soburγ-a jaγun naiman-yi bariba（pp.49-50）.

（4）モンゴル語の原文は burqan-u sasin jegün eteged delgerejü amitan-a tusalaqu-yin siltaγabar bodistv törügsen siu si san čun urida kadirgud aγula-dur viyaagirid ögedegsen-ü tula nom-dur učirajü qaγan-u suu-dur amitan-a tusa boltuγai kemen erdeni tara-yin qorin nigen maγtaγal ba busu nom-i olan-a aγuda delgeregülüged süsüg-iyer irügemüi. delekei-yin ejen qaγan qatun taiqo tais-i altan uruγ-iyar amin nasun öljei buyan inu aγui yeke dalai-yin dumda čoγtai-a bayiuγsan. aγulas-un qaγan sumur taγ metü.....sün-teyi jirγuduγar on sin γaqai jil qabur-un ečüs sara-da yeke kingdu balγasun-a öljeitü ödür tegüskebei.『諸仏菩薩妙相名號経咒』の漢文の序は次の通りである。「聖代霑沐君恩信楽上乗深思弘済是以捐貲命工以上法寶及聖救度仏母二十一讃重寿諸梓用廣流通上祝輿図一統斎日月之照臨聖寿萬年同乾坤克而悠久慈雲垂廕家遂康寧恩賍弥隆身膺茀禄資益二親而神栖極楽普霑群品而咸悟本明則寿梓流通之功用乗于永久而利済於無窮也矣時。宣徳六年歳次辛亥春三月吉日」。

（5）跋の原文は次の通りである。伏以仏道以慈悲為本利済為心凡有皈依無不如意況茲金剛弥陀三十五仏救度仏母二十一讃蔵経目録心経楞厳大悲消災功徳如意準提無量寿仏往生解冤諸品経咒皆我仏祖哀愍衆生援済群品慈悲恵利方便度人實航苦海之津梁燭迷途之慧炬也修積善住生際明時沐浴清化仰惟聖皇恩重父母情深欲報之徳昊天罔極謹發誠心繪畫西来大寶法王所傳諸仏世尊妙相並書寫諸品経咒刊板印施傳流持誦廣種福縁上報四恩下資三有没承利済生享安楽吉祥如意者。宣徳六年歳次辛亥春三月吉日謹施。

（6）『元史』列伝第四十七の「徐世隆」伝には次のようにある（宋濂、一九七六、三七六九頁）。「四年、世祖問堯、舜、禹、湯為君之道、世隆取書所載帝王事以對、帝喜曰『汝為朕直解進讀、我將聽之』。書成、帝命翰林承旨安藏譯寫以進」。また、『元史』列伝第二十一「迦魯納答思」伝には次のようにある（一九七六、三二六〇頁）。「迦魯納答思、畏吾兒人、通天竺教及諸國語。翰林學士承旨安藏扎牙答思薦於世祖、召入朝、命與國師講法。國師西番人、言語不相通。帝因命迦魯納答思從國師習其法、及言與字、期年皆通。以畏吾字譯西天、西番經論、既成、進其書、帝命鋟版、賜諸王大臣。西南小國星哈剌的威二十餘種來朝、迦魯納答思於帝前敷奏其表章、諸國驚服」。さらに『元史』列伝第六十四「陳顥」伝にも彼に関する記述がある（宋濂、一九七六、四一三〇〜四一三一頁）。「陳顥字仲明、其先居盧龍、有名山者、仕金為謀克監軍、太祖得之、以為平陽等路軍民都元帥、子孫徙清州、遂為清州人。顥幼穎悟、日記誦千百言、稍長、游京師、登翰林承旨王磐、安藏之門。磐熟金典章、安藏通諸國語、

顥兼習之。安藏乃薦顥入宿衛、尋為仁宗潛邸説書。於是、仁宗奉母后出居懷慶、顥從行、日開陳以古聖賢居艱貞之道」。以上のほかに、宮紀子は『大元至元弁偽録』を用いて説明しているように、モンケ・ハーンの時に、カラコルムの万安閣において少林寺の僧と全真教の道士が論争した際に、安藏は通訳の一人だった（宮、二〇〇六、一九七頁）。

第六章

草原の僧侶が聴く英雄叙事詩

壁に書かれたウイグル文字モンゴル語題辞だけでなく、アルジャイ石窟内からまた手写本も大量に出土している。英雄叙事詩の断片もあれば、白傘蓋仏母の賛歌もあった。この白傘蓋仏母の行事は、大都北京でフビライ・ハーン時代に執り行われていた。

出土文書の概要

一九八九年から翌年にかけて、中央民族大学や内モンゴル大学などからなる合同調査隊が三十二号窟内のウイグル文字モンゴル語榜題を調べていた時、各窟から何枚かの木版本や手写本の破片を発見していた。合同調査隊はそれらの紙片に大した関心を示さなかった。ハスエルデニらがアルジャイ石窟で調査していた際、彼らが当時第十六号窟と呼んでいた石窟、現在の第二十二号窟の天井に、文字のある細長い紙切れが貼ってあるのを発見した（図6－1）。

紙切れの幅は約九センチで、多くが剝落したり、損壊したりして残っていなかった。わずか四枚の紙であったが、ハスエルデニらはその書風は一九五四年にオトク旗内のアラク・スゥルデの祭殿から見つかった『蒙古源流』、通称「アラク・スゥルデ本『蒙古源流』」の書風と似通っていると書いている。

アラク・スゥルデ本『蒙古源流』は内モンゴルの研究者メルゲンバートルによって一九六二年に発表されている。メルゲンバートルは、アラク・スゥルデ本『蒙古源流』はサガン・セチェン・ホン・タイジが著した原本そのものではなくても、原本から抄写したもの、少なくとも原本からさほど遠くない抄本であろう、と認識している。ちなみに、アラク・スゥルデとは「まだらの軍神」との意で、チンギス・ハーン本人か、その弟ハサルの軍神だと伝承されている。

当時二十六号窟（現在の二十八号窟）と呼んでいた窟の北側にある洞窟のなかからもモンゴル語やチベット語の手写本と木版本の破片が見つかった、とハスエルデニらは報告している。手写本の筆跡はそれぞれ異なっており、書き手が複数いたことを示している。なかには古いウイグル文字モンゴル語の書写形態をとどめた断片もある。

また、木版本の方も数種類の版が確認できるという。これらの手写本と木版本の破片類は以前に石窟寺院を拠点としていたラマたちが残したものなのか、近現代に入ってから周辺の人々が運び込んだのかは不明である。そしてなぜ、手写本と木版本が破片と化してしまったのかも分からないとしている。

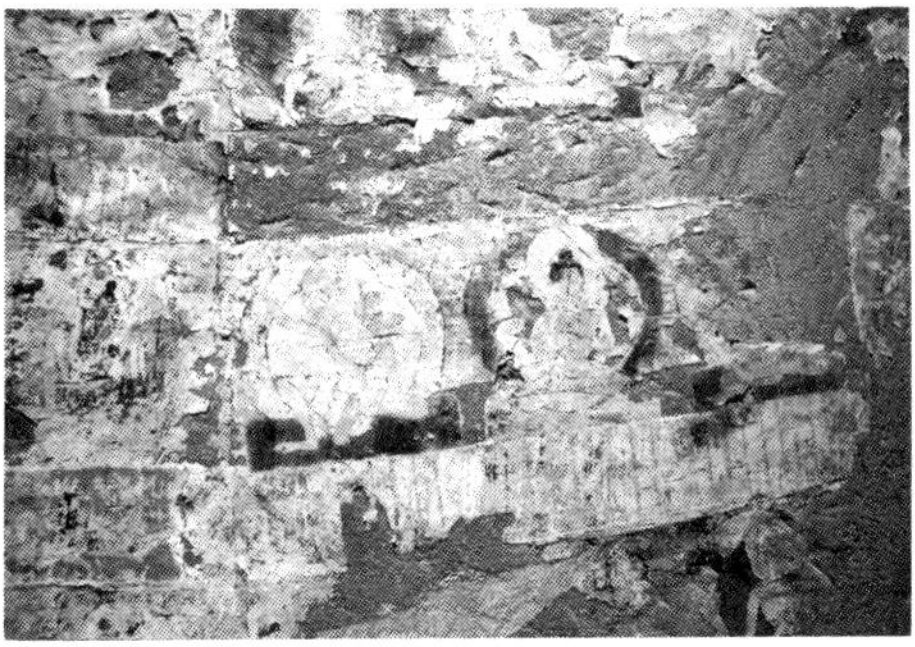

図6－1　第二十二号窟の天井。紙切れにはモンゴル文字と仏画がある。

上記手写本と木版本類は断片的なものであるがゆえに、内容の特定には至らなかった。「山頂の最東端の窟」、おそらく現在の一号窟からは紺紙《こんし》金泥《こんでい》のモンゴル語手写本が見つかり、内容から判断して、多分『ガンジョール』内の「般若波羅《はんにゃはら》蜜《み》多経《たきょう》」の一部であろう、としている。私が一九九九年からアルジャイ石窟を訪れるようになってから、この種の紺紙金泥あるいは紺紙銀泥の経典の断片が大量に出土していることを確認している。

図6―2　アルジャイ石窟から見つかったチベット語写本

　写本類の発見はずっと続いている。例年のように吹き荒れる沙嵐が過ぎた二〇〇〇年春のある日、オトク旗文物管理所所長のバトジャラガルは一号窟内にたまった沙を少し外に出そうと決心した。左右両壁の下の沙をスコップですくっては外に運んだ。作業が正面の仏龕《ぶつがん》に近づいたところ、大量の紙片がレンガの破片や小さな仏像と共に姿を現した。紙片のなかでもっとも多かったのは、紺紙金泥か紺紙銀泥のものであるため、「黒い紙片のかたまり」という印象が強かった、とバトジャラガルは回想していた。紺紙の大半はチベット語だったが、何枚かモンゴル語のものもあった。

　よく調べたところ、紺紙以外にモンゴル語の木版本や手写本も混ざっていた。紺紙以外の紙に書かれたチベット語の手写本も多数あった（図6―2）。モンゴル人たちはこのようなチベット語草書体を「鉤《かぎ》の如き黄色字」と呼ぶ。経典ではなく、公務用に使われていたという。アルジャイ石窟出土チベット語文書については現在、東京にある宗教情報センターの佐藤直実博士が整理と解読作業を進めている。佐藤博士の初歩的な調査によると、チベット語写本の断片の字体は楷書体、行書体、それに草書体の三種がある。また、チベット文字で書かれているが、内容は非チベット語であるものも含まれている、と佐藤直実は分析している（図6―3）。

二〇〇三年八月、バトジャラガルと私が各窟内を調べた結果、一号窟と十三号窟、十四号窟と三十号窟からそれぞれ少量の木版本と手写本の破片を見つけることができた。いずれも仏龕と壁際に積もっていた沙や堆積したレンガのなかから探し出したものである。

木版本の一部には一五八七年に創られたアリ・ガリ文字が見られ、版も数種類からなっている。なぜ、断片や破片と化したのかは不明である。また、一部のものには焼かれた痕跡が残っていた。手写本や木版本の破片は、同じ洞窟のなかでも埋もれた場所と状態によって、紙の変質ぶりが異なっている。柔らかく、脆くなっているものもあれば、逆に硬く変わってしまった例もある。

写本類を撮影し、じっくり研究してみると、何と中央アジアの三大英雄叙事詩の一つ、「ゲセル・ハーン物語」と白傘蓋仏母祭祀関連の断片が見つかったのである。どちらも石窟の文化的意義と僧侶たちの文化的生活を考えるうえで、きわめて重要な資料である。

図6－3　アルジャイ石窟で調査する佐藤直実博士（左）

石窟のラマが聴いた「ゲセル・ハーン物語」

「ゲセル・ハーン物語」はモンゴルの『ジャンガル』とキルギスの『マナス』と並ぶ、「中央アジア三大叙事詩」の一つである。チベットが発祥地とされるが、草原に伝わってからは本家よりも豊富なバージョンが現れた。日本では、若松寛がモンゴル版を底本に『ゲセル・ハーン物語——センゴル英雄叙事詩』を平凡社・東洋文庫の一冊として上梓している。

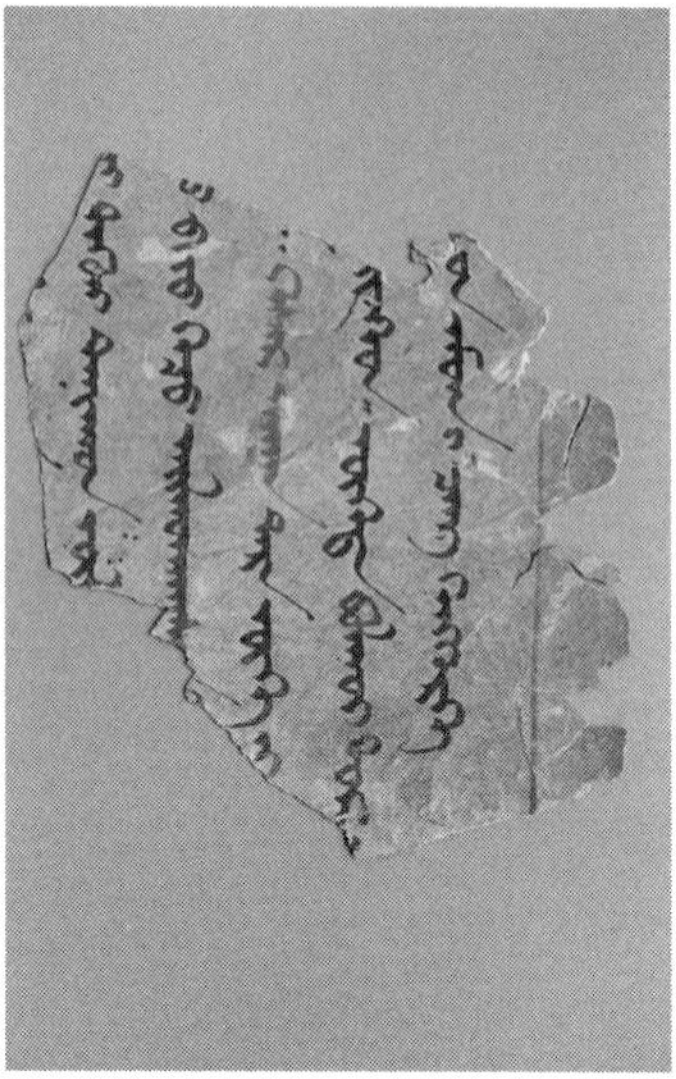

図6－4　アルジャイ石窟から見つかった叙事詩『ゲセル・ハーン物語』の一断片。中央三行目に赤い文字で「ゲセル・ハーン（B本）」とある。

アルジャイ石窟から出土した「ゲセル・ハーン物語」の断片は二種類、計四枚ある（図6－4）。私はそれぞれA本とB本と命名した。A本は紙が柔らかく、毛頭紙のような材質である。表にモンゴル数字の「三」があり、裏にはモンゴル語で「十五」とある。このモンゴル数字の年代別の特徴は十七世紀のものに近い。写本は、元来は細長い貝葉式のものだったが、現存の状態では表と裏に各六行の文字が残っている。

B本は三つの破片からなる。いずれも葦ペンで堅い紙に書かれているが、現状では五行の文字が残っている。そのうち、「ゲセル・ハーン」、「諸龍王」、「諸天」などは特別に赤書でもって表現されている。書風は、「右引き尾」が細く長い。この点では、一九五四年にオルドス高原オトク旗のアラク・スゥルデの祭殿から発見された年代記『蒙古源流』の冒頭の部分の書風ときわめて似通っている。

この二種類の断片はいずれも「ゲセル・ハーン物語」のうち、マングスの化身ロブサガとゲセル・ハーンが激戦を繰り広げる話の一部である。ゲセル・ハーンが暮す国から十二年行程も離れた地に住むマングスのロブサガはゲセルを懲罰しようと企てた。そこで長姉はロブサガにラマに化けて、片手に錫杖、片手に黒い鉢を持ち、右掌に相手をロバに変えてしまう呪画を書いてゲセルに近づくよう、と進言する。

　ロブサガは長姉の進言通りに進め、家来たちを連れて三カ月の道程を三日で走破してゲセルのところにやってくる。修行を終えたばかりのゲセルは「この世にわしよりえらいラマなぞいない」と宣言し、簡単に偽者のラマらを信用しようとしなかった。ロブサガは、自分は仏祖の身辺に仕えたラマで、錫杖と黒い鉢も釈迦牟尼から授けられたものだと自慢げに話す。ラマなどにお辞儀はしない、とゲセルは最初に主張するが、仏祖からの法器には拝跪しようとしたところ、みごとにロブサガによって呪画をかけられてロバに変えてしまう。その後、ゲセルはその妃の一人と、姉たちの力で再び元の姿にもどり、ロブサガを倒す。という物語である。

　右記の物語は一九五六年に上・下二冊のかたちで内モンゴルから出版された『十方聖主ゲセル・ハーン伝』内の下冊、「十大力を具えたマングスを殺し、妖怪たちの根を絶ち、諸犬の吉祥にて幸せに暮らした第十一章」が構成している。また、モンゴル人民共和国の碩学ダムディンスレンが編集した『モンゴル文学珠玉百篇』にも「ゲセル・ハーンの物語からロブサガ・マングスの部分」として収録されている。ダムディンスレンはこの部分を名僧ザヤ・バンディダの蔵書内の『ゲセル・ハーンの物語』から取ったとしている。

　一般的に知られているように、内モンゴルから出された上・下二冊からなる『十方聖主ゲセル・ハーン伝』は、上冊は一七一六（康熙五十五）年の北京版を再録したもので、下冊は北京の隆福寺から一九五四年に内モンゴルの研究者メルゲンバートルが見つけた、葦ペンで書かれた写本を収めたものである。後者はまた、北京木版本の「後続写本群」とも呼ばれている。

「後続写本群」のうち、ブリヤート・モンゴル人のジャムツァラーノがある内モンゴル人から一九一八年に入手してウルガ（現ウランバートル）で書写させたものがある。こちらは「ジャムツァラーノ版」と呼ばれている。「ジャムツァラーノ版」は隆福寺版とは文章の大部分が逐語的に一致し、「直接的な依存関係」にあるものと見られている。ただし、ジャムツァラーノの邸宅はロシアから進攻してきたウンゲルン男爵軍の略奪を受けて、「ゲセル・ハーンの物語」を含む典籍類も荒らされたため、欠けた章もある。上記ロブサガとゲセル・ハーンの話も「ジャムツァラーノ版」にはない。

「ゲセル・ハーン物語」の「後続写本群」は早い段階からヨーロッパの学者らによって収集されている。ロシアのサンクト・ペテルブルグにある東洋学研究所にも一つ、マングスのロブサガとゲセル・ハーンの戦闘物語が収蔵されている。これは一七八一年から一七八七年にかけて、Ｉ・イエリグのコレクションに含まれている。一三五件のモンゴル語資料からなるイエリグ・コレクションは今日「コレクションＩ」と称され、もっとも早期の収集品である。タイトルは「ロブサガの物語」で、計三九枚からなる。サズイキンが編纂したカタログには「I,41」＝C441と整理されている。

　オルドス地域のジャサク旗から一九五六年に発見された、いわゆる「オルドス本ゲセル」が近年注目されている。こちらも葦ペンの手写本で、十六章からなる。そのうち、ロブサガがゲセルをロバに変えてしまう物語は第十三章となっている。

また、若松寛が日本語訳した『ゲセル・ハーン物語』にもこの部分は「ロブサガ・ラマ退治」との題で第八章を成している。比較研究した結果、三者とも基本的に逐語的に一致していることが明らかになった。アルジャイ石窟出土の断片とサンクト・ペテルブルグ所蔵のC441の写本は、非常に近い関係にあると判断できよう。

「ゲセル・ハーン物語」の「写本群」のなかで、その成立にオルドス・モンゴルの貴族が積極的に関わったものがある。いわゆる「ノムチ・ガトン版ゲセル」である。リンチンによると、「ノムチ・ガトン版ゲセル」は一六一四年に、オルドス万戸のボショクト・ジョノン（一五八五〜一六二四）の妃、ノムチ・ジュンギン・ガトンの発願により、エルデニ・エルケ・チョルジたる人物が訳した、と写本の最後のページの裏側に書いてあったという。ボショクト・ジョノン夫妻は『マニガンブム』の跋文にも登場し、チベット語典籍をモンゴル語に翻訳する事業に熱心だった。

「ノムチ・ガトンのゲセル」の外に、ベルギー王国のルーヴァン市にも一つ、葦ペンで書かれた「ゲセル・ハーン物語」が収蔵されている。ハイシッヒは、この写本はおそらくオルドス人で口伝していたものを文字化したものであろうとしている。このほか、さらにジャサク旗から発見された「オルドス本」も葦ペンで書かれている。アルジャイ石窟からの二種類の断片を加えると、実に五種の存在が確認できよう。

従来、「ノムチ・ガトン版ゲセル」は内容的に北京木版本を覆う上、北京版に欠けている部分を有することなどから、その成立は一六一四年以降だろう、との見解もあった。アルジャイ石窟から古い写本の断片が出土したことで、モンゴル語「ゲセル・ハーンの物語」研究にも新しいヒントが与えられる可能性がある。モンゴル高原のハラブハイン・バラガスから出土した白樺文書群にはゲセル祭祀に関するものが複数ある。十七世紀モンゴルにおけるゲセル信仰を示す重要な資料として注目されている。

白傘蓋仏母のテキスト

白傘蓋仏母は仏頂系の経典に説かれる仏で、白傘蓋の仏事は大元ウルス時代に帝師パクパの主導で、フビライ・ハーン自らも参加するかたちで挙行されていた、と前に述べた。それは、転輪聖王としてのフビライ・ハーンが国家を安泰に護るための行事であった。おそらく、このような歴史的な背景もあって、モンゴル社会には大元ウルス期以来多くの白傘蓋仏母のタラニが流布してきた。モンゴル語『ガンジョール』のなかにも複数種の白傘蓋仏母の賛歌やタラニが収録されている。

モンゴルの僧たちは、写本のタイトルにある「回折」とは「返し」、「阻止」の意味である、と私に語った。近現代のオルドスに伝わる白傘蓋仏母の賛歌は前半の賛歌と後半の「返し」からなっており、さまざまな病気や災害を阻止し、人間世界から送り返す内容を有している。ベルギー王国のルーヴァン市には二種類の白傘蓋仏母の賛歌が保存されており、近現代に内モンゴルで布教していた宣教師らが収集したものである。ベルギーの写本を私が影印で公開している。また、現代においても、モンゴル社会には同様なテキストが伝わっている。

以上、アルジャイ石窟から断続的に発見された文書のうち、代表的な数点を紹介した。これらの文書の出土状況から、次に挙げることが考えられよう。

まず、文書は複数の窟から発見されている。普通、モンゴルのチベット仏教寺院の近くには古くなった経典や仏像類を保存するブンカンという倉庫がある。アルジャイ石窟寺院にも当然、この種のブンカンはあっただろう。しかし、複数の窟がブンカンとして利用されていたとは、いささか考えられない。そして、ブンカンの場合だと、ある程度まとまった量の文書が現れるはずである。いまのところ、文書類はだいたい仏龕や壁際の沙やレンガの堆積のなかから出土しているので、説明が難しくなっている。

次に、近現代において、近所のモンゴル人たちが文書を石窟内に持ち込んだのではないか、との推測もある。私は、この推測も成立しないと見ている。というのは、近現代において、オルドス・モンゴル人が文書類を必死に隠そうとした時期は、主として一九六六年からの文化大革命期である。ただし、アルジャイ石窟周辺はずっと「禁地」とされていた。アルジャイあたりには毒蛇が多く、モンゴル人は畏敬の念を持って崇めていた。そして、何よりも一九六〇年代のアルジャイ石窟の付近にモンゴル人は住んでおらず、ずっと人民解放軍の一個小隊が駐屯していた。軍の駐屯地へ「封建社会の毒物」とされていた写本類を持っていけば、逮捕される可能性もあった。こうした状況から見て、近所のモンゴル人が文書を窟内に捨てたとは考えにくい。真相は、今後の発掘調査の進展にともなって解明されるだろう。

観世音菩薩の書

二〇〇六年七月二二日、オルドス市オトク旗でアルジャイ石窟に関するはじめての国際学術シンポジウムが開催されていた。その席上で内モンゴル師範大学のエンケバートルはアルジャイ石窟から出土した写本の一断片について研究発表をし、断片は「観世音菩薩の書」の一部である、と前日の晩に分かったことを披露した。

実はエンケバートルはシンポジウムの前夜に至るまでは写本の内容を特定できていなかった。彼は前の晩、私から送られた静岡大学人文学部発行の『アジア研究』（2）に掲載された小論、「ベルギー王国に所蔵されるモンゴル語手写本」を読んだ。そして、私の論文のなかに収録してあった「観世音菩薩の書」の写真版を見てはじめて内容の類似に気づいたのである。研究者同士の学術交流は新たな発見につながる。

アルジャイ石窟から出土した「観世音菩薩の書」という写本断片の左側にモンゴル語で「九」とある。紙は乾燥で硬くなっており、表と裏にそれぞれ十行の文字がある。「観世音菩薩の書」は、イエリグも一七九五年にキャフタから同様な文書を収集している。また、江上波夫《えがみなみお》が内モンゴルのオロン・スゥメから将来した文書群のなかにも含まれており、モンゴル国のハラブハイン・バラガスから出土した白樺文書群にもある。以上のような状況から、少なくとも十六世紀にはモンゴル人たちがすでに同書を広く有していたことになる。

世界各国所蔵の文書とアルジャイ石窟出土文書

ドイツの探検隊がトルファン盆地からモンゴル語を含むさまざまな言語からなる文献類を発見したのは二十世紀初頭のことである。トルファン盆地から見つかったモンゴル語文献のなかで最も古いのは一三一二年に大都で開版印刷された『入菩提行疏《にゅうぼだいぎょうしょ》』である。文献は一四世紀から一九世紀まで続き、一つの歴史的な体系を成している。

図6－5　モンゴル高原中央部に残るハラブヒン・バラガス遺跡。古代ウイグルと契丹時代の遺跡を再利用したチベット仏教の寺だったと見られている。

トルファンより東へ少し行ったところ、内モンゴルの最西端に位置するエチナ旗こと元代の亦集乃路にハラ・ホト（黒城）の遺跡がある。一九〇七年から一九〇九年にかけて、ロシアの著名な探検家コズロフがここを訪れ、西夏語文書をはじめ、膨大な量にのぼる文献を発見した。そのなかに含まれていたモンゴル語文書は米国インディアナ大学のカラ教授が公表している。

コズロフの探険から半世紀以上も経った後の一九八三年とその翌年に三千点もの文書がハラ・ホトから出土した。漢文の外、西夏文、ウイグル文字モンゴル語など多種の言語からなる資料である。一時、中国内モンゴル自治区と日本の研究者たちによる共同研究が進められてい

図6－6　寧夏回族自治区内にある石空大仏寺

た。

一九三九年、日本の考古学者江上波夫らは内モンゴル中央部に位置するオロン・スメというところから大量のモンゴル語文書を仏塔址から発見し、日本に将来した。日本では著名な言語学者の服部四郎が江上から解読依頼を引き受け、「あまり気の進まない状態」で、「迷惑だ」と思いながらも一文を書いた、と服部は回想している。

服部の論文はニコラス・ポッペの目にとまり、そしてハイシッヒに知られるようになる。ハイシッヒは数度にわたって来日し、オロン・スメの文書を研究した。世に送り出した二冊の大著を通して、世界の学界は十六～十七世紀に書かれたモンゴル語仏典の実態を知るようになったのである。

モンゴル高原では一九七〇年にモンゴル人民共和国とソ連との合同調査隊がハラブハイン・バラガス（図6－5）で白樺に書かれたモンゴル語文書を発見した。これらの資料を整理して出版したイタリアのモンゴル学者キョードーは、文書の大半を十七世紀前半に書かれたものだとみている。モンゴル高原における仏教導入直後の信仰の実態を研究する上で最も重要な資料となる。

出土文書のほかに、ウイグル文字モンゴル語榜題も各地に存在する。アルジャイ石窟以外には河西走廊に位置する敦煌石窟内にもモンゴル語榜題が残っている。二〇〇三年十二月、寧夏回族自治区中寧県内にある石空大仏寺（図6－6）からもチベット語の文書が発見された。今後も各地からの新しい発見は不可能ではない。

以上のように、トルファン盆地からモンゴル語文献が発見されてから、二〇〇〇年春にアルジャイ石窟から文書が出土するまで、ちょうど一世紀の光陰が経った。大元ウルスのモンゴル本土部分の東西南北の数箇所から貴重な文献が発見されたことは、今後、モンゴル時代以降の仏教信仰を解明する上で、大きく寄与することとなろう。

すでに述べたように、アルジャイ石窟において、本格的な考古学的な発掘調査はまだ推進されていない。文書類もすべて窟内の仏龕や壁の下から容易に発見されたものにとどまっている。現在の中国では、外国人研究者や外国に拠点を置く研究者たちによる発掘調査は厳しく制限されている。今後、各窟内部とその周辺を綿密に調査していけば、いっそう大きな発見が期待できるかもしれない。

第七章

シルクロード草原の道に栄えた石窟寺院

アルジャイ石窟の興亡をモンゴル帝国史のなかで位置づけ、その文化的意義を示しておこう。モンゴルに帰順する以前の西夏王国内にはチベット仏教の諸派が活動していた。西夏王朝にチベット仏教が大規模に広がるようになったのは仁孝期のことで、サキャ派やカギュ派など各派の伝播が認められるという。その後、西夏の故地は大元ウルスの治下に入ったが、西夏人僧侶を主体とした仏教活動は衰えなかった。西夏滅亡後数十年経った大元ウルス時代になっても、西夏文字の仏典（図7－1）が印行《いんこう》されるなど、西夏人たちは仏教文化の主要な担い手であり続けたことが指摘されている。

カギュ派とモンゴル

ムンケが大ハーンになっていた時代、つまり一二五一年から一二五九年のあいだ、モンゴルの諸王とチベット仏教の各教団が複数の施主《せしゅ》・帰依《きえ》処《しょ》関係を結んでいた。当時、サキャ派よりもむしろカギュ派の分派、カルマ・カギュ派の方がモンゴルの宮廷とのつながりが強かった。『紅史』内のカルマ・カギュ派に関する記述によると、カルマ・カギュ派の二代目教主カルマ・バクシ（一二〇四～八三。前掲図3－15）がフビライ王子の招きでモンゴルに赴くが、両者の関係はうまくいかなかった。

フビライ王子から離れたカルマ・バクシは西夏の故地霊武、甘州（現　張掖）あたりで活動していた。それは以前にカルマ・バクシが文殊菩薩から「西夏や漢地から大海原に至るまでのところを貴方が教化しなさい」と指示されたためである。西夏の故地たる霊武は黄河一つ隔ててオルドスのアルプス山の西隣にある。

カルマ・バクシはその後、金字で書かれた詔旨を持った使者からムンケ・ハーンの宮帳に招請された。その際、大ハーンから「国師」の称号を与えられたという情報がある。カルマ・バクシという呼び方も、モンゴル人がそのように称したことからはじまり、定着した。それ以前はチョイジ・ラマとして知られていた。

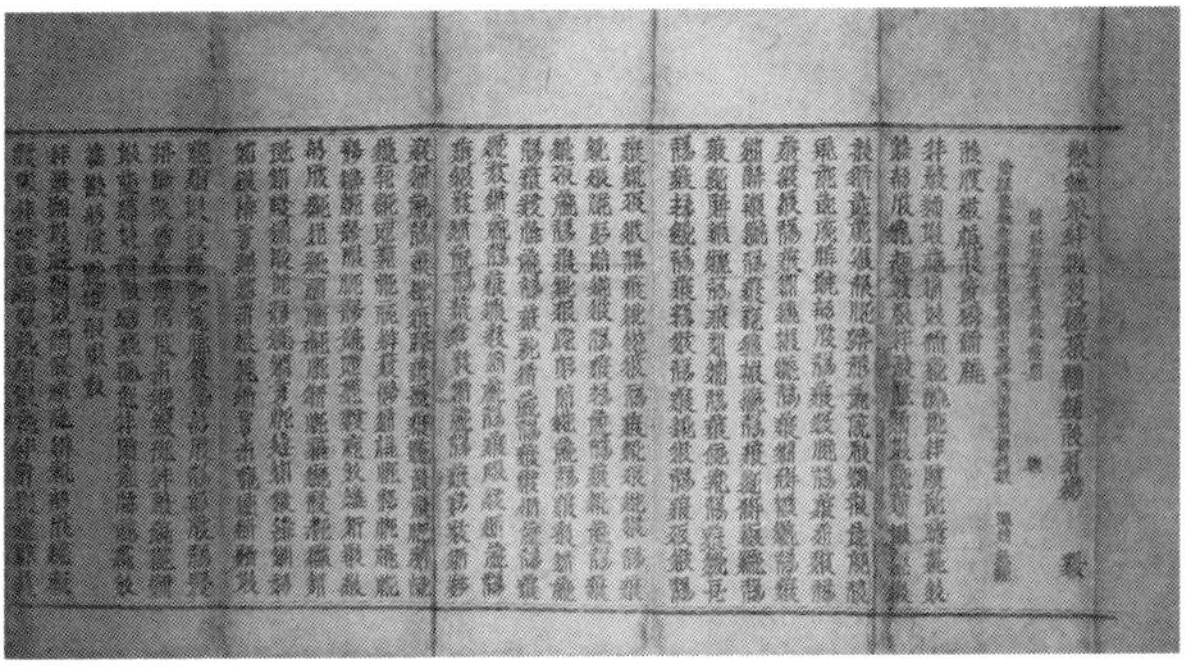
図7－1　ベルギーの中国歴史文化博物館に保管されている西夏語仏典

図7－2　西夏の故地である寧夏回族自治区内の雙龍寺石窟。前掲図6－6の石空大仏寺の近くにある。

ムンケ・ハーンの支持を得たカルマ・バクシは旧西夏領をはじめ、全国において三千カ所もの壊された寺院や仏塔を修復し、新しい寺院や修行場も数多く建てた、と『紅史』は伝えている。ところが、フビライが大ハーンになると、カルマ・バクシは失勢した。

大元ウルス帝室もサキャ派へと傾斜していったが、元末になるとカルマ・カギュ派は再び勢力を挽回した。トゴン・テムール・ハーンの即位の礼には三世カルマ・バクシのランジュンドルジが立会い、再度「国師」の称号が授けられる。「聖救度仏母二十一種禮讃経」などの仏典も恐らくその時に完成しただろう。彼は大都を離れてからはまたもや西夏の故地と五台山《ごだいさん》をまわり、多数の寺院を西夏の故地で修復した（図7－2）。ムンケ・ハーンとフビライ・ハーンの時代には二人のカルマ・バクシが度々西夏の故土を訪ねては寺院の再建など仏教の興隆につとめていたことは注目すべき現象である。

ディルワ・ホトクトらカギュ派の系統を汲む活仏がアルジャイ石窟寺院を運営していたことは、大元ウルス時代にカルマ・カギュ派が西夏故地で頻繁に活動していた歴史と無関係ではなかろう。

アルジャイ石窟を破壊したのはリクダン・ハーンではない

内モンゴル社会科学院の研究者ホルチャは民間伝承に登場するアルディル・ゲゲーンをディルワ・ホトクトであるとし、「チャハルのハルジャン・ハーン」をリクダン・ハーンであるとした上、アルジャイ石窟を破壊したのはリクダン・ハーンであろうとしている。

ホルチャはさらにオルドスの『ガダンシャルブダルジャイリンという寺の目録、白き銀鏡という書』というジュンガル・ジョー寺の歴史を書いた書物を根拠に、さらに河川を恐がるモンゴル人が黄河を渡れる物理的な条件も考慮して、リクダン・ハーンがオルドスに入り、アルジャイ石窟を通過したのは、多分、一六三三年早春のことであろう、としている。

私は、ホルチャや郷土史家のリンチンドルジらが唱える一六三三年春にアルジャイ石窟がモンゴル最後の大ハーン、リクダンによって破壊されたという説は成立しないと見ている。そのように考える根拠を次に掲げておきたい。

第一、北元時代のモンゴルのハーンは、少なくともトゥメン・ジャサクト・ハーンからどちらかというと、カギュ派に熱心であったことを示す資料がある。例えば、年代記『蒙古源流』にはトゥメン・ジャサクト・ハーンの仏門への帰依について、次のように伝えている。

> トゥメン・タイジは己亥《きがい》（一五三九）年に生まれ、二十歳の時、戊午《ぼご》（一五五八）年に即位した。三十八歳の丙子（一五七六）年にイルドゥン・ジャンギドゥクチ・カルマ・ラマと会見し、仏門に帰依し、六大万戸を召集して大いなる法規を定めた。

上にある「イルドゥン・ジャンギドゥクチ」をモンゴル史学者のウラーンは「糸結大刀」と訳し、カギュ派の僧であろうと推定している。このように、大ハーンが仏門に帰依する時に、チベット仏教の諸派のなかからわざわざカギュ派の僧と会見し、式を行っていることは注目すべき現象であろう。おそらく、ハーン家のかくの如き伝統は、最後の大ハーン、リクダン・ハーンまで続いていたのであろう。

第二、リクダン・ハーンとチベット仏教との関係から考えてみよう。リクダン・ハーンは敬虔なチベット仏教の信者である。彼は、元朝期やアルタン・ハーンの時代から進められていた『ガンジョール』の翻訳事業を受け継いで完成させた。いわば、経典を完成させた最大の支持者と推進者だった。そして、彼自身もホトクトの称号を頂戴するなど、「王と法王」という二つの身分を一身に集め、「政治と宗教の二規」のリーダーになろうと努力した政治家である。

　リクダン・ハーンは著名な翻訳家にして大学僧でもあったシャルバ・ホトクトの影響を受けて、黄帽派よりもカギュ派内の紅帽派に親近感を持つようになったと『蒙古源流』は伝えている。そのリクダン・ハーンは青海地方のカルマ・カギュ派を支援するために、ハルハの貴族で、カギュ派を信仰していたチョクト・ホン・タイジと連合して軍を派遣したこともある。そのようなリクダン・ハーンには、カギュ派系統の活仏を主人とするアルジャイ石窟を破壊する理由はどこにもない。

　また、リクダン・ハーンと懇意にしていたチョクト・ホン・タイジはその母親とともにカギュ派の重要な経典のひとつである『ミラレパ伝』を一六一八年にフフホトのシレート・グーシ・チョルジに翻訳させている。そして、モンゴル高原に残る著名な「チョクト・タイジの摩崖」にある彼の作品とされるモンゴル語の詩文も、作風と思想の面でカギュ派の経典を模倣して創作していることが研究者たちに指摘されている。

　第三に、リクダン・ハーンが西の青海へ進軍した際に、当時のオルドス万戸の有力な王公たち、例えばサガン・セチェン・ホン・タイジは、大ハーンと行動を共にしていた、と自らの著書『蒙古源流』のなかで、次のように明記している。

そのような福徳ある出会いから、サガン・セチェン・ホン・タイジとリンジン・ジコノンは一緒にリクダン・ハーンの軍勢に入り、同じ一つの隊のなかで会って、行動を共にした。

このように、ジョノンをはじめ、オルドスの主要な王公たちがリクダン・ハーンの軍勢に加わっていた。また、オルドスにある寺院は、サガン・セチェン・ホン・タイジの曾祖父で、チベット仏教をモンゴルへ再導入した際に重要な役割を果たしたホトクタイ・セチェン・ホン・タイジが残した成果である。ホトクタイ・セチェン・ホン・タイジはトゥメン・ジャサクト・ハーンの治世中にも大ハーンの執政に加わっていた。当然、モンゴルのハーン家とカギュ派との関係についても知っていた立場にある。そのため、『蒙古源流』がいう「大国が崩壊する時」にオルドスの地にある寺院を大ハーンが破壊するとは思えない。リクダン・ハーンが死去した後も、サガン・セチェン・ホン・タイジやリンチン・ジョノンらがチャハル部のために奔走していることから、オルドス部とチャハル部は親密な関係を築いていた。したがって、アルジャイ石窟の荒廃をリクダン・ハーンと結びつける説は成り立たない。

アルジャイ石窟は自然に衰退していった、と私は考えている。衰退の背景には、チベットにおけるカギュ派とゲルク派との勢力争いがあるのではなかろうか。十六世紀初頭から十七世紀中葉にかけて、ダライ・ラマを頂点とするゲルク派はモンゴルの軍事力を盾にカギュ派を失墜に追いこんだ。政争に敗れたカギュ派の高僧たちは辺境へ逃亡していった。

大元ウルス時代からカギュ派の色彩の強いアルジャイ石窟に対し、オルドスを通過した三世と五世の二人のダライ・ラマも当然無関心であった。いや、無視していただろう。ゲルク派のダライ・ラマとカギュ派との軋轢《あつれき》について、一般のモンゴル人たちは知る由もなかった。そのような彼らは気を利かさずに五世ダライ・ラマに二世ディルワの新しい化身たるアワンジムバを引見させて認定してもらったりした。

もっとも、ゲルク派が圧勝した後、五世ダライ・ラマはカギュ派の活仏を任命する前例はすでにチベットで作っている。チベット仏教の頂点に立ったダライ・ラマから見れば、辺境の幼童をカギュ派の活仏に認定するには、何ら躊躇する必要はなかったにちがいない。

当のカギュ派の高僧たちの心中は決して平穏ではなかっただろう。天下がゲルク派一色に染まっていくなかで、居心地は悪かった。特にオルドスの王公たちはすべてダライ・ラマの熱心な信者になっていったのを受けて、モンゴル高原に別天地を求めよう、と決心したにちがいない。ある意味ではまことに皮肉なことだった。モンゴルの地に仏教が再興したのと同時に、アルジャイ石窟はかえって衰退の一途をたどったのであろう。

本書で紹介した『バンチン・ジョーという寺が建立された歴史及び建設年代』というモンゴル語手写本資料は、アルジャイ石窟にあったバンチン・ジョー寺がダルト旗のエンケ・トハイへ移転した年を一五四二年としていることはすでに述べた。このような状況から考えると、アルジャイ石窟はリクダン・ハーンに破壊されたのではなく、ディルワ・ホトクトらがアルジャイ石窟を離れて東のダルト旗へ移り、その後さらに拠点をモンゴル高原のナルバンチン寺院へ移転したため、自然に荒廃していったと推察した方が合理的である。

清朝によるリクダン・ハーン批判

リクダン・ハーンを寺院の破壊者に仕立てたのは、清朝による政治的な画策の結果である。清朝はおそらく建立当時からリクダン・ハーンという反清闘争の大ハーンにアレルギーを抱いていたにちがいない。それでも、モンゴル各部をコントロールするため、その民族感情を刺激しないように、慎重な態度をとっていただろう。

ことの発端は多分モンゴル語版『ガンジョール』の開版印刷にあるかもしれない。一七一七（康熙五六）年から一七二〇（康熙五九）年にかけて印刷された仏教経典、モンゴル語版『ガンジョール』の奥付にはリクダン・ハーンの事績を称賛する詩文をまったく削除していない。

リクダン・ハーンを褒め称える詩文を残した『ガンジョール』のモンゴル人翻訳家や編集者たちは大きな功績を立てた、とモンゴル国の著名な歴史家ビラーは評価している。「衆生の主、全世界の帝釈天《たいしゃくてん》」、「テムジン・チンギス・ハーンの偉大なるハーン位に坐し、テンゲル・ボクド・チャキルワルト・ダイミン・チンギス・ハーン」のような長い称号もすべて奥付に残った。清朝の天下になっても、リクダン・ハーンは仏教の素晴らしい保護者として、かつて独立していた大元ウルスの象徴として、モンゴル人に記憶され続けていたのである。

いざモンゴル語『ガンジョール』が印刷されて民間に広まっていった時、リクダン・ハーンの事績がそのまま残ってしまったのを見た清朝政府は巧妙な「リクダン・ハーン批判のキャンペーン」を始めたのだろう。リクダン・ハーンの功績を後世に残したのはモンゴル人学僧たちだから、リクダン・ハーン批判のキャンペーンも仏教界からスタートしなければならない。十八世紀以降のモンゴル語年代記内に登場するリクダン・ハーン批判の記事はだいたい三つある。

　第一は寺院の破壊である。第二はチンギス・ハーンの祭殿八白宮と軍神黒いスゥルデを略奪し青海地方へ移転したことである。そして第三はオルドスのボショクト・ジョノンの妃を奪ったということである。

　第一の寺院破壊が成立しない理由は上で述べた。

　第二については、略奪して強制的に移転させたのではなく、むしろ、祭祀者たちとオルドスの有力者たち、例えばサガン・セチェン・ホン・タイジやリンチン・ジョノンらの意向で追随していったと考える方が妥当であろう。歴史的にも八白宮はジョノンにしたがっていたし、非常時には満洲人の手に落ちないようにしなければならなかっただろう。

　最後にボショクト・ジョノンの妃の事件だが、ボショクト・ジョノンはすでにリクダン・ハーンが青海へ撤退する遥か以前の一六二四年に六〇歳で他界している。ボショクト・ジョノンの息子であるリンチン・ジョノンがリクダン・ハーンと行動を共にしており、略奪はありえない。もっとも、後世の年代記はボショクト・ジョノンとアルタン・ハーンの後裔ボショクト・ハーンとを混同していることも指摘されている。

　また、ハイシッヒの研究で明らかなように、乾隆帝はジャンガー（ジャンジャヤとも）・ホトクトを登用し、経典の検閲に当たらせた。時をほぼ同じくして、十八世紀以降のモンゴル語年代記にもだいたい似たようなリクダン・ハーン批判の記事が出るようになってくる。その先頭に立っていたのは、ほかでもないゲルク派の僧たちである。清朝の帝室成員も決してカギュ派に無関心ではなかったようである。例えば、康熙帝の第十七皇子胤禮（一六九七～一七三八）はニンマ派を信仰し、密教に強い関心を抱いていた。彼はある時カギュ派の僧侶二人を北京へ招待したところ、嫉妬したジャンガー・ホトクトはその僧たちに呪いをかけて死亡させたという。清朝帝室を舞台に、カギュ派と他の宗派との軋轢の一端であろう。胤禮はまた仏典のモンゴル語翻訳と印刷事業にも熱心であった。

　多くの研究者が明らかにしているように、チベット仏教史に記述される十六世紀以降のモンゴル仏教史も、特にゲルク派の視点からのみ描かれている。ゲルク派以外の視点は抜け落ちている。そして、そのゲルク派の書物のなかで、カルマ・カギュ派と交渉を持ったモンゴルの王公たちも悪口をいわれている。

　宗教イデオロギーの面でチベット仏教ゲルク派の強い影響を受けたモンゴル語の年代記もリクダン・ハーンを仏教の破壊者として描くようになる。リクダン・ハーンを悪者として扱う作品は、たいてい十八世紀以降の年代記である。十八世紀以降に誕生したモンゴル語の年代記は清朝の検閲を受けているし、少なくとも検閲にひっかからないように書くようになったにちがいない。

　リクダン・ハーンがアルタン・ハーン時代から続く『ガンジョール』の翻訳事業を推進していた頃、一部の高僧とのあいだでトラブルがあったのも事実のようである。大ハーンと高僧とのトラブルを後世のラマたちが誤解し、それが十八世紀以降の年代記に反映された可能性も否定できない。

アルジャイ春秋

一二二六年冬。西夏征服を目前にしたモンゴル軍はアルブス山中で大規模な巻狩を行った。戦いをはじめる前の訓練で、兵士たちは緊張感のなかで野生ロバの大群を追った。最高司令官のチンギス・ハーンも赤褐色の駿馬に跨って巻狩の先頭に立っていたが、野性ロバの大群が必死になって突出しようとした時に座騎に落とされた。

高齢に達していた大ハーンを兵士たちはアルジャイ石窟寺院に運んだ。仏教にうとかったモンゴル人たちはそこが石窟寺院とは知らずに、単純に「多数の洞窟《チョールハト》」と表現した。何しろ大ハーンの最期と関わる場所であるゆえに、「多数の洞窟」という地名は後にチンギス・ハーンの一代記『モンゴル秘史』にも記されるようになった。

西夏との戦いの真最中であったとはいえ、アルジャイ石窟寺院にはきっと西夏の僧も大勢いただろう。仏教に関する知識は少なかったとしても、モンゴル軍は寺院を破壊することはしなかった。彼らがおよそすべての宗教、あらゆる聖職者に寛容的であったことは、帝国一代を通して証明されている。その後、西夏の有力者たちが謁見にやってきた時にも黄金の仏像類を持参しており、衆生にとって仏教の持つ影響力の大きさを大ハーンらは改めて認識したのであろう。チンギス・ハーンは軍勢に寺院と僧侶の保護を命じたにちがいない。

二代目の大ハーン、オゴタイの時代、西夏の国土である河西《ハシン》の大半は王子コデンの統治下に入った。コデンはチベット高原に関心を持ち続け、サキャ派の高僧たちと親しくつきあうようになるが、西夏の東北隅に位置するアルジャイ石窟寺院には大した興味を示さなかったかもしれない。サキャ派が王子コデンと親密な関係を結んでいた頃、チベットの他の宗派も坐視してはいなかった。教主たちは積極的にモンゴルの王子たちにアプローチし、有力な施主を見つけ出そうと必死だった。

そうしたなか、王子フビライは大軍を率いて六盤山から南下した。彼はこの地を通る度に、長老たちから祖父チンギス・ハーンが「多数の洞窟」からなる西夏の寺院で傷を癒したエピソードを何回も聞かされていただろう。カルマ・カギュ派の教主カルマ・バクシは王子フビライに会ったものの、モンゴルの将来はやはりカラコルムの大ハーン、ムンケにあると誤った判断をした彼はフビライのもとを去った。あるいは王子フビライの方がカルマ・バクシよりもサキャ派の若くして天才的なパクパに魅力を感じ、知己の遇をしていたから、寂しく去らざるを得なかったのかもしれない。

チベットの知識人たちが年代記『紅史』のなかで力説しているように、カルマ・バクシは大ハーンの支持を得て西夏故土にある三千もの寺院や仏塔を修復しているとしているのが事実であるならば、アルジャイ石窟寺院も当然含まれているだろう（図7－3）。

カギュ派は一時的に大元ウルスの宮廷から姿を消したかのように見えるが、少なくともアルジャイ石窟寺院における彼らの命脈はずっと保たれていただろう。カギュ派も当然仏教経典のモン

図7－3　アルジャイ石窟31号窟内の多民族の僧侶と供養人たち

ゴル語訳にも熱心だったにちがいない。後世のモンゴル草原では広く誦まれるようになった「聖救度仏母二十一種禮讃経」や「三十五仏の書」はアルジャイ石窟内の壁に書かれ、そしてあるカルマ・バクシの参入の下で、明王朝の宣徳年間に開版印刷されたのであろう。

石窟寺院の四季

あたりはまだ真っ暗なアルジャイ石窟。

ラマたちは星の光を頼りに窟に入り、早朝の読経に入った。やがて南東の空が少しずつ明るくなり、西のアルブス山の主峰ウラン・ドゥシもピンク色に染まる頃、山頂から法螺《ほら》と喇叭《らっぱ》の音が響いてきた。少年僧《バンディ》たちは崖の下に下りてきて、河床に掘った井戸から水を汲み、茶を沸かした。読経でお腹をすかしたラマたちは少年僧の入れたお茶で暖まる。高僧は少年僧の頭をなでながら、「賢いね、将来は知識豊かな僧《ラマ》になるよ」と目を細めていった。

太陽が真上に昇り、雲一つない晴天がずっと続く。石窟周辺に立つ仏塔は白く輝いている（図7－4）。

夕方、西のウラン・ドゥシ峰にさしかかった夕日が放つ陽光はやさしい。山頂に立つと、夕陽の方が低くみえる。イケ・アルジャイ、バガ・アルジャイ、そしてスゥメト・アルジャイはいっそう大きく見えてくる。アルブス山からアルジャイまで伸びてくる河床もいっそうくっきり映るようになる。ハトの大群が岩壁の巣に戻ってくる頃、コウモリたちはようやく起床していた。

　春は遅い。オルドス高原最高峰のウラン・ドゥシ岳の雪が少しずつ消えていく三月末はまだ朝晩の気温がマイナス十度以下になる。強風が連日続くが、黄沙はない。現代に比べると、オルドスもモンゴル高原も生態ははるかに良く、草も密だった。風に吹かれて枯れ草が飛んでいく。やがて枯れ草のかたまりは雪だるまのようにだんだん大きくなり、馬群のように草原を走っていく。

　強風がおさまった頃、遠くの春営地に畜群が現れる。やがて緑が増え、遊牧民の天幕も以前より白く光るように見えてくる。南から渡ってくる鶴たちは、河床に降りて一休みする。小さな黄色い花があたり一面に咲くようになると、冬眠から覚めた蛇たちの姿もあちこちに見られるようになる。

　午後に雷雨が訪れるようになると、モンゴル人たちは夏も本格的になってきた、と感じる。アルジャイ石窟のある平野は草花が高くなり、風が吹くと植物の匂いが漂ってくる。馬、牛、ラクダ、羊、ヤギからなる五畜の群れはゆっくり動いて

図7－4　オルドスの草原に建つ仏塔

図7－5　遊牧民の天幕内のターラー菩薩

いく。瞬間降雨でできた水たまりにはときおりガゼルの群れがやってくる。そしてそのガゼルたちの後ろには狼たちが慎重に近づき、すきを狙っている。

　雷雨の後、とても美しい巨大な虹が天空に立った。その虹もアルジャイ石窟の山頂から見ると、手にとるように近く見える。高僧は岩のあいだに生える草花をちぎって少年僧に見せ、その薬用方法を教えた。

　夏はラマたちによって、一番幸せな季節だっただろう。夏営地の遊牧民たちは馬を飛ばして、いつでも新鮮な乳製品を運んできて僧たちにふるまった。ラマたちも天幕群の方へ出かけていき、病気を治療したり、悩みごとや些細なトラブルの解決策を見つけたりした。天幕内にはターラー菩薩の絵も飾ってあった（図7－5）。そしてきっと、遊牧民の娘と恋に落ちる若いラマもいただろう。

　抑揚のある読経の声が聞こえているなか、洞窟のなかに迷い込む蛇もいた。ラマはすべてのモンゴル人がするように、乳製品かハイマツの粉末を蛇に向かって振りまく。蛇が最も嫌う匂いだとみんな信じている。あるいは蛇に向かって陀羅尼《タラニ》を唱えるラマもいた。陀羅尼が功を奏して蛇が去っていくと、その僧は特殊な能力の持ち主として尊敬されるようになる。石窟内のすきまに蛇の巣があること、蛇は絶好の冬眠場所として石窟を選んでいることに気づかなかったかもしれない。

　遊牧民たちが天幕をたたんでアルプス山中へ移動していく頃、秋が訪れる。朝晩の温度差も大きく、分厚い袈裟をはおろうとして、長いあいだ使わなかった行李を開けてみると、死んだ蛇が入っていることもあっただろう。草原は黄色くなり、再び鶴の鳴き声が聞こえてくる。今度は鶴たちが人の字になって南に旅立つのをラマたちは見上げていた。

　ある朝起きて見ると、西のウラン・ドゥシ峰が雪をかぶっていることに気づき、冬がやってきたことをラマたちは認識する。越冬用に何頭かの家畜を屠った遊牧民たちが、ラマたちに肉を届けてくれる。骨つきの肉のかたまりを鍋に入れ、弱火にして炊いておく。肉よりもスープの方が温まる。老僧がいないのを見計らって、食いしん坊の少年僧が肉を頬張っただろう。

　学識ある高僧たちは遊牧民のリーダーたちに招かれて時折出かけていった。黄河は冬には凍り、夏には浅瀬がある。高僧たちはオルドス各地にとどまらず、北のモンゴル高原や西のチベット高原にも旅をしただろう。逆にモンゴル高原やチベットから訪ねてくるラマもいたにちがいない。

　仏教界には独自の歴史が伝承されており、経典も多い。アルジャイ石窟には、チンギス・ハーンをはじめ、モンゴルや西夏タングート、そしてチベットに関する伝承も多かっただろう。ラマたちは夜通し歴史について議論しあったかもしれない。そして、蠟燭の下で、英雄叙事詩『ゲセル・ハーンの物語』に耳を傾けたのであろう。

やがてモンゴルと明王朝の時代が去り、満洲人の王朝が開かれた。満洲人たちはモンゴルの王公たちから「聖なるハーン」の称号をもらっただけでは満足しなかった。アルタン・ハーンの時代からはじまり、リクダン・ハーンの治世中に築き上げた宗教的な業績、経典の翻訳事業をも全面的に簒奪した。

康熙帝がモンゴル語の『ガンジョール』を印刷した時、コロフォン内のリクダン・ハーンを称賛する詩文を削除する時間がなかった。あるいは功を急ぐあまりに気づかなかったかもしれない。モンゴル人のラマたちは知っていてもあえていわなかった。リクダン・ハーンを称賛した詩文を残すことは、満洲人に対する静かな抵抗を意味していたからである。

清朝皇帝は北京版『ガンジョール』にリクダン・ハーンを褒め称える詩文が残ってしまったと気づいたが、焚書を命じることはなかった。書物を燃やせば、秦の始皇帝のように千古の罪人となるのを彼は知っていた。そこで考え出した巧妙な策は、リクダン・ハーンを仏教の破壊者に仕立て上げることだった。リクダン・ハーンは仏教を敵視し、寺院を壊しただけでなく、容姿も「禿げた」人物でなければならなかった。満洲人の洗脳政策は見事に成功した。十八世紀以降のモンゴル語年代記の多くはリクダン・ハーンの仏教に対する貢献をいわずに、ひたすら破壊者として描くようになった。

一九五〇年春に中国共産党に対して反乱を起こしたオルドス・モンゴル人たちは、人民解放軍に鎮圧され、アルブス山中に消えていった。中国共産党は今でも彼らを土匪《どひ》として位置づけている。土匪とされるオルドスのモンゴル軍と、仏教の破壊者とされるリクダン・ハーンが重なって見えるのは過剰な感傷であろうか。

エピローグ　廃墟となった菩提寺

「お寺に行こう」

と両親は私が子どもだった頃から、暇さえあればそう話していた。

寺といっても、実はすでに廃墟と化してしまった場所を指していた。我が一族の菩提寺、シベル寺である。シベル寺は十六世紀の政治家ホトクタイ・セチェン・ホン・タイジと縁があったこと、私の祖先がホトクタイ・セチェン・ホン・タイジの属民であったことなどから、帰依処になっていたのである。モンゴル人はそのような帰依処の寺に集まり、ラマから知的な話、学問の話を聴き、仮面劇を鑑賞した。そういう意味で、寺は草原の文化学術センターであった。

寺の縁日には長城の南の異国、中国の商品が運ばれてきていたし、異邦人の中国人を観察することもできた。その点で、寺はまた諸民族の貿易の中継地、異文化との接触地点でもあった。

近代に入ると、モンゴルの知識人ラマたちはほぼ例外なく反中国人入植運動の民族革命に参加したし、寺では中国人侵入の反対集会が頻繁に開かれていた。その後、中国共産党の紅軍が陝西省北部の延安とオルドス西南部に逃亡してくると、一部の寺院は彼らの諜報活動の拠点となったし、抵抗する側もまた同じであった。寺は革命の舞台となったのである。そして、社会主義が成立すると、次から次へと取り壊されていった。ラマたちは追放され、処刑される運命を辿った。
　このようなラマ教寺院の歴史的変遷を目撃した両親は苦しみながら、中国に関する認識を深めていったのである。当然、私もその影響を強く受けた。一九七四年からの三年間をラマ教の廃寺、シベル寺で過ごした私は壊された仏塔に登って遊び、壁に残っていた時輪仏を眺めながら、落書きをした。深夜になると、隣に住む年老いたラマは笛を吹いた。「少女の大腿骨で作ったものだ」と聴かされた私は、その笛に無限の魔力を感じていた。

　もう一人の老齢のラマは仏像のような大きな耳をし、いつもラバを引いて沙漠の中に消えて行っていた。不思議に思って後を付けると、彼は沙丘の下で静かに読経していた。私と目が合った時は照れ臭そうに笑っていた。彼の名はゲンドゥンであった。後に、文革が終息した後のある日、彼は私の頭に手を置いて、「この子はきっと、良いラマになるだろう」と祝福してくれた。彼がいうラマとは、学問に研鑽する者を指しているだろう。

　我が一族の菩提寺シベル寺をいっそう神秘的な存在にしていたのは、近くに残る西夏（タングート）時代の都城址ハラバルガスンであった。私が通っていた小学校はその北の城門外にあった。城壁に沿って、鉄や銅製の鏃《やじり》が無数に落ちていた。銅鏡の破片もあった。私たち小学生はそれを拾っては国営の売店兼廃品回収所に持っていって売り、乾燥したナツメヤシと交換して食べた。このタングートの古城はチンギス・ハーン軍に征服されたと伝承されていたし、近くには人骨もゴロゴロと落ちていた。モンゴル人の家畜群も悠然と現れ、羊たちは古代の戦士たちの頭蓋骨をかじっていた。

「タングートの戦士たちの叫び声は夜に聞こえる。ラマたちは彼らが祟らないようお経を唱えて鎮めている」、と祖父母は語った。そして、いつも「今聞いた話を外では言わないように」と締めくくっていた。古い歴史が呪術的な話となって、目の前の重い現状と重なって、少年の私の心に沁み込んでいったものである。文化大革命時代のラマ教寺院の思い出である。

母は二〇一一年春に七十二歳で亡くなり、私は四十九日の法要をシベル寺で行った。母が敬虔な信者であったことを知っているラマたちは丸一日かけて読経をし、彼女の魂を天国へと送って下さった。みんな母とほぼ同じ世代のラマたちである。彼らは同じ時にシベル寺の破壊を目撃し、政治の嵐を経験し耐えてきた。読経の抑揚に打たれて涙を流す私を彼らは次のよう慰めてくれた。

「息子よ、モンゴル人は法要の時に泣かない。お母さんはきっとターラー（渡母）になった。やがて、我々も西方の浄土に行く」

このように、ラマ教がモンゴル高原に再度伝わってから、最初に建てられた寺を背景としたモンゴル人の歴史はまだまだ続いているのである。

二〇二〇年春、私は二十八年ぶりに中央アジアのカザフスタン共和国を訪問した。カザフスタンはチンギス・ハーンの長男ジョチ・ハーンの系統を引く国である、という国家観が確実に形成されているのを現地で感じた。

カザフ人は隣人のジュンガル・ハーン国のオイラト・モンゴル人と対立したこともあった。カザフ人はイスラームを信奉するのに対し、オイラト・モンゴルはラマ教徒である。そのカザフスタンが過去にオイラト・モンゴルの影響下にあったため、国内に多くのラマ教遺跡が残っている事実を知った。[1] アフガニスタンだけでなく、仏教遺跡は今日のウズベキスタン共和国にも多数、確認されている。今後はシルクロード草原の道、中央アジアにも視野を広げていく必要がある。

（1）Irina V. Yerofeyeva, "Lamaist Buddism in Kazakhstan（Seventeenth to Mid Nineteenth Century）", in Gian Luca Bonora, Niccolò Pianciola, Paolo Sartori（eds）, *Kazakhstan, Religions and Society in the History of Central Eurasia*, Umberto Allemandi & C. Turin, London, Venice, New York, pp.137-151.

備考

本書の元となった現地調査はトヨタ財団による「アジア周縁部における伝統文書の保存、集成、解題」の一つと科研費「アルジャイ石窟1号窟出土モンゴル語古文書に関する歴史人類学的研究（課題番号：15520514）」の助成金で実現できたものである。その成果として、二〇〇八年に風響社より『モンゴルのアルジャイ石窟――その興亡の歴史と出土文書』を刊行した。今回、旧著を本書の趣旨に沿って全面的に書き直し、さらに二〇二一年に同じ風響社から出た『モンゴルの仏教寺院』の第一章と「あとがき」を新たに加えているのを断っておきたい。厳しい出版状況が続くなか、拙著を出してくださった筑摩書房編集局の松田健さんに心から御礼を申しあげる。

参考文献

欧文・モンゴル語文献

1956 *Arban Jüg-ün Ejen Geser Qaγan-u Tuγuji Orusiba*. Öbür Mongγol-un Arad-un Keblel-ün Qoriy-a.

Aalto, P.

1953 A Catalogue of the Hedin Collection of Mongolian Literature. *The Sino- Swedish Expedition* (38).

Aγvanglhündübdarji and Lubsangtöbdenjamcu

1999 *Jirγuduγar Dalai Blam-a-yin Namtar Qoyar Jüil*. Öbür Mongγol-un Arad-un Keblel-ün Qoriy-a.

Altandalai

1987 Sili Nutuγ-un Sinjir Keyid. *Altan Γandari* 1: pp.65-67.

Arbinbayar and Sonom

1998 *Otoγ-un Süm-e Keyid*. Öbür Mongγol-un Soyul-un Keblel-ün Qoriy-a.

Atar

1994 Arjai Aγui-yin Sudululγan-u Sedüb-ün Qamturaγsan Doγuyilang Qariγu Medegülülte Kibe. *Mongγol Kele Udq-a Jokiyal* 6: pp.104-109.

Baabar

1999 *From World Power to Soviet Satellite, History of Mongolia*, University of Cambridge, Ulaanbaatar, Nepko.

Банзарагч, Ч, Б. Сайнуу

2004 *Монголын Хурээ Хийдийн Туух*, Улаанбаатар.

Batujirγal, Na.

1990 Mongγol-un Niγuča Tobčiyan-daki “Arbuq-a” ba “Čoγurqad”-un tuqai Sinjilege. *Öbür Mongγol-un Neyigem-ün Sinjilekü Uqaγan* 4: pp.40-91.

Batsuuri, Ja.

2000 Dilaw Qutagt Gadaad Tagnuulin Alband Zütgej Baiw. In *Ariun Setgel- Awralin Undes*, pp.284-287. Ulaanbaatar.

Bawden, Charles, R,

1961 *The Jebtsundamba Khutukhtus of Urga, Text, Translation and Notes*, Otto Harrassowits, Wiesbaden.

Batsaikhan, Emgent Ookhnoi

2009 *Bogdo Jebtsundamba Khutuktu, The Last King of Mongolia*, Admon, Ulaanbaatar.

Bese, L.

1972 An Old Mongolian Calendar fragment. *Acta Orientalia* xxv: pp.149-173.

Beyer, S.

1973 *The Cult of Tārā, Magic and Ritual in Tibet*. University of California Press.

Bira, Sh.

1978 *Mongolskaja Istoriografija* (XIII- XVII). Moskwa.

Bükečilaγu and Tuyaγ-a

1989 *Lüng Fü Se Keyed-ün Geser-ün Tuγuji*. Öbür Mongγol-un Arad-un Keblel-ün Qoriy-a.

Bürinbatu

2006 Arjai Aγui-ača Ileregülügsen Mani-yin Jirγuγan Üsügtü Toγusq-a-yin Sudulul.*Dumdadu Ulus-un Mongγol Sudulul* 5: pp.10-13.

Byambaa Ragchaa

2004 *The Bibliographical Guide of Mongolian Writers in the Tibetan Language and the Mongolian Translators*. Ulaanbaatar.

Chiodo, E.

2000 *The Mongolian Manuscripts on Birch Bark from Xarbuxyn Balgas in the Collection of the Mongolian Academy of Sciences*. Wiesbaden: Harrassowitz Verlag.

2003/04 Besprechungen: Yang Haiying (Hrsg.): Manuscripts from Private Collections in Ordus, Mongolia (1). Köln: International Society for the Study of the Culture and Economy of the Ordos Mongols 2000. 402 S. (Mongolian Culture Studies I). *Ural- Altaische Jahrbücher* 18: pp.288-296.

Cerensodnom, D and Taube

1993 *Die Mongolica der Berliner Turfansammlung*. Akademie Verlag.

Čeringsodnam

2001 *Mongγol-un Burqan-u Šasin-u Uran Jokiyal*. Öbür Mongγol-un Arad-un Keblel-ün Qoriy-a.
Čimeddorji and Bayiγal
2000 *Mongγol Geser* (*nigedüger debter*) *Ordus Bar*. Öbür Mongγol-un Arad-un Keblel-ün Qoriy-a.
Čoyiji
1998 *Mongγol Burqan-u Šasin-u Teüke / Yeke Mongγol Ulus-un Üy-e*. Öbür Mongγol-un Arad-un Keblel-ün Qoriy-a.
2003 *Mongγol Burqan-u Šasin-u Teüke / Yüven Ulus-un Üy-e*. Öbür Mongγol-un Arad-un Keblel-ün Qoriy-a.
2006 1431 on-u Nigen Iji Oyiγurjin Bičig-ün Modun Bar-un Sudur. *Dumdadu Ulus-un Mongγol Sudulul* 5: pp.35-38.
Čoyjilsüren and Erdenečuluun
2000 *Dilaw Qutagt B. Jamsranjab. Ariun Setgel- Awralin Ündes* (Bidniy Mongolčuud).Ulaanbaatar.
Croner, Don
2022 *The Life of Zanabazar, First Bogd Gegeen of Mongolia*, Polar Star Books.
Damdinsüreng
1959 *Mongγol Uran Jokiyal-un Degeji Jaγun Bilig Orusibai*. Ulaanbaatar.
Danzen, Bürinbatu, Batujirγal, N.
1990a Arjai Aγula-yin Aγui-daki Soyul-un Üledeče-yin Tuqai Bayičaγalta. *Mongγol Kele Udq-a Jokiyal* 2: pp.4-10; pp.103.
1990b Arjai Aγula-yin 26 duγar Aγui-daki 33, 34 nomertu Bičigesü-yin Tuγtam Sinjilege. *Mongγol Kele Udq-a Jokiyal* 2: pp.11-17.
1990c Arjai-yin Aγui-yin Oyiγurjin Mongγol Bičigesü-deki Šanjumm-a Jerge Γurban Dhar-a Eke-yin Maγtaγal-un Tuqai. *Öbür Mongγol-un Yeke Surγaγuli-yin Erdem Sinjilegen-ü Sedegül* 3: pp.40-46.
Dilowa Hutukhtu
1952 The Narobanchin Monastery in Outer Mongolia. *Proceedings of the American Philosophical Society* 96 (5): pp.587-597.
Düinkerjab
1991 *Najan Dörbün Sidtenin Neg Diloba Qutagt*. UABQEG.
Engkebaγatur

2006a Sümetü Arjai-yin Kelkiy-e Qoyar Aγui-ača Oldaγsan Nigen Tarni-yin Tamturqai. *Bükü Ulus-un Arjai Aγui-yin Suγul-un Erdem Sinjilgen-ü Sudulun Yarilčaqu Qural Ügülel-ün Tegübüri*, pp.74-82.

2006b Sümetü Arjai-yin Kelkiy-e Qoyar Aγui-ača Oldaγsan Nigen Tarni-yin Tamturqai.*Dumdadu Ulus-un Mongγol Sudulul*, 5: pp.57-63.

Erdenibayar

1985 *Otoγ Qosiγun-u Süm-e Keyid-ün Tobči Teüke. Soγul Teüken Materiyal* 3: pp.3-39.

Erdemtü, M.

2002 Nom Γarqui Orun Gegen Toli-yin Duradqan Orčiγuluγuluγči Bošuγtu Jinung-un Namtar Teüken-dü Qolbuγdaqu Teükečid-ün Jarim Endegürel. *Öbür Mongγol-un Yeke Surγaγuli-yin Erdem Sinjilegen-ü Sedegül* 2: pp.95-100.

Farquhar, D.

1955 A Description of the Mongolian Manuscripts and Xylographs in Washington, D. C. *Central Asiatic Journal*, I: pp.161-218.

Γarudi

2002 Türfan-ača Oldaγsan 〈Sayin Yabudal-un Irügel-ün Qaγan〉 -u Γurban Tamturai-yin Tuqai Jarim Asaγudal. *Öbür Mongγol-un Neyigem-ün Sinjilekü Uqaγan* 1: pp.98-103.

2003 Dünquvang-un Aγui-daki Mongγol Bičig Durasqal-un Yerüngkei Bayidal. *Öbür Mongγol-un Baγsi-yin Yeke Surγaγuli-yin Erdem Sinjilegen-ü Sedegül* 3: pp.75-77.

2006 "Qorin Nigen Dar-a Eke-yin Maγtaγal"-un Adali Busu Orčiγulγ-a-yin Jarim Asaγudal. *Dumdadu Ulus-un Mongγol Sudulul* 5: pp.39-45.

Γarudi Bayanbaγatur, Lüee Quva Čing

1995 Dünquvang-un Aγuid-taki Oyiγurjin Mongγol Üsüg-ün Bičigesü Nügüd-I Sinjilegsen Medegülülte. *Öbür Mongγol-un Baγsi-yin Yeke Surγaγuli-yin Erdem Sinjilegen-ü Sedegül* 2: pp.117-138.

Γongγur, D.

1990 *Qalq-a-yin Tobčiyan* (*degedü*). Öbür Mongγol-un Surγan Kümüjil-ün Keblel-ün Qoriy-a.

Haenisch, E.

1954 *Mongolica der Berliner Turfan-Sammlung I*. Berlin: Akademie Verlag.

1959 *Mongolica der Berliner Turfan- Sammlung II*. Berlin: Akademie Verlag.

Heissig, W.

1954 *Die Pekinger Lamaistischen Blockdrucke in Mongolischer Sprache*. Wiesbaden: Otto Harrassowitz.

1957/58 The Mongol Manuscripts and Xylographs of the Belgian Scheut-Mission. *Central Asiatic Journal*, vol III: pp.161-189.

1959 *Die Familien-und Kirchengeschichtsschreibung der Mongolen*, I, Wiebaden: Otto Harrassowitz.

1961 *Mongolishe Handschriften Blockdrucke, Landkarten*. Wiesbaden: Franz Steiner Verlag Gmbh.

1962 *Beiträge zur Übersetzungsgeschichte des Mongolischen Buddhistischen Kanons*. Göttingen: Vandenhoeck & Ruprecht.

1966 *Die Mongolische Steininschrift und Manuskriptfragmente aus Olon Süme in der Inneren Mongolei*. Göttingen: Vandenhoeck & Ruprecht.

1971 Das "Scheuter"Geser-Khan-Manuskript. *Zentralasiatische Studien* 5: pp.43-77.

1976a Zwei Mutmasslich Mongolische Yüan-Übersetzungen und ihr Nachdruck von 1431. *Zentralasiatische Studien* 10: 8-115.

1976b *Die Mongolischen Handschriften-Reste aus Olon Süm-e Innere Mongolei*（16.-17. Jhdt.）. Wiesbaden: Otto Harrassowitz.

1978 *Verzeichnis der Orientalischen Handschriften in Deutschland*（Mongolische Ortsnamen,Tell II）. Wiesbaden: Franz Steiner Verlag Gmbh.

2000 *Religion of Mongolia*（Translated by Samuel Geoffrey）, Kegan Paul International, London and New York.

Heissig, Walther, assisted by Bawden, Charles,

1971 *Catalogue of Mongol Books, Manuscripts and Xylographs*, The Royal Library, Copenhagen.

Inoüe Osamu

2001 Arjai Aγui-yin Oyiγurjin Mongγol Bičigesü-yin Sudulul kekü Nom-un Tuqai. *Mongγol Kele Udq-a Jokiyal* 2: pp.76-79.

Jagchid, Sechin

1987 Inner Mongolia under Japanese Occupation. *Zentralasiatische Studien* 20: pp.140-172.

Jalsan
1999 Kinan Tayilburilaγči-yin Orusil. In Aγvanglhündübdarji and Lubsangtöbdenjamcu（eds.）*Jirγuduγar Dalai Blam-a-yin Namtar Qoyar Jüil*, pp.1-12. Öbür Mongγol-un Arad-un Keblel-ün Qoriy-a.

Kaplonski, Christopher
2014 *The Lama Question, Violence, Sovereighty, and Exception in Early Socialist Mongolia*, University of Hawai'I Press, Honolulu.

Komaroff Linda and Carboni Stefano
2002 *The Legacy of Genghis Khan- Courtly and Culture in Western Asia, 1256- 1353*. The Metropolitan Museum of Art, New York; Yale University Press, New Haven and London.

Kara, G.
1970 Une Version Ancienne du Récit sur Geser Changé en Âne. *Mongolian Studies* XIV: pp.213-246.
2003 Mediaeval Mongol Documents from Khara Khoto and East Turkestan in the ST. Petersburg Branch of the Institute of the Oriental Studies. *Manuscripta Orientalia* 9（2）: pp.3-40.
2005 *Books of the Mongolian Nomads, More than Eight Centuries of Writing Mongolian*. Indiana University.

Karmay, H.
1975 *Early Sino-Tibetan Art*. Aris and Phillips Ltd, Warminster, England.

Keller Shoshana
2020 *Russia and Central Asia*, University of Toronto Press.

Larry Moses
1976 *Mongol Buddhism in the* 20th *Century*, Indiana University Asian Studies Research Institute Publications.

Lattimore Owen and Isono Fujiko
1982 *The Diluv Khutagt- Memoirs and Autobiography of a Mongol Buddhist Reincarnation in Religion and Revolution*. Wiesbaden: Otto Harrassowitz.

Ligeti, L.
1942 *Katalogue du Kanjur Mongol Imprimé*. Budapest: Société Körösi CSOMA.

Loden Sherap Dagyab

1977 *Tibetan Religious Art* (part I). Wiesbaden: Otto Harrassowitz.
Mendsaikhan (ed)
2015 *Boγda Qaγan-u Noγuγan Dar-a Eke-y Sitühen-üd*, Ulaanbaatar.
Mergenbaγatur
1962 Eke Debter-ün tuqai. In *Qad-un Ündüsün-ü Erdeni-yin Tobči*. Öbür Mongγol-un Arad-un Keblel-ün Qoriy-a.
Miller, Robert James
1959 *Monasteries and Culture Change in Inner Mongolia*. Otto Harrassowitz, Wiesbaden.
Mongγol γanjuur danjuur-un γarčaγ-un nayiraγulqu jöblel,
20002 *Mongγol γanjuur danjuur-un γarčaγ*, degedü, Alus-un bar-a keblel-ün qoriy-a.
Mostaert, A.
1934 *Ordosica*. Bulletin of the Catholic University of Peking. No. 9.
1956 Carte Mongole des Sept Bannières des Ordos.In *Erdeni-yin Tobči* (Mongolian Chronicle by Saγang Sečen, Part I), pp.81-124. Cambridge Mass: Harvard University.
Möngke, Ba
1995 *Mergen gegen Lobsandambilalsan*, Öbür Mongγol-un soyul-un keblel-ün qoriy-a.
1956 Introduction, in Erdeni-yin Tobči, Mongolian Chronicle by Saγan Sečen, Harvard University Press Cambridge, Mass.: Harvard University.
Möngkečilaγu
1980 Olun Noqai-yin Čirγ-a. *Urandüsi* 3: p.60.
Način ydorji
1997 *Qalq-a-yin Teüke*. Öbür Mongγol-un Surγan Kümüjil-ün Keblel-ün Qoriy-a.
Naranbatu, Ü, Jalsan, P, Rasinim-a, Uyunbatu
1997 *Mongγol-un Büddha-yin soyul*, Öbür Mongγol-un soyul-un keblel-ün qoriy-a.
Narasun, S and Vangčuγ
1998 *Činggis Qaγan-u Naiman Čaγan Ordu*. Öbür Mongγol-un Soyul-un Keblel-ün Qoriy-a.
Narasun, S and Temürbaγatur

2000 *Ordus-un Süm-e Keyid*. Öbür Mongγol-un Soyul-un Keblel-ün Qoriy-a.

Narasun, S.

2005 *Ordus Mongγol Tayilγ-a Takilγ-a*. Öbür Mongγol-un Soyul-un Keblel-ün Qoriy-a.

Nasun

1980 Uliyasu-yin Süm-e. *Urandüsi* 4: pp.56-58.

Oγonos Čoγtu（Yang Haiying）

2001 *Γadaγadu Neyitelegdegsen Ordos Mongγol-un Teüken Materiyal*. Öbür Mongγol-un Ard-un Keblel-ün Qoriy-a.

Poppe, N.

1954 A Fragment of the Bodhicaryāvatāra from Olon Süme. H*arvard Journal of Asiatic studies* Vol. 17: pp.411-418.

Poppe, N. and Hurvitz, L, Okada Hidehiro

1964 *Catalogue of the Manchu- Mongol Section of the Toyo Bunko*. The Toyo Bunko & The University of Washington Press.

Pozdneyev, A.M.

1978 *Religion and Ritual in Society: Lamaist Buddhism in Late 19th- Century Mongolia*.Edited by John R. Krueger, Translated from the Russian by Alo Raun and Linda Raun, The Mongolian Society, Inc. Bloomington, Indiana.

Qaserdeni, Danzen, Bürinbatu, Γarudi, Jalsan, Na Batujirγal, Engkebaγatur

1997 *Arjai Aγui-yin Oyiγurjin Mongγol Bičigesü-yin Sudulul*. Liyooning-un Ündüsüten-ü Keblel-ün Qoriy-a.

Qaserdeni

2006《Ming Tayizu-du Buyan Üiledügsen Ortu Jiruγ》degereki Dörbedüger Badaγ-un Oyiγurjin Mongγol Bičig-ün Sudulul. *Mongγol-un Sudulul* 2: pp.14-716.

Qurča, N.

1990 Esi Qatun Qoruγ-a kiged Tegün-ü Eügüsül Ularilta.*Mongγol-un Sudulul* 4: pp.71-78.

1992a Esi Qatun Sitügen kiged Tegün-ü Takilγ-a-yin Učir. *Öbür Mongγol-un Neyigem-ün Sinjilekü Uqaγan* 1: pp.91-100.

1992b Esi Qatun-u Ner-e-yin tuqai. *Joo Uda-yin Mongγol Ündüsüten-ü Baγsi-yin Tusqai Merqejil-ün Surγaγuli* 2:

pp.22-24.

1995 Arja-yin Aγui-yin tuqai Jarim Madaγ-tai Asaγudal-i Barimta-bar Todurqayilaqu ni. *Öbür Mongγol-un Yeke Surγaγuli-yin Erdem Sinjilegen-ü Sedegül* 4: pp.64-72.

1999 Arja-yin Aγui-yin Ejen Lama Diluvaba Qutuγtu-yin El-e Törül-ün Tuqai Tobči Sinjilege. *Öbür Mongγol-un Neyigem-ün Sinjilekü Uqaγan* 2: 100-109.

Rasisereng, G.

2001 *Mongγol Γanjuur taki Burqan-u Bürin Iji Kürüg Jiruγ* . Öbür Mongγol-un Arad-un Keblel-ün Qoriy-a.

Richardson, H.

1958/59 The Karma-Pa Sect. A Historical Note. *Journal of the Royal Asiatic Society* 3/4: pp.139-164.

Rinčin, B.

1960 Orusil.in *Nomči Qatun's Version of Kesar Saga* (CSM).Ulaanbaatar.

1979 *Mongol Ard Ulsin Ugsaatni Sudlal, Xelnii Sinjleliin Atlas*. Ulaanbaatar.

Rinčindorji

1985 Arjaiuliyasu Süm-e-yin Aγui. *Soyul Teüken Materiyal* 1: pp.53-55.

1998 Arjai Aγui-yin Domuγ jiči Tegün-ü Ner-e ba Ebdegdegsen On jil-un Tuqai Maγadlalta. In *Qotoγ Qosiγun-u Teüke-yin Durasqaltu Jüiles-ün Oyilalγ-a*, pp.229-240. Öbür Mongγol-un Soyul-un Keblel-ün Qoriy-a.

Rinčindorji and Batujirγal

1998 *Otoγ Qosiγun-u Teüke-yin Durasqaltu Jüiles-ün Oyilalγ-a*. Öbür Mongγol-un Soyul-un Keblel-ün Qoriy-a.

Sanang Sečen

1962 *Qad-un Ündüsün-ü Erdeni-yin Tobči*. Öbür Mongγol-un Arad-un Keblel-ün Qoriy-a.

Sazykin, A.

1988 *Katalog Mongolskix Rukopisej i Ksilografov Instituta Vostokovedenija Akademii Nauk SSSR*, I, Moskva.

Sárközi, Alice.

1972 Toyin Guiši's Mongol *Vajracchedikā. Acta orientalia Academiae Scientiarum Hungaricae* XXVII (1): pp.43-102.

1992 *Political Prophecies in Mongolia in the 17-20*th *Centuries*, Otto Harrassowits, Wiesbaden.

Serruys, H.
1963 Early Lamaism in Mongolia. *Oriens Extremus* 10: pp.181-216.
Shagdariin Sandag, Harry H. Kendall with Foreword by Frederic E. Wakeman, Jr.
2000 *Poisoned Arrows, The Stalin- Choibalsan Mongolian Massacres, 1921-1941*, Westview Press.
Sudubilig
1996 *Šasin-u Toli*. Öbür Mongγol-un Surγan Kümüjil-ün Keblel-ün Qoriy-a.
Süngrüb
2004 *Alašan Baraγun Keyid-ün Teüke*. Ündüsüten-ü Keblel-ün Qoriy-a.
Taveirne, P.
2004 *Han-Mongol Encounters and Missionary Endeavors, a History of Scheut in Ordos* (*Hetao*) *1874-1911*. Leuven University Press.
Uspensky, V.
1997 *Prince Yunli* (*1697-1738*), *Manchu statesman and Tibetan Buddhist*. Tokyo: Institute for Study of Languages and Cultures of Asia and Africa.
2006 "Explanation of the Knowable" by Phags-pa bla-ma Blo-gros rgyal – mtshan (1235-1280), Facsimile of the Mongolian Translation with Transliteration and Notes.
Vreeland, H.
1962 Mongolian Community and Kinship Structure. Greenwood Press（愛宕松男訳「西北蒙古ナロバンチン寺領における遊牧モンゴルの経済・社会生活」『内陸アジア史論集　第二』国書刊行会、一九七九）
Van Hecken Joseph
1963 Les Lamaseries D'Otoγ (Ordos), *Monumenta Serica*, XXII,1, pp.121-167.
Van Oost, Joseph, P.
1932 *Au Pays des Ortos* (*Mongolie*), Paris: Editions Dillen.
Yang Haiying
2000 *Manuscripts from Private Collections in Ordus, Mongolia* (1). Germany: International Society for the Study of the Culture and Economy of the Ordos Mongols (OMS e. V.).

Yang Haiying and Uradyn E. Bulag
2003 *Janggiy-a Qutughtu, A Mongolian Missionary for Chinese National Identification. Mongolian Culture Studies* V, International Society for the Study of the Culture and Economy of the Ordos Mongols（OMS e. V.）, Köln, Germany.
Ordus Kümün-ü Teüken Tulγur Bičig-ün Emkidgel（4）
1984 Öbür Mongγol-un Yeke Juu Ayimaγ-un Dangsan Ebkimel-ün Sang.

漢語文献

巴図吉日嘎拉・楊海英『阿爾寨石窟――成吉思汗的佛教紀念堂興衰史』風響社、二〇〇五
蔡巴・貢嘎多吉『紅史』（東嘎・洛桑赤列校注、陳慶英・周潤年訳）西藏人民出版社、一九八八
斉木徳道爾吉・黒龍・宝山・哈斯巴根・任愛君編『清朝聖祖朝実録蒙古史史料抄』（上）内蒙古大学出版社、二〇〇三
達瓦敖斯爾「偽満喇嘛宗団真相」中国人民政治協商会議・内蒙古自治区委員会文史和学習委員会『内蒙古喇嘛教紀例』内蒙古文史資料・第四十五輯、一九九七、四〇〇～四〇一頁
丹珠昂奔『歴代達頼喇嘛与班禅額爾徳尼年譜』中央民族大学出版社、一九九八
徳勒格『内蒙古喇嘛教史』内蒙古人民出版社、一九九八
鄧鋭齢「『賢者喜宴』明永楽時尚師哈立麻晋京紀事箋証」『中国藏学』三、一九九二、八四～九六頁
徳勒格『内蒙古喇嘛教史』内蒙古人民出版社、一九九八
敦煌研究院考古研究所　内蒙古師範大学蒙文系「敦煌石窟回鶻蒙文題記考察報告」『敦煌研究』4、一九九〇、一～一九頁
鄂奇光「関於塔王宣撫西蒙暨蒙藏院総裁的概述」『内蒙古文史資料』（23）、一九八六、六二～七〇頁
「第九代札薩克和碩親王塔旺布里特甲拉事略――関於塔王宣撫西蒙暨蒙藏院総裁的概述」『阿拉善左旗文史資料』（1）、一九八九、二二六～二三八頁
樊保良・水天長『闊端与薩班涼州会談』甘粛人民出版社、一九九七
尕藏『藏伝佛画度量経』青海民族出版社、一九九二
固始噶居巴・羅桑澤培『蒙古佛教史』全佛文化事業、二〇〇四

賈拉森『縁起南寺』内蒙古大学出版社、二〇〇三
金成修『明清之際藏伝佛教在蒙古地区的伝播』社会科学文献出版社、二〇〇六
拉施特『史集』第一巻・第二分冊商務印書館、一九八六
拉西色楞『蒙古文《甘珠爾》佛像大全』内蒙古人民出版社、二〇〇一
李逸友『黒城出土文書（漢文巻）』科学出版社、一九九一
林照真『清浄流亡——少年嘎玛巴的故事』台湾図神出版社、二〇〇二
劉立千「『米拉日巴伝』訳後記」『米拉日巴伝』民族出版社、二〇〇二
劉玉権「略論西夏壁画芸術」史金波・白浜・呉峰雲編『西夏文物』文物出版社、一九八八、九～一九頁
『蒙古文甘珠爾・丹珠爾目録』編委会『蒙古文甘珠爾・丹珠爾目録』（上下）遠方出版社、二〇〇二
内蒙古伊克昭盟鄂托克旗文物保護管理所編『鄂托克旗文物誌』一九九〇
内蒙古自治区文化庁『阿爾寨（百眼窑）石窟寺』（第五批全国重点文物保護単位推薦資料）、二〇〇一
『内蒙古大辞典』編纂委員会編『内蒙古大辞典』内蒙古人民出版社、一九九一
諾布旺丹『唐卡中的西藏活仏』紫禁城出版社、二〇〇九
諾布旺典『唐卡中的西藏史』陝西師範大学出版社、二〇〇七
喬吉『蒙古族全史（宗教巻）』内蒙古大学出版社、二〇一一
『鄂托克旗志』内蒙古人民出版社、一九九三
史金波『西夏佛教史略』台湾商務印書館、一九九五（一九八八）
宋濂『元史』（十一、十二、十四、十五）中華書局、一九七六
宿白『藏傳佛教寺院考古』文物出版社、一九九六
宋兆霖主編『院藏藏傳佛教文物』台湾国立故宮博物院、二〇一六
土観・洛桑卻吉尼玛『章嘉国師若必多吉傳』（上　陳慶英・馬連龍訳）台湾・全仏文化事業有限公司、二〇〇四
王大方・巴図吉日嘎拉・張文芳「百眼窰石窟的営建年代及壁画主要内容初論——兼述成吉思汗在百眼窰地区之活動」李逸友・魏堅編『内蒙古文物考古文集』中国大百科全書出版社、一九九四、五六六～五七八頁
王大方『草原訪古』内蒙古大学出版社、一九九九
王啓龍『八思巴生平与『彰所知論』対勘研究』中国社会科学出版社、一九九九
烏雲畢力格「綽克図台吉的歴史和歴史記憶」二〇〇五（In *Quaestiones Mongolorum Disputatae*, I:pp.196-225）

烏雲高娃「諸世章嘉呼図克図」中国人民政治協商会議・内蒙古自治区委員会文史和学習委員会『内蒙古喇嘛教紀例』内蒙古文史資料・第四十五輯、一九九七、二〇九〜二二二頁
烏雲高娃「九世班禅内蒙古之行」中国人民政治協商会議・内蒙古自治区委員会文史和学習委員会『内蒙古喇嘛教紀例』内蒙古文史資料・第四十五輯、一九九七、一九九〜二〇八頁
烏蘭『《蒙古源流》研究』遼寧民族出版社、二〇〇〇
五世達頼喇嘛阿旺洛桑嘉措著／陳慶英・馬連龍等訳『一世〜四世達頼喇嘛伝』中国藏学出版社、二〇〇六
謝継勝『西夏藏傳絵画——黒水城出土西夏唐卡研究』河北教育出版社、二〇〇二
熊文彬『元代藏漢芸術交流』河北教育出版社、二〇〇三
札奇斯欽『我所知道的徳王和当時的内蒙古（1）』東京外国語大学アジア・アフリカ言語文化研究所、一九八五
『我所知道的徳王和当時的内蒙古（2）』東京外国語大学アジア・アフリカ言語文化研究所、一九九三
張鑒『西夏紀事本末』甘粛文化出版社、一九九八
札奇斯欽『蒙古與西藏歴史関係之研究』（国立政治大学叢書）正中書局、一九七八
智観巴・貢却乎丹巴繞吉『安多政教史』甘粛民族出版社、一九八九
中国第二歴史檔案館・中国藏学研究中心 合編『九世班禅内地活動及返藏受阻檔案選編』中国藏学出版社、一九九二
周偉洲『早期党項史研究』中国社会科学出版社、二〇〇四
鐘侃・呉峰雲・李範文『西夏簡史』（修訂本）寧夏人民出版社、二〇〇三

日本語文献

井上治『ホトクタイ＝セチェン＝ホンタイジの研究』風間書房、二〇〇二
石濱裕美子「チベット密教史」立川武蔵・頼富本宏編『チベット密教』春秋社、一九九九
『チベット仏教世界の歴史的研究』東方書店、二〇〇一
『チベットを知るための50章』明石書店、二〇〇四
「雍正期の皇室外交の二面性——果親王のチベット奉使旅行」『内陸アジア史研究』20、二〇〇五、八三〜九二頁
宇山智彦「スターリン時代——粛清・定住化の悲劇と「民族史」の創造」宇山智彦編著『中央アジアを知るための60章』明石書店、二〇〇三

江上波夫『オロン・スメ遺跡調査日記』山川出版社、二〇〇五
大野旭（楊海英）『アルジャイ石窟1号窟出土モンゴル語古文書に関する歴史人類学的研究』（平成一五～一六年度科学研究費補助金　基盤C報告書　課題番号：15520514）、二〇〇五
キオド・ザガスター「ハルボヒン・バルガス出土のモンゴル語・チベット語白樺樹皮写本——序論」井上治訳、『日本モンゴル学会紀要』27、一九九七、一〇五～一二二頁
窪田新一「『モンゴル仏教史』著作の寺院を訪ねて」『日本とモンゴル』第五一巻第二号、二〇一七年、八八～九五頁
栗林均・确精扎布編著『『元朝秘史』モンゴル語全単語・語尾索引』東北大学東北アジア研究センター、二〇〇一
佐藤直実「アルジャイ石窟出土チベット語文書について」楊海英編『シルクロード草原の道におけるアルジャイ石窟の歴史と文化——国際シンポジウム　二〇〇七年三月二七日』（記録集）静岡大学人文学部、二〇〇七
ジグメ・ナムカ『蒙古喇嘛教史』外務省調査部訳、生活社、一九四〇
杉山正明
「はるかなる大モンゴル帝国」杉山正明・北川誠一著『世界の歴史9　大モンゴルの時代』中央公論社、一九九七、九～二九〇頁
『逆説のユーラシア史——モンゴルからのまなざし』日本経済新聞社出版局、二〇〇二
『モンゴル帝国と大元ウルス』京都大学学術出版会、二〇〇四
大正大学総合仏教研究所モンゴル仏典研究会訳注・窪田新一監修『モンゴル仏教史』一、ノンブル社、二〇〇二
『モンゴル仏教史』二、ノンブル社、二〇〇六
『モンゴル仏教史』三、ノンブル社、二〇一一
『モンゴル仏教史』四、ノンブル社、二〇一五
立川武蔵「序論　チベット密教とは何か」立川武蔵・頼富本宏編『チベット密教〈シリーズ密教2〉』春秋社、一九九九、三～二三頁
田中克彦「ゲセル物語のモンゴル語書写版諸版の相互関係について」『一橋論叢』50（1）、一九六三、一〇九～一二九頁。
田中公明「ターラー菩薩」『チベット文化研究会報』一〇・一、一九八六、九～一一頁
『タンカの世界——チベット仏教美術入門』山川出版社、二〇〇一

長尾雅人『蒙古喇嘛廟記』高桐書院、一九四七
『蒙古学問寺』中公文庫、一九九二
ナランゴア・リ「僧侶動員と仏教改革」『北東アジア研究』7、二〇〇四
中見立夫「サンクト・ペテルブルグのモンゴル語典籍・史料――その収集の歴史と現状」『東方学』99、二〇〇〇、一四四〜一五六頁
「江上波夫と内モンゴルのオロン・スム遺跡調査」横浜ユーラシア文化館編『オロン・スム――モンゴル帝国のキリスト教遺跡』横浜ユーラシア文化館、二〇〇三、七七〜八七頁
中村淳「チベットとモンゴルの邂逅――遥かなる後世へのめばえ」『岩波講座　世界歴史11　中央ユーラシアの統合』一九九七、一二一〜一四六頁
西田龍雄『西夏王国の言語と文化』岩波書店、一九九七
ハイシッヒ、ワルター『モンゴルの歴史と文化』田中克彦訳、岩波文庫、二〇〇〇（一九六七）
服部四郎「オロンスム出土の蒙古語文書について」『東方学報』一一（二）、一九四〇、二五七〜二七八頁
「江上波夫君と私――オロンスム出土の蒙古語文書のことなど」江上波夫教授古稀記念事業会編『江上波夫教授古稀記念論集　考古・美術篇』一九七六、四五一〜四五五頁
橋本光寶『蒙古の喇嘛教』仏教公論社、一九四二
バトバヤル・Ｔｓ『モンゴル現代史』（芦村京・田中克彦訳）明石書店、二〇〇二
東山健吾『敦煌三大石窟』講談社選書メチエ、一九九六
福田洋一・石濱裕美子『西蔵仏教宗義研究』（四）東洋文庫、一九八六
ボルジギン・ブレンサイン「九世パンチェン＝エルデニの東部内モンゴル歴訪と奉天当局の対応――モンゴル、チベット、中国三者関係の構造をめぐる事例研究として」『日本モンゴル学会紀要』三一、二〇〇一、四五〜六七頁
松川節「批評・紹介　D. Cerensodnom & M. Taube, *Die Mongolica der Berliner Turfansammlung*」『東洋史研究』五四（二）、一九九五、一〇五〜一二二頁
「チベット自治区博物館蔵五言語合璧『如来大寶法王普度大斎長巻画』（一四〇七年）のモンゴル語テキストについて」『大谷学報』八二・四、二〇〇四、一〜一六頁
松田孝一「オロンスムの発見と歴史」横浜ユーラシア文化館編『オロン・スム――モンゴル帝国のキリスト教遺

跡』横浜ユーラシア文化館、二〇〇三、五九～六四頁
三﨑良章『五胡十六国――中国史上の民族大移動』東方書店、二〇〇二
宮紀子『モンゴル時代の出版文化』名古屋大学出版会、二〇〇六
宮治昭『バーミヤーン、遥かなり――失われた仏教美術の世界』日本放送出版協会、二〇〇二
宮脇淳子『モンゴルの歴史――遊牧民の誕生からモンゴル国まで』刀水書房、二〇〇二
森川哲雄「オルドス部の清朝帰順をめぐって」『歴史学・地理学年報』14、一九九〇、四九～七二頁
「ポスト・モンゴル時代のモンゴル――清朝への架け橋」『岩波講座　世界歴史11　中央ユーラシアの統合』一九九
七、三二五～三四八頁
『モンゴル年代記』白帝社、二〇〇七
山口瑞鳳『チベット』（下）東京大学出版会、一九八八
楊海英「オルドス・モンゴルの祖先祭祀――末子トルイ・エジン祭祀と八白宮の関連を中心に」『国立民族学博物
館研究報告』二一巻三号、一九九六、六三五～七〇八頁
「『チンギス・ハーンの二頭の駿馬』について――写本と口頭伝承の比較を中心に」『国立民族学博物館研究報告』
二四巻三号、一九九九、四八五～六三二頁
「アルブス山とチンギス・ハーン」『静岡大学人文学部人文論集』五一・一、二〇〇〇、二七～七七頁
『草原と馬とモンゴル人』NHKブックス、二〇〇一
「モンゴルにおけるアラク・スゥルデの祭祀について」『アジア・アフリカ言語文化研究』六一、二〇〇一、七一～
一一三頁
『オルドス・モンゴル族オーノス氏の写本コレクション』（JCAS Occasional paper, no. 13）国立民族学博物館・地
域研究企画交流センター、二〇〇二
『チンギス・ハーン祭祀――試みとしての歴史人類学的再構成』風響社、二〇〇四
『モンゴル草原の文人たち――手写本が語る民族誌』平凡社、二〇〇五
「比利時王国所蔵蒙古文手写本」『アジア研究』2、二〇〇六、五七～一一七頁
「アルジャイ石窟の継承寺バンチン・ジョーの調査報告――〈威儀奉行の報告〉という写本を中心に」楊海英編
『シルクロード草原の道におけるアルジャイ石窟の歴史と文化――国際シンポジウム　二〇〇七年三月二七日』
（記録集）静岡大学人文学部、二〇〇七

『モンゴルのアルジャイ石窟——その興亡の歴史と出土文書』風響社、二〇〇八
楊海英『モンゴル人の中国革命』ちくま新書、二〇一八
楊海英「モンゴル国から収集したモンゴル語写本・木版本目録（中間報告書）」『アジア研究』第一五号、静岡大学人文社会科学部アジア研究センター二〇二〇、三〜七頁
楊海英「描かれた神、呪われた復活」松原正毅編『中央アジアの歴史と現在　草原の叡智』勉誠出版、二〇二〇、一四八〜一六五頁
楊海英編『モンゴル人ジェノサイドに関する基礎資料3——打倒ウラーンフー（烏蘭夫）』風響社、二〇一一
楊海英編『『十善福白史』と『輝かしい鏡』——オルドス・モンゴルの年代記』風響社、二〇一八
『『アルタン＝ハーン伝』訳注』吉田順一他（共訳注）、風間書房、一九九八
ラティモア、オーエン『中国と私』磯野富士子編・訳、みすず書房、一九九二
『ゲセル・ハーン物語——モンゴル英雄叙事詩』若松寛訳、平凡社、東洋文庫、一九九三

巻末資料「聖救度佛母二十一種禮讃経」

モンゴル帝国の東方、大元ウルス（元朝）のボタシャリはジャヤート・ハーン（在位1328年9月から同年12月，1329～1332，文宗）の皇后で、名門コンギラート部出身（前掲図5－11，186頁参照）。1335（乙亥）年に太皇太后の尊称を受け、2年後にチベット仏教カルマ・カギュ派の最高指導者三世カルマ・バクシの大都ハーン・バリク訪問を受け入れ、元朝帝室を挙げて同派支持。この間に「聖救度佛母二十一種禮讃経」をモンゴル語とチベット語、それにサンスクリットと漢文四体合璧で開版印刷。元朝が滅亡し、明朝が成立すると、五世カルマ・バクシが1403年から1407年にかけて明廷を訪問。1431（辛亥）年に元朝のボタシャリ太皇太后の木版を利用し、「乙亥年」を「辛亥年」とするなど一字を変えて復刻印刷したと推察される。フランスのミュゼ・ギメと北京国家図書館所蔵本を合わせて完全なる資料とした。

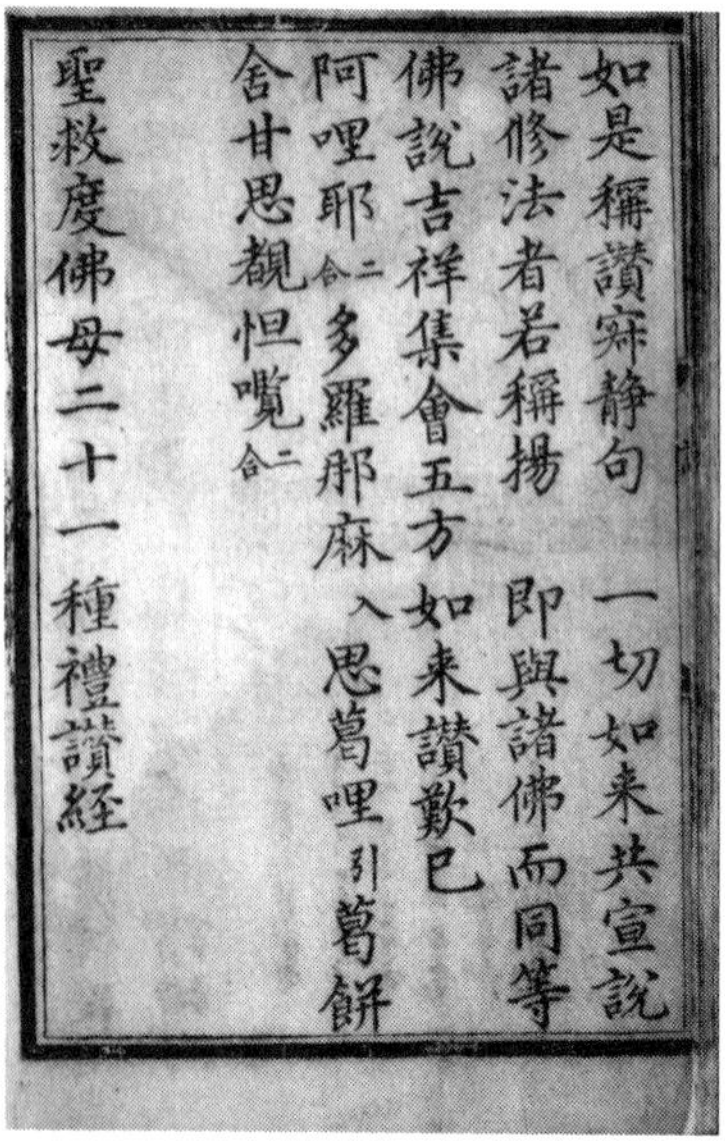

如是稱讚寂靜句　一切如來共宣説
諸修法者若稱揚　即與諸佛而同等
佛説吉祥集會五方　如來讚歎已
阿哩耶合二多羅那麻入　思葛哩引葛餅
舍甘思覩怛嚩合二
聖救度佛母二十一種禮讚経

度母漢文

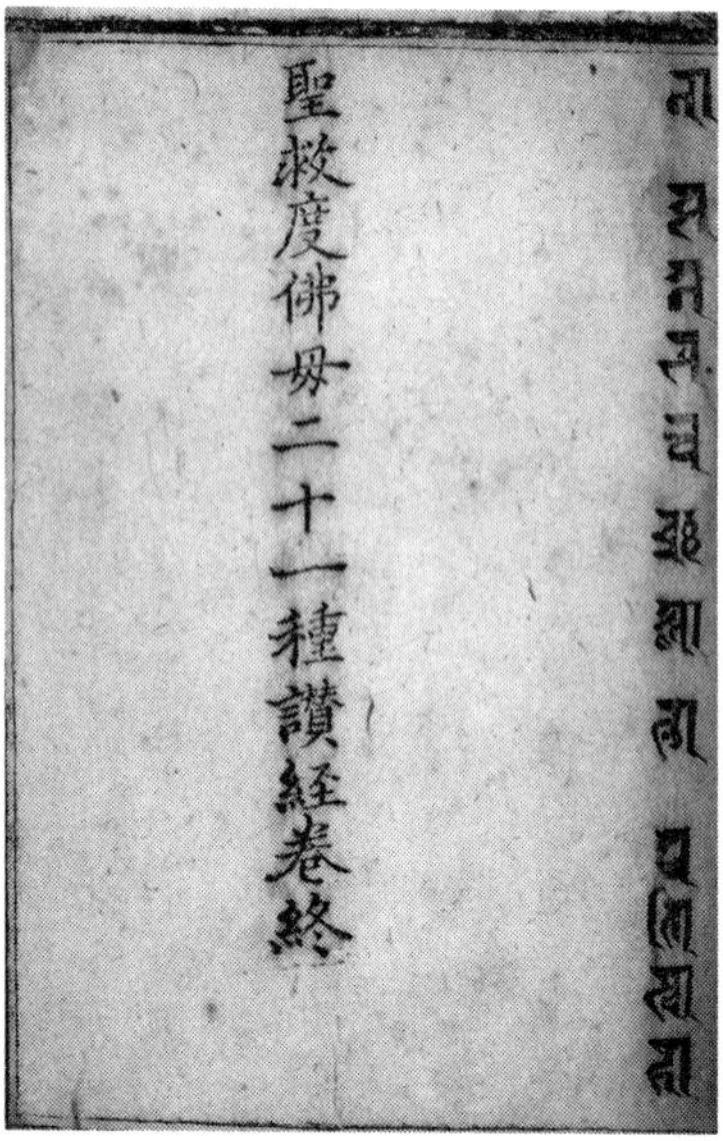

聖救度佛母二十一種讚経卷終

聖救度佛母二十一種讚経

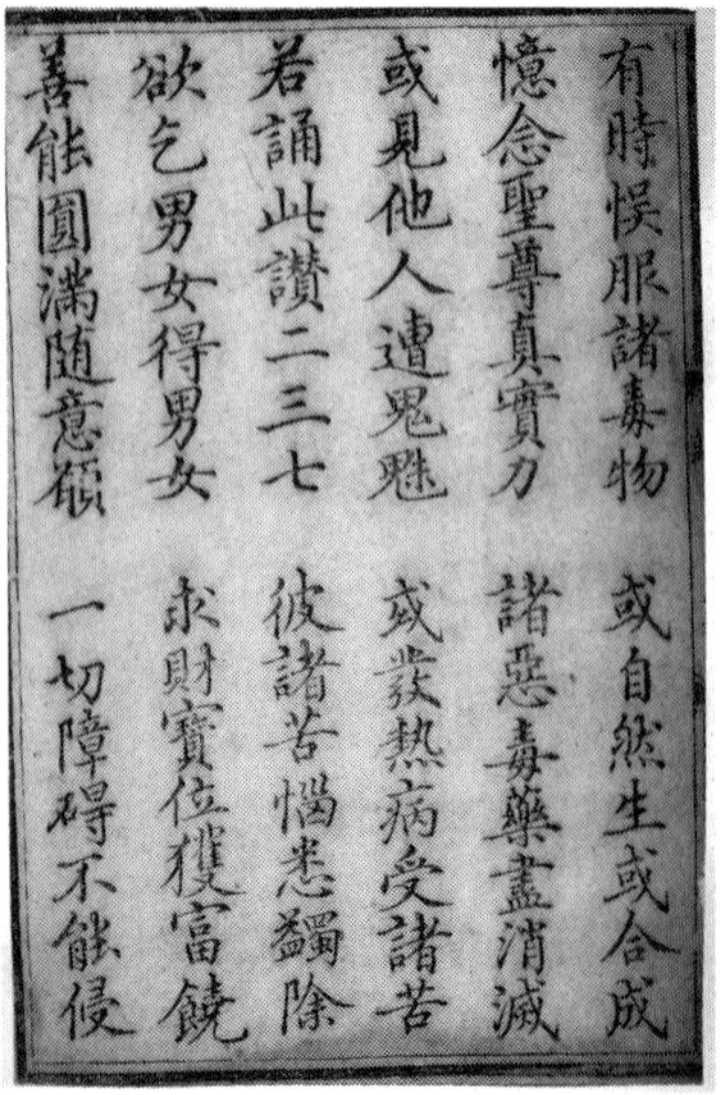

有時誤服諸毒物　或自然生或合成
憶念聖尊真實力　諸惡毒藥盡消滅
或見他人遭鬼魅　或發熱病受諸苦
若誦此讚二三七　彼諸苦惱悉蠲除
欲乞男女得男女　求財寶位獲富饒
善能圓滿隨意願　一切障碍不能侵

度母の漢文詩2

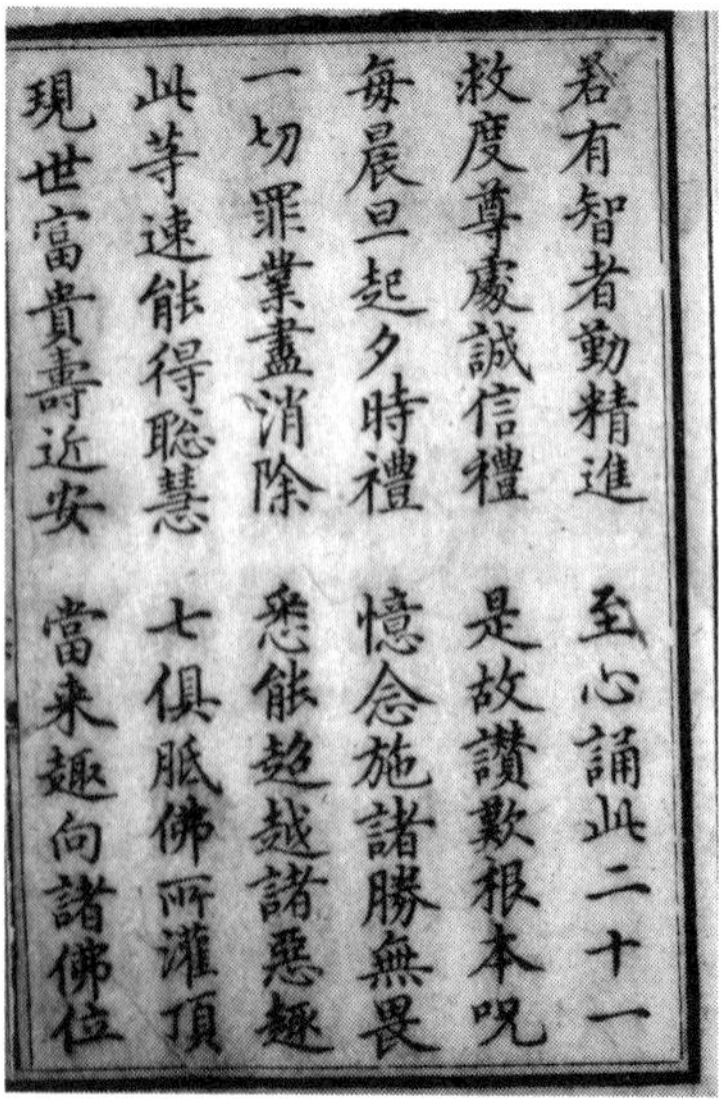

若有智者勤精進　至心誦此二十一
救度尊處誠信禮　是故讚歎根本呪
每晨旦起夕時禮　憶念施諸勝無畏
一切罪業盡消除　悉能超越諸惡趣
此等速能得聰慧　七俱胝佛所灌頂
現世富貴壽延安　當來趣向諸佛位

度母の漢文詩1

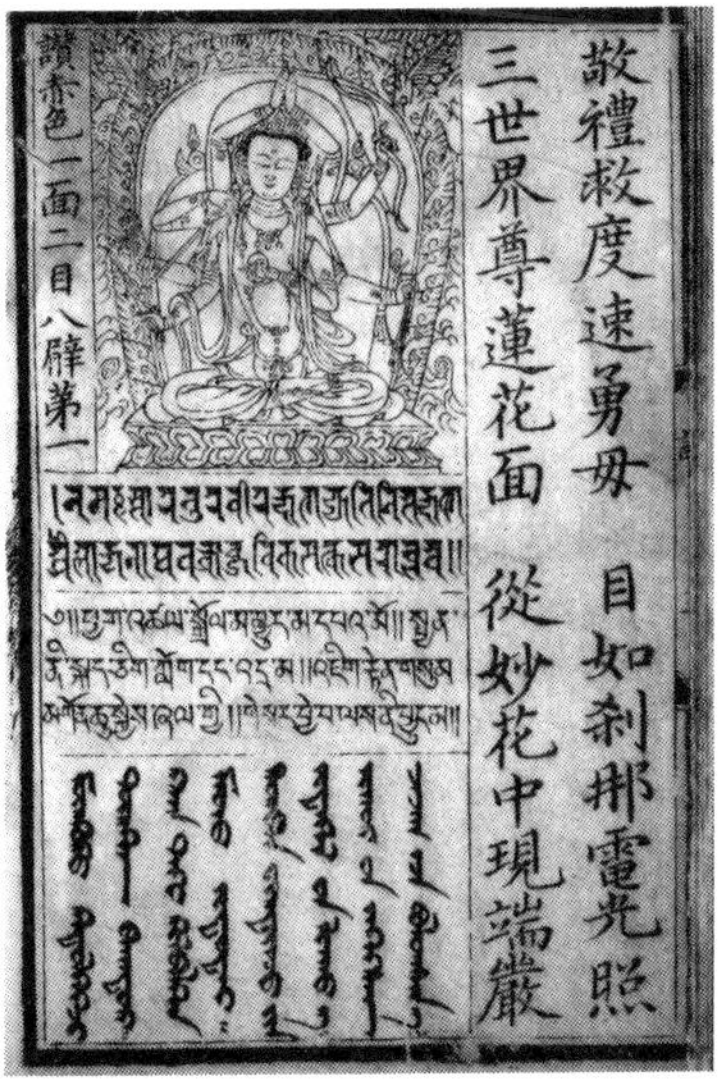

度母第一

度母主尊

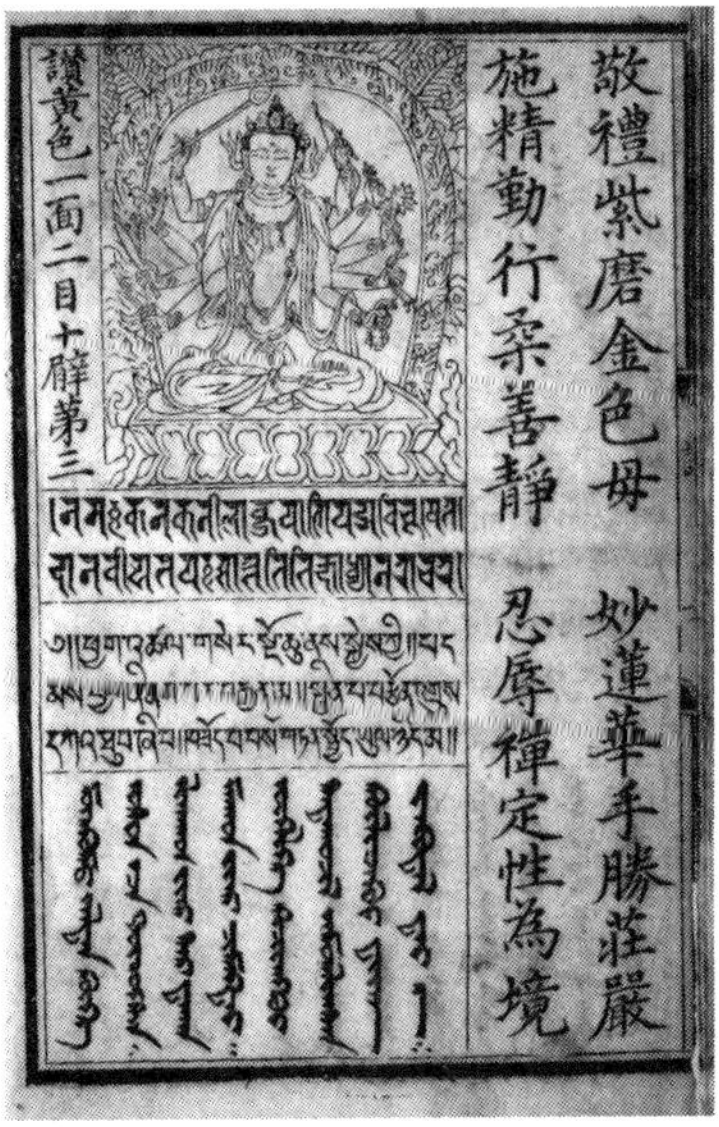

度母第三

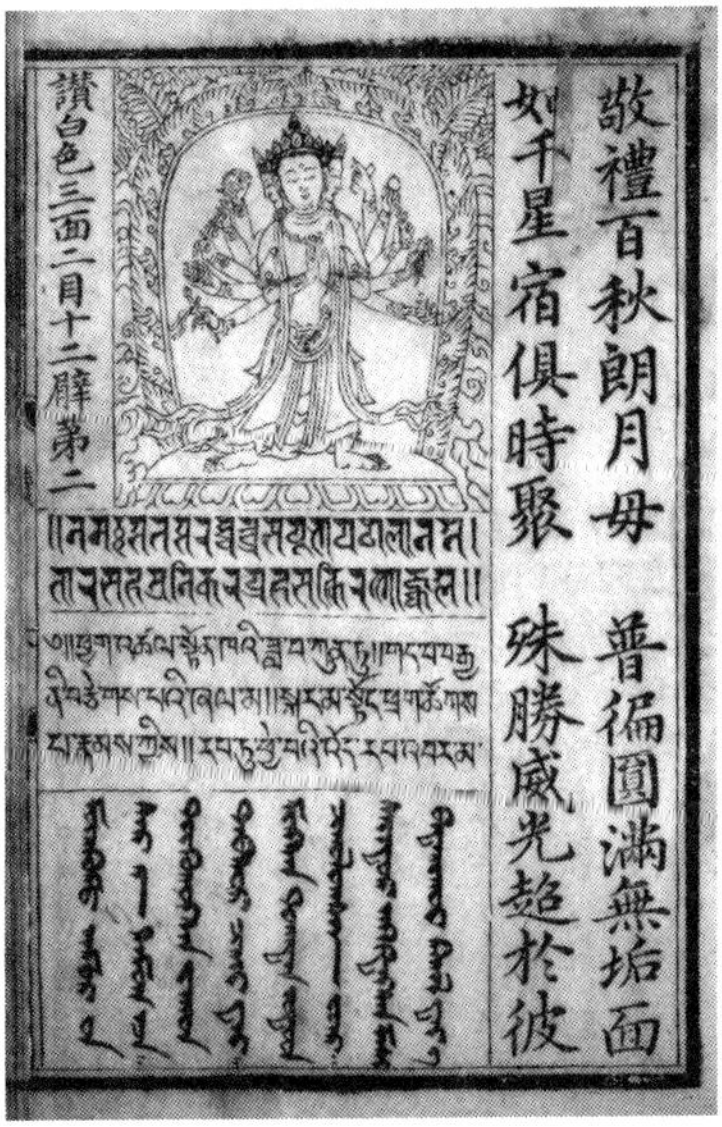

度母第二

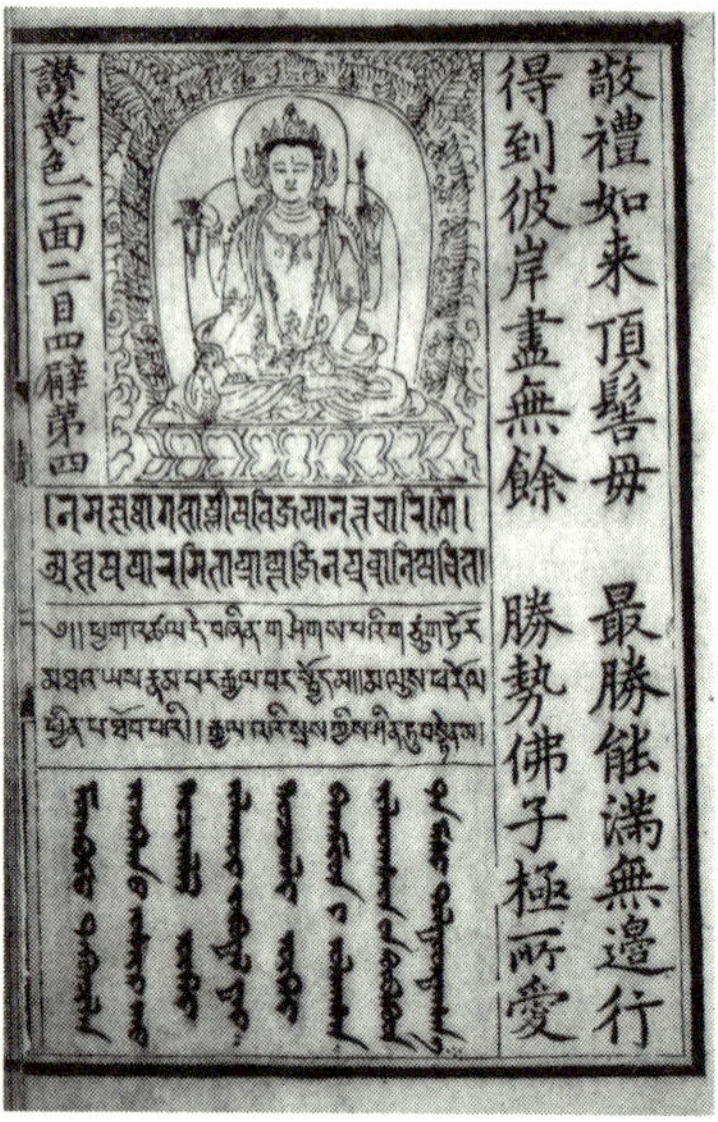

敬禮如来頂髻母　最勝能满無邊行
得到彼岸盡無餘　勝勢佛子極所愛
讃黄色一面二目四臂第四

度母第四

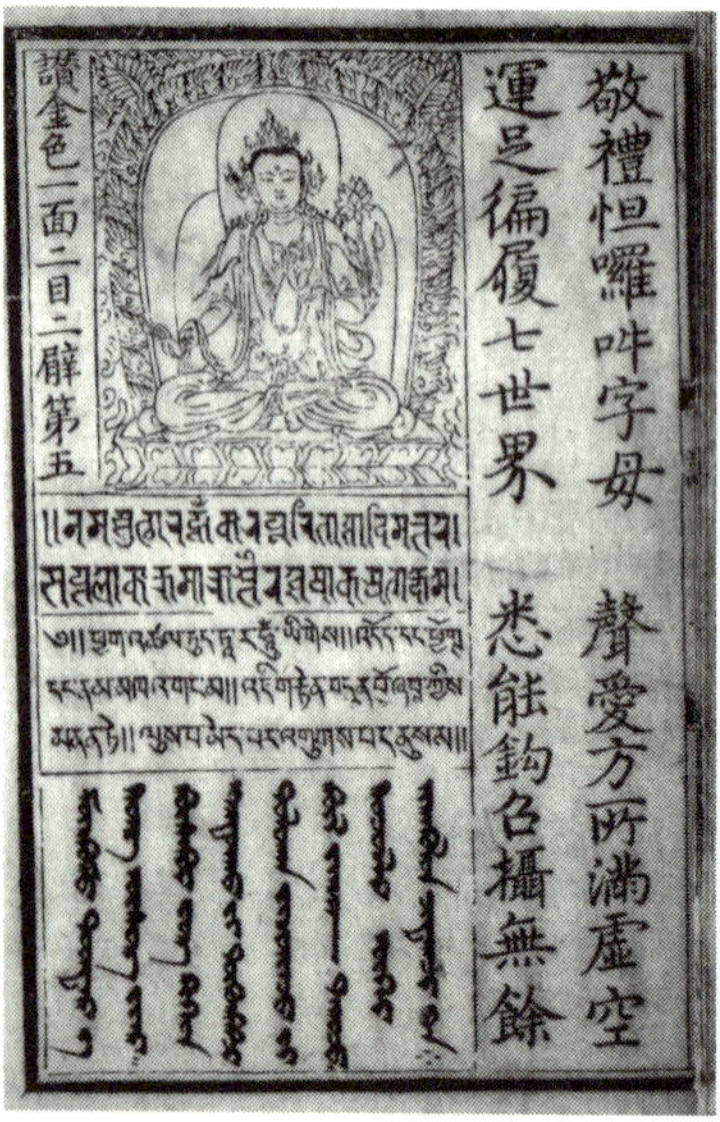

敬禮怛囉吽字母　聲愛方所满虚空
運足徧履七世界　悉能鈎召攝無餘
讃金色一面二目二臂第五

度母第五

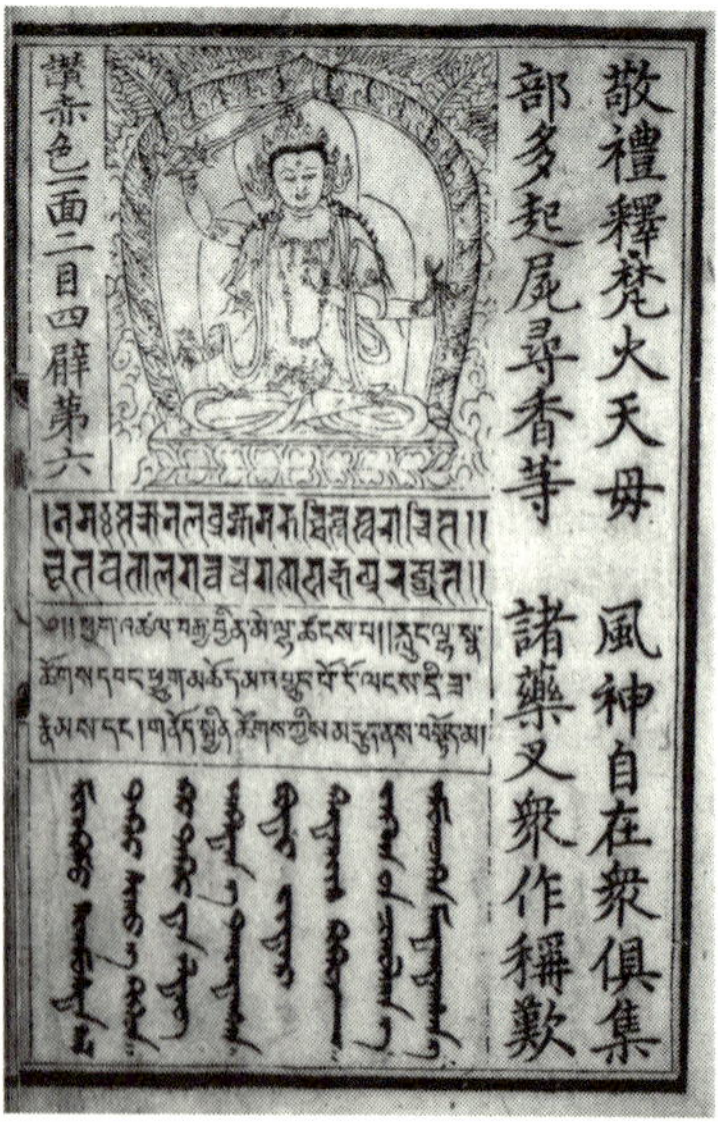

敬禮釋梵火天母　風神自在衆倶集
部多起屍尋香等　諸藥叉衆作稱歎
讃赤色一面二目四臂第六

度母第六

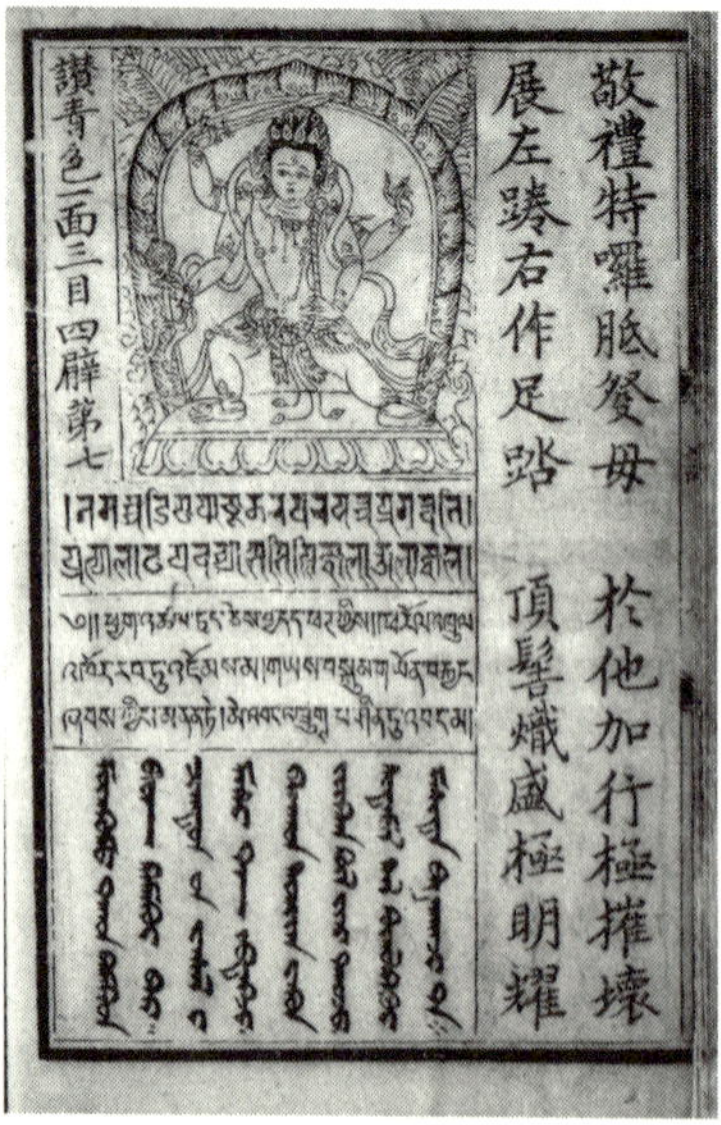

敬禮特囉胝發母　於他加行極摧壞
展左踡右作足踏　頂髻熾盛極明耀
讃青色一面三目四臂第七

度母第七

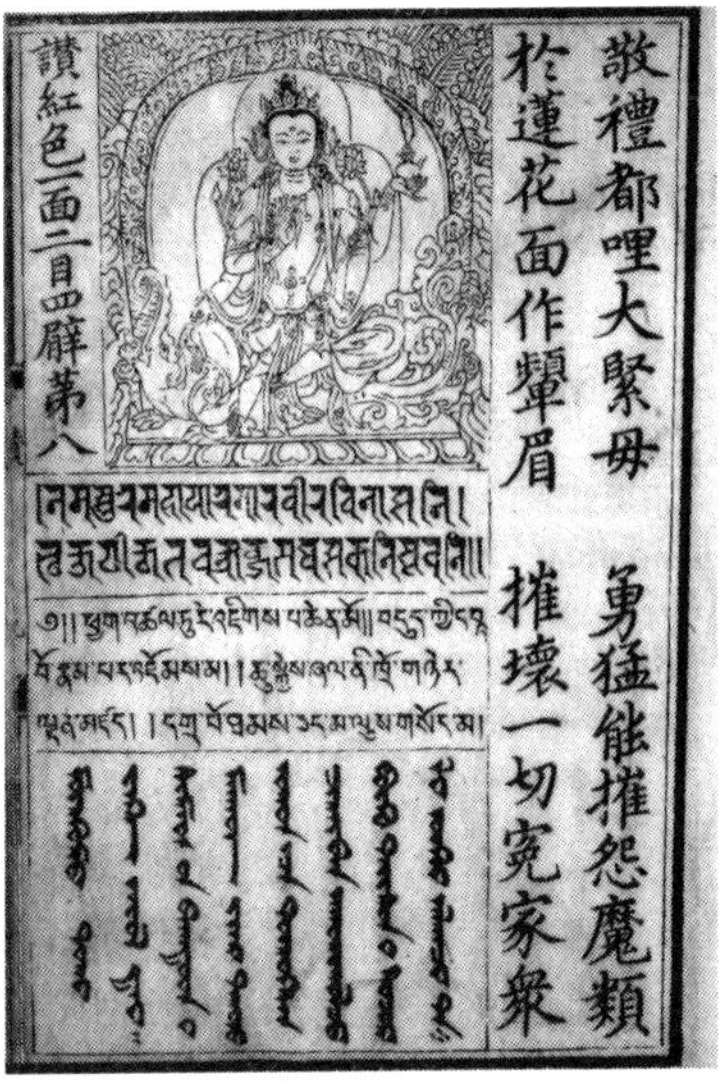

度母第八

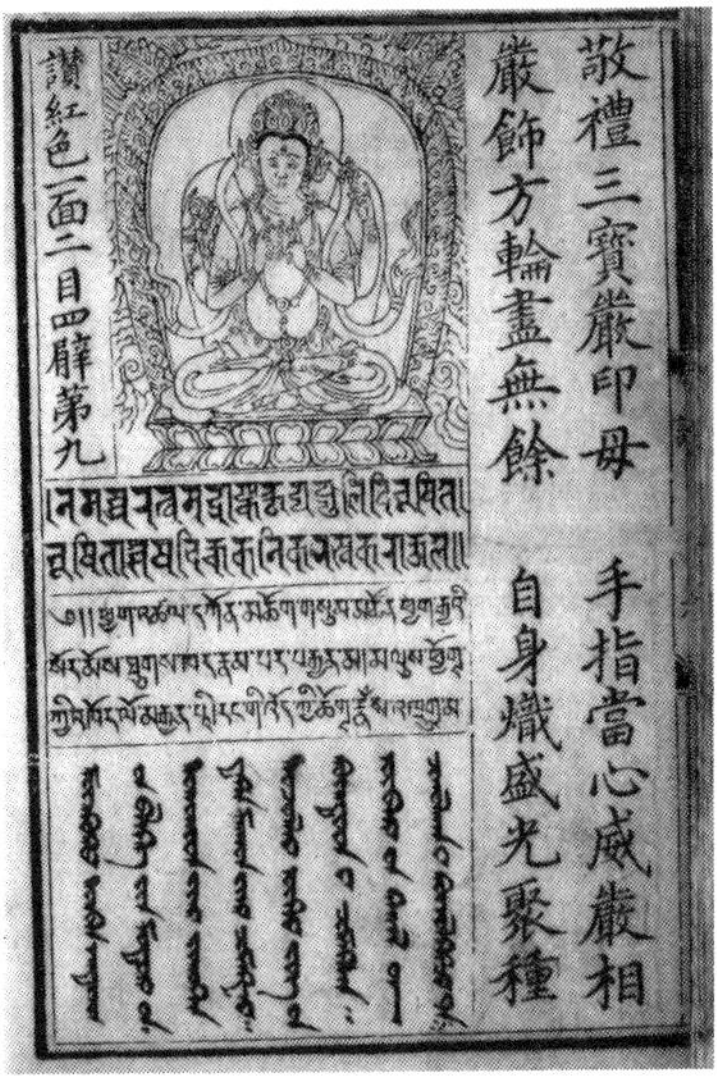

度母第九

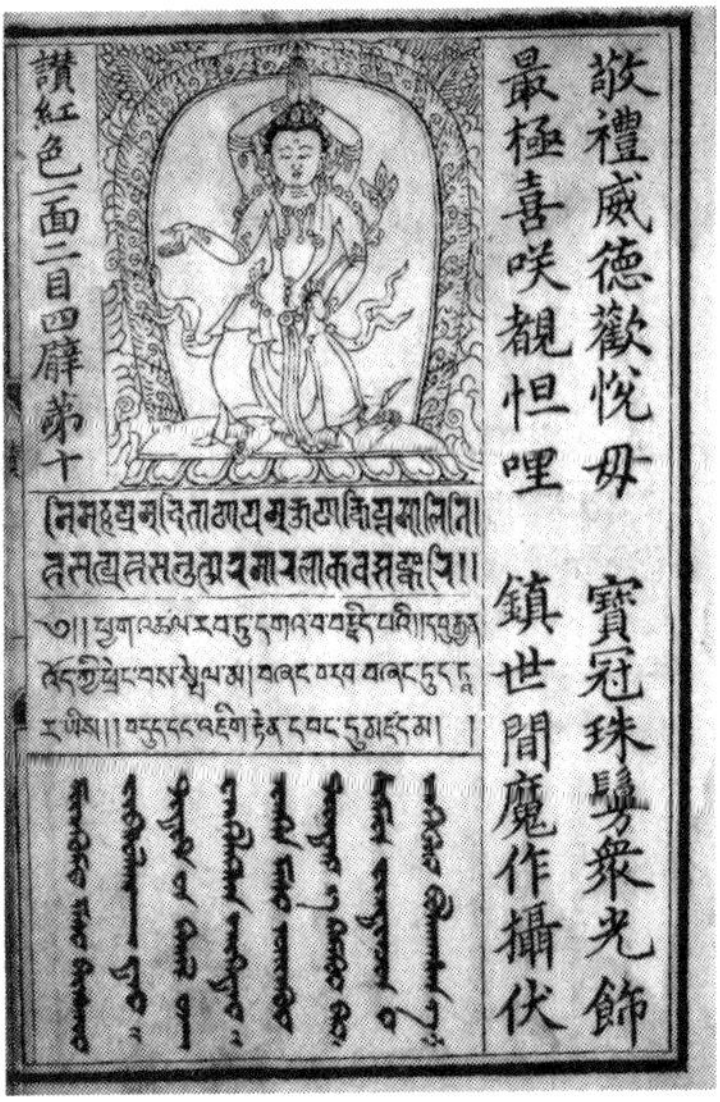

度母第十

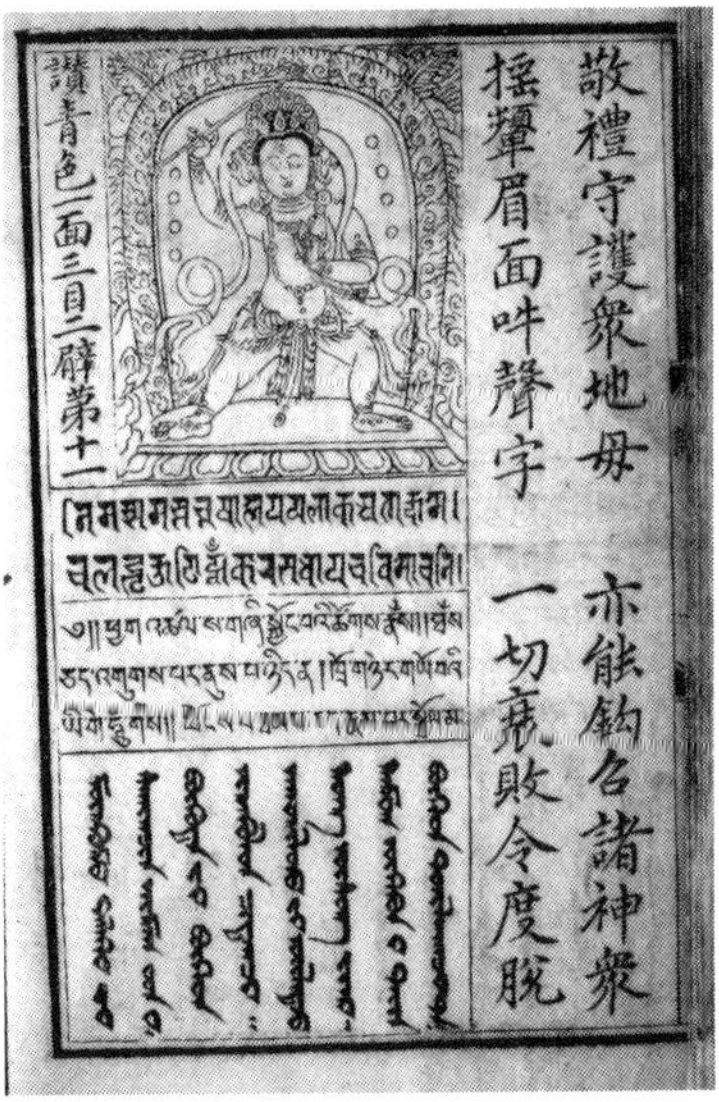

度母第十一

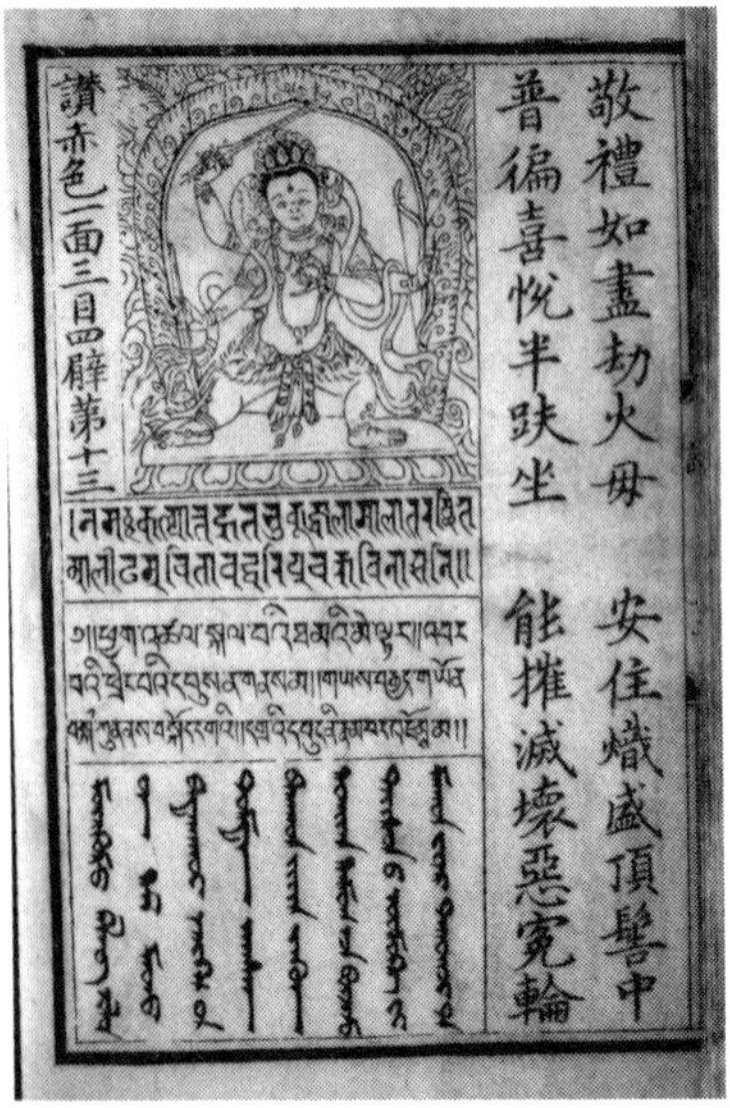

度母第十三

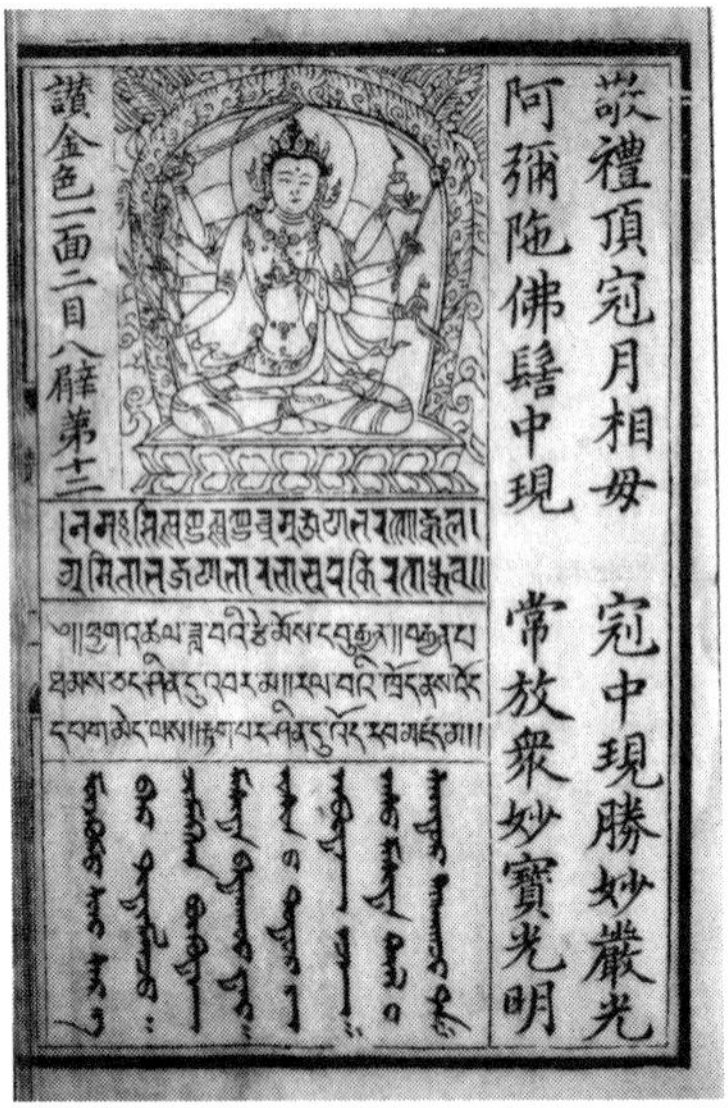

度母第十二

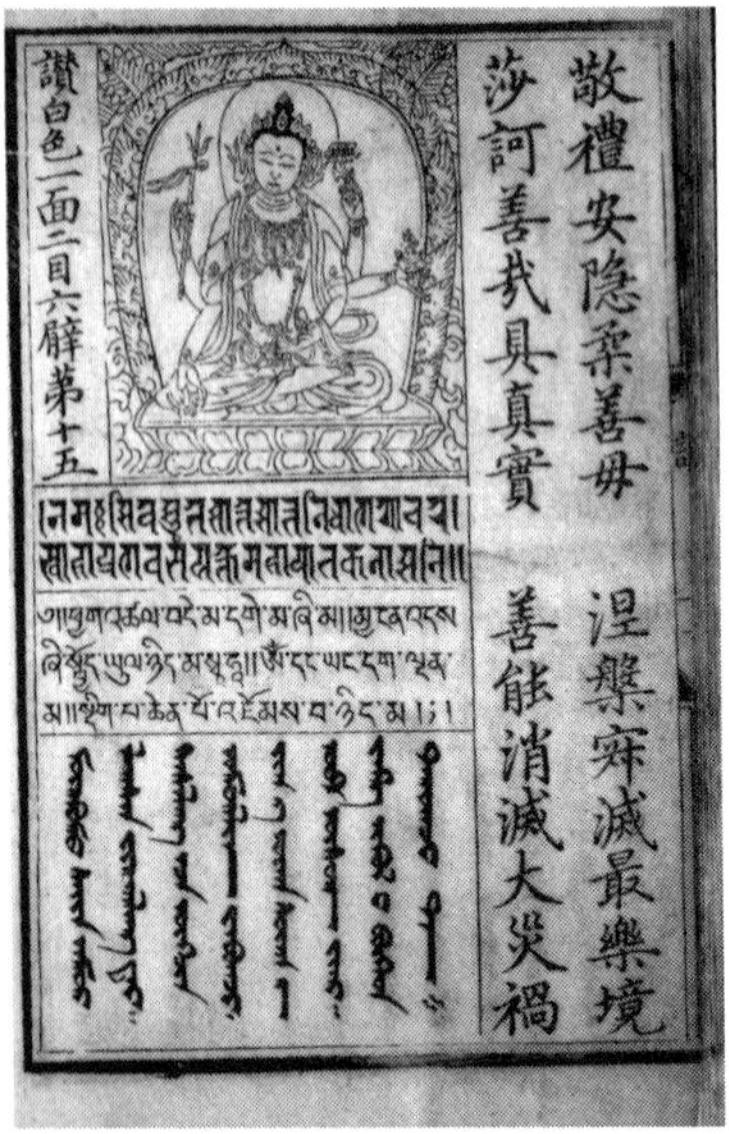

度母第十五

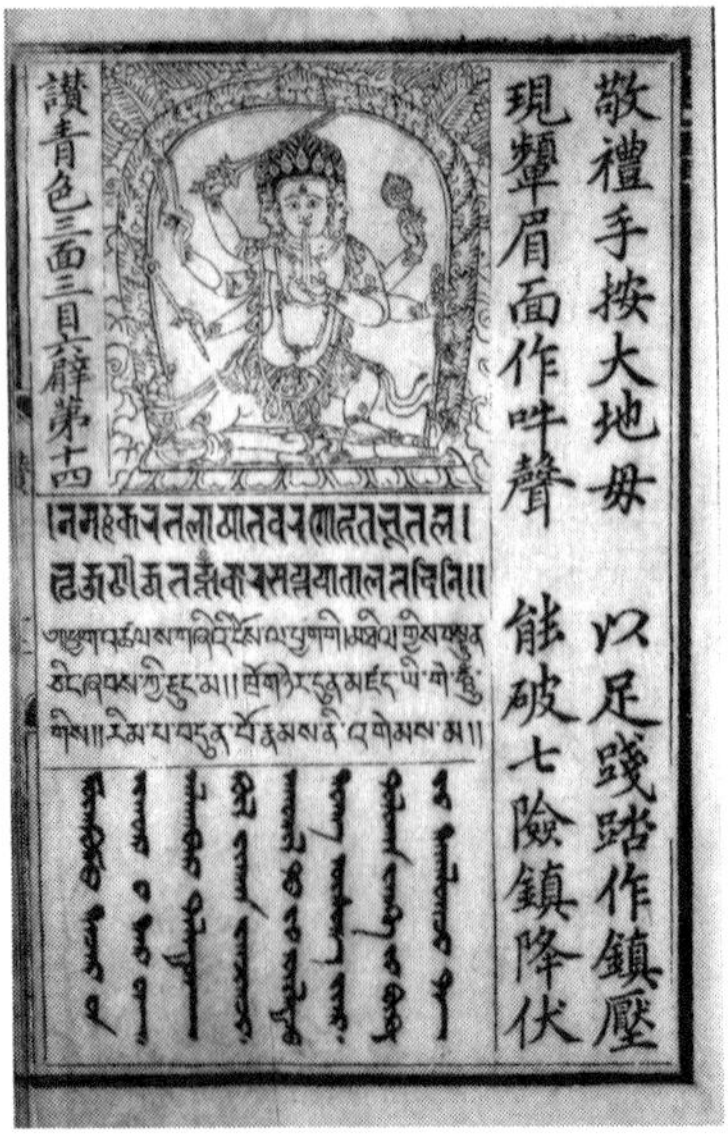

度母第十四

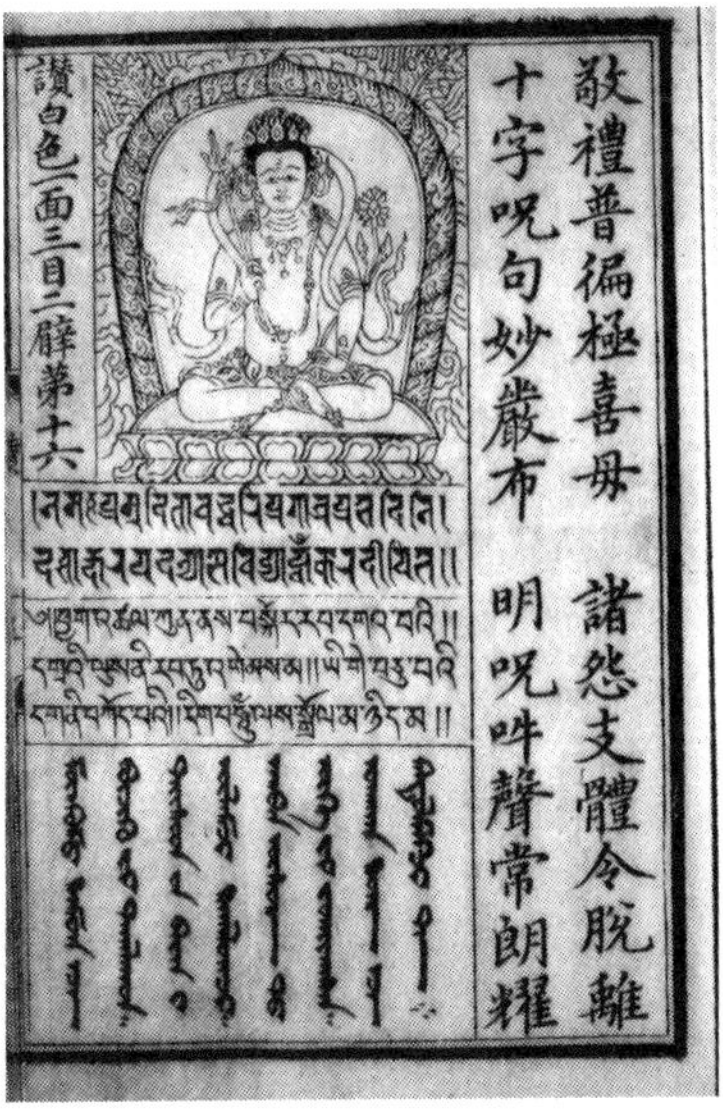

度母第十六

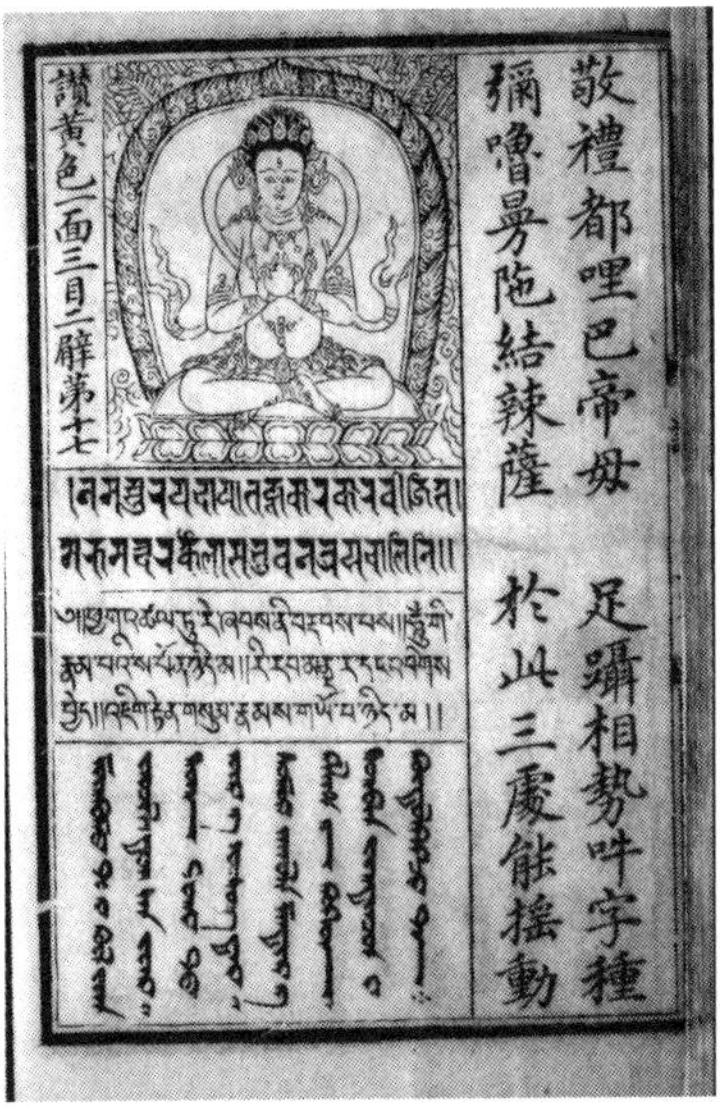

度母第十七

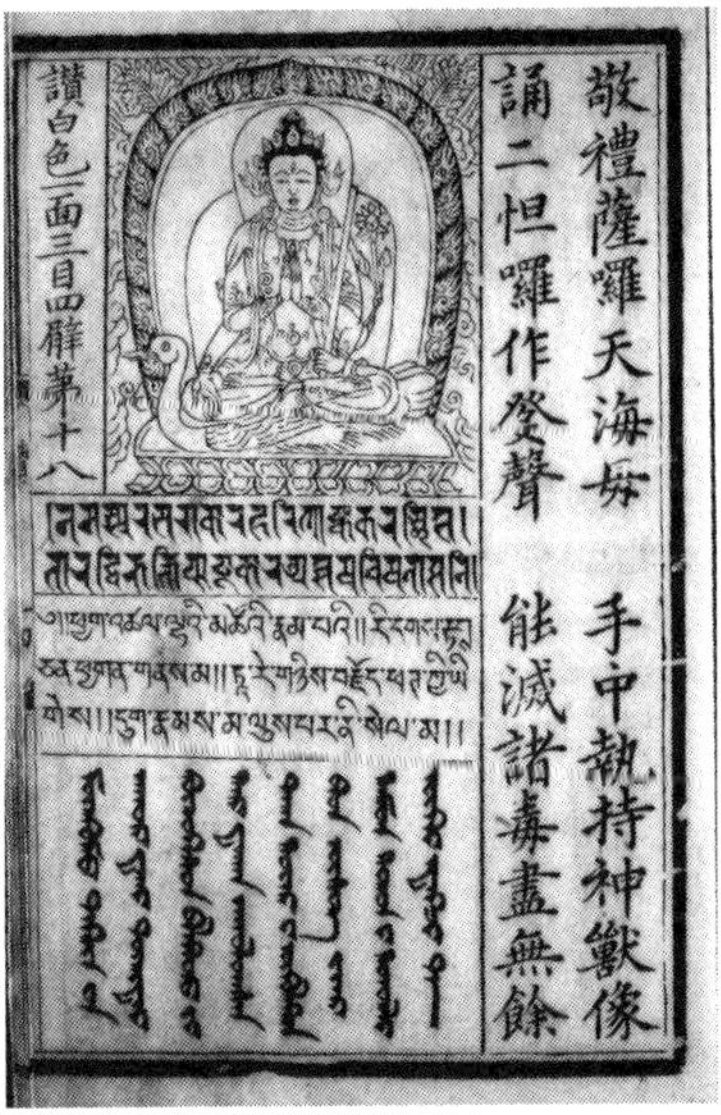

度母第十八

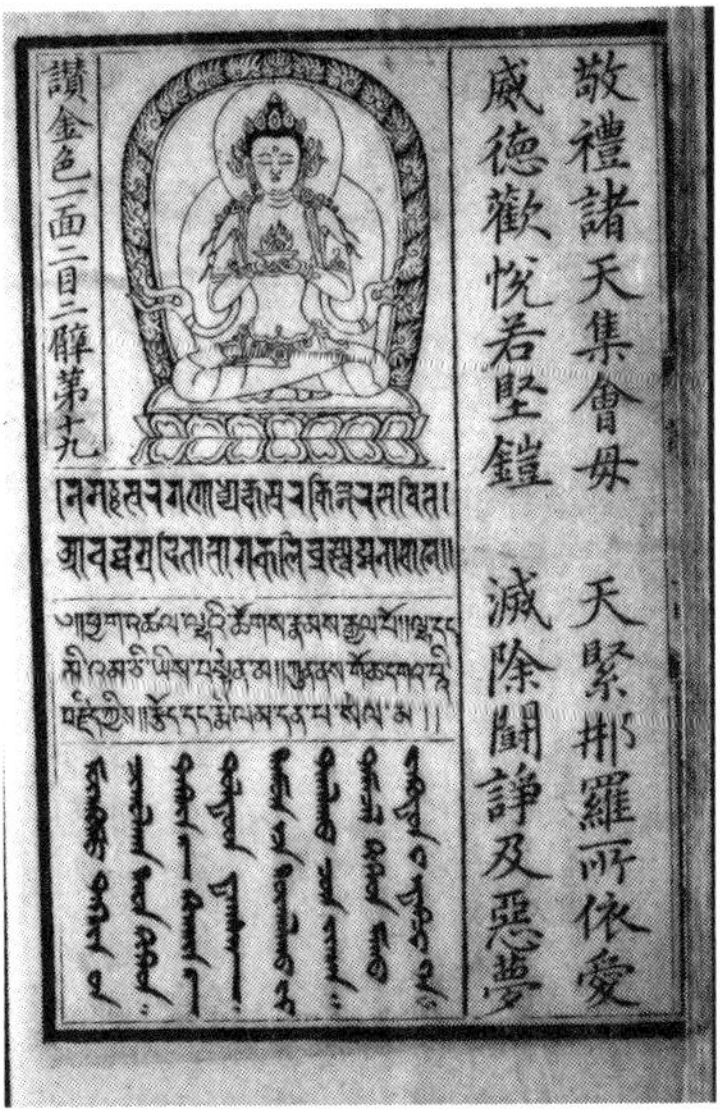

度母第十九

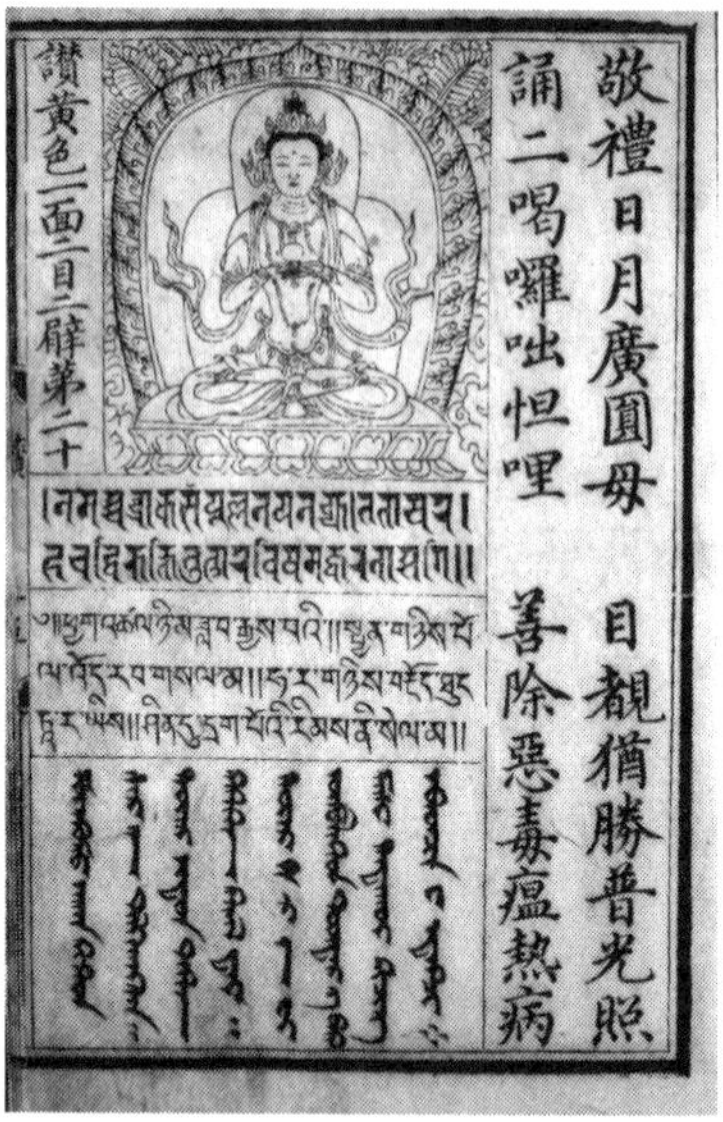

度母第二十

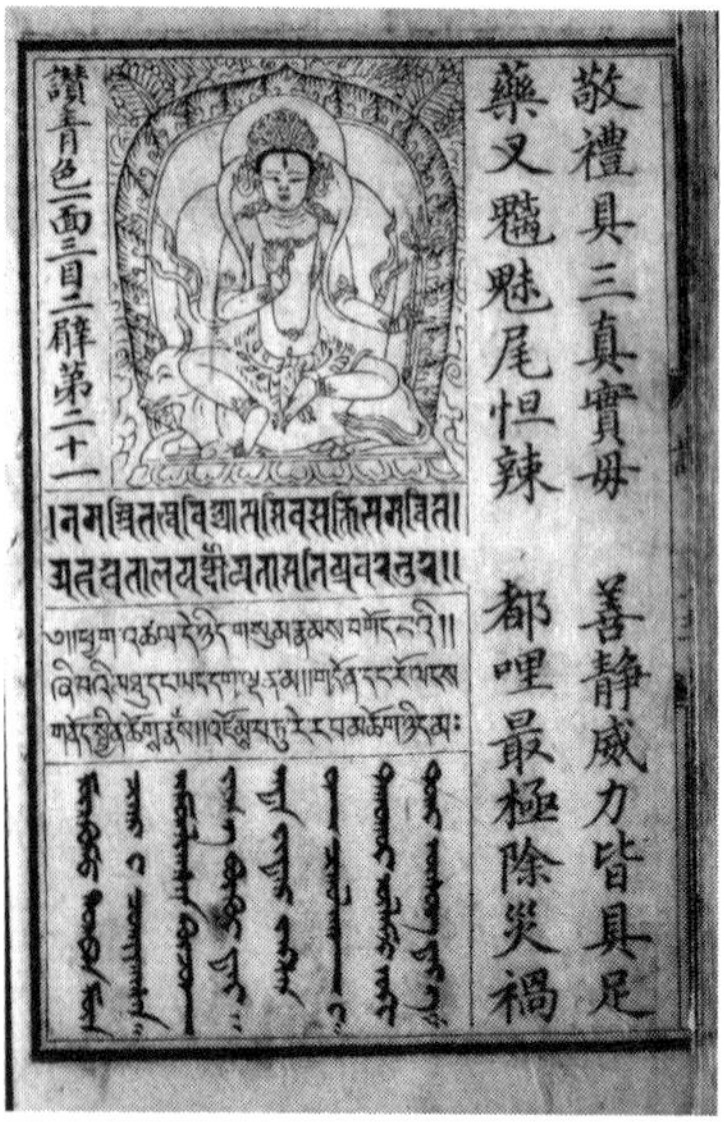

度母第二十一

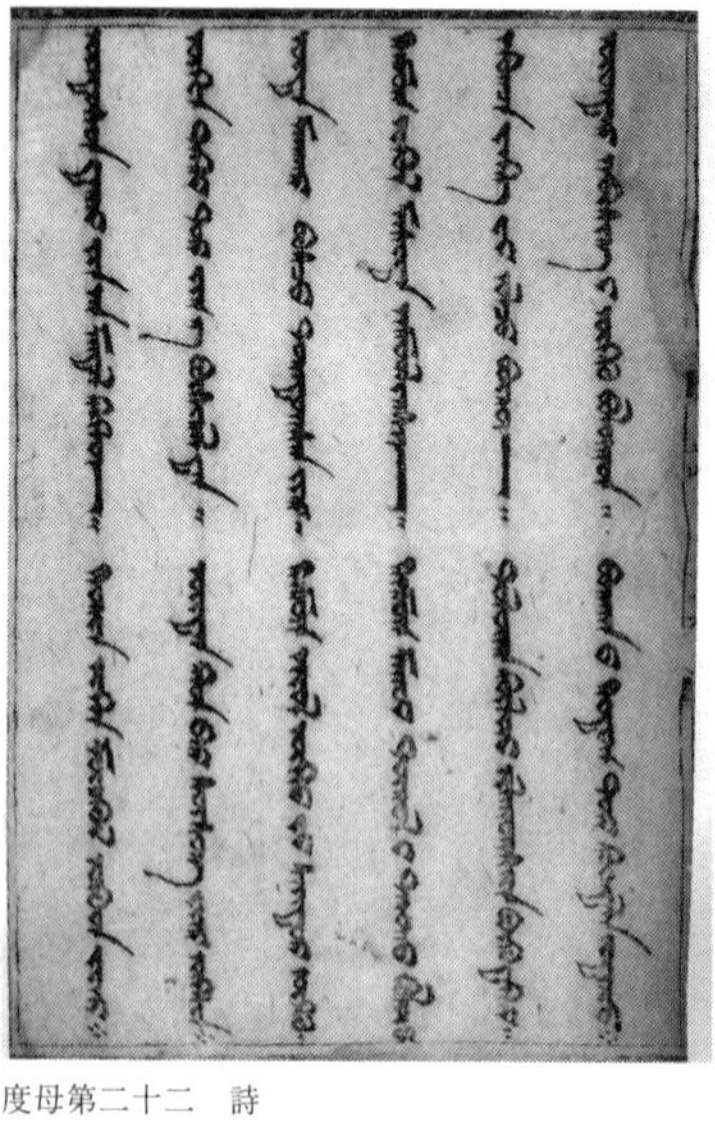
度母第二十二　詩

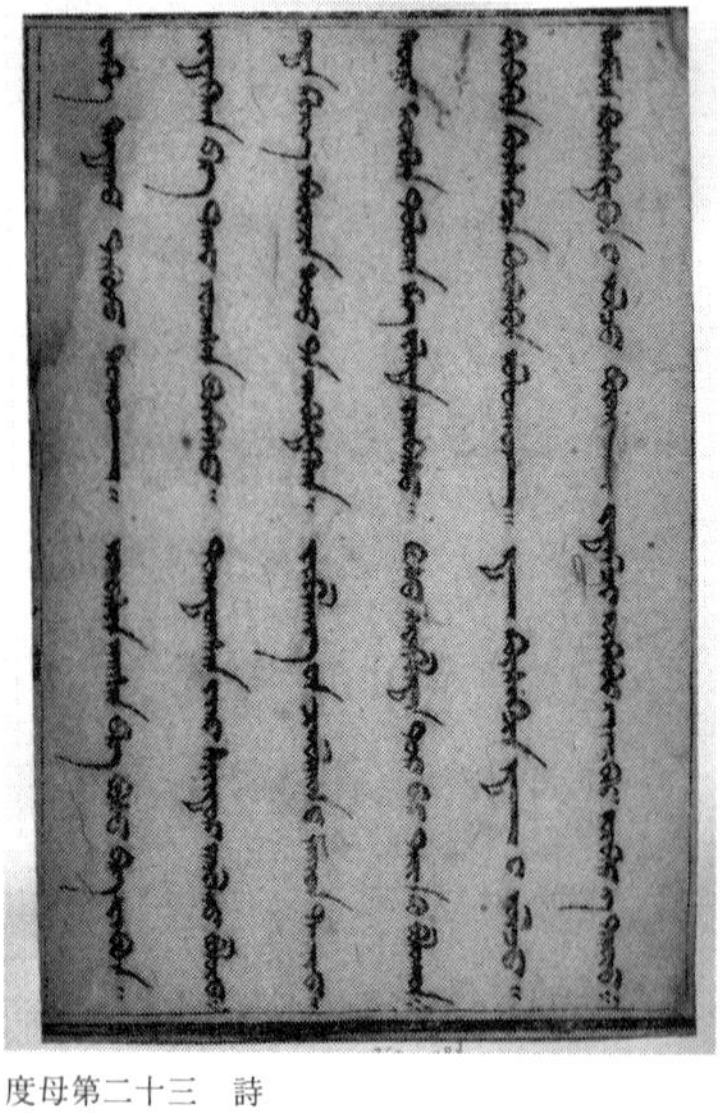
度母第二十三　詩

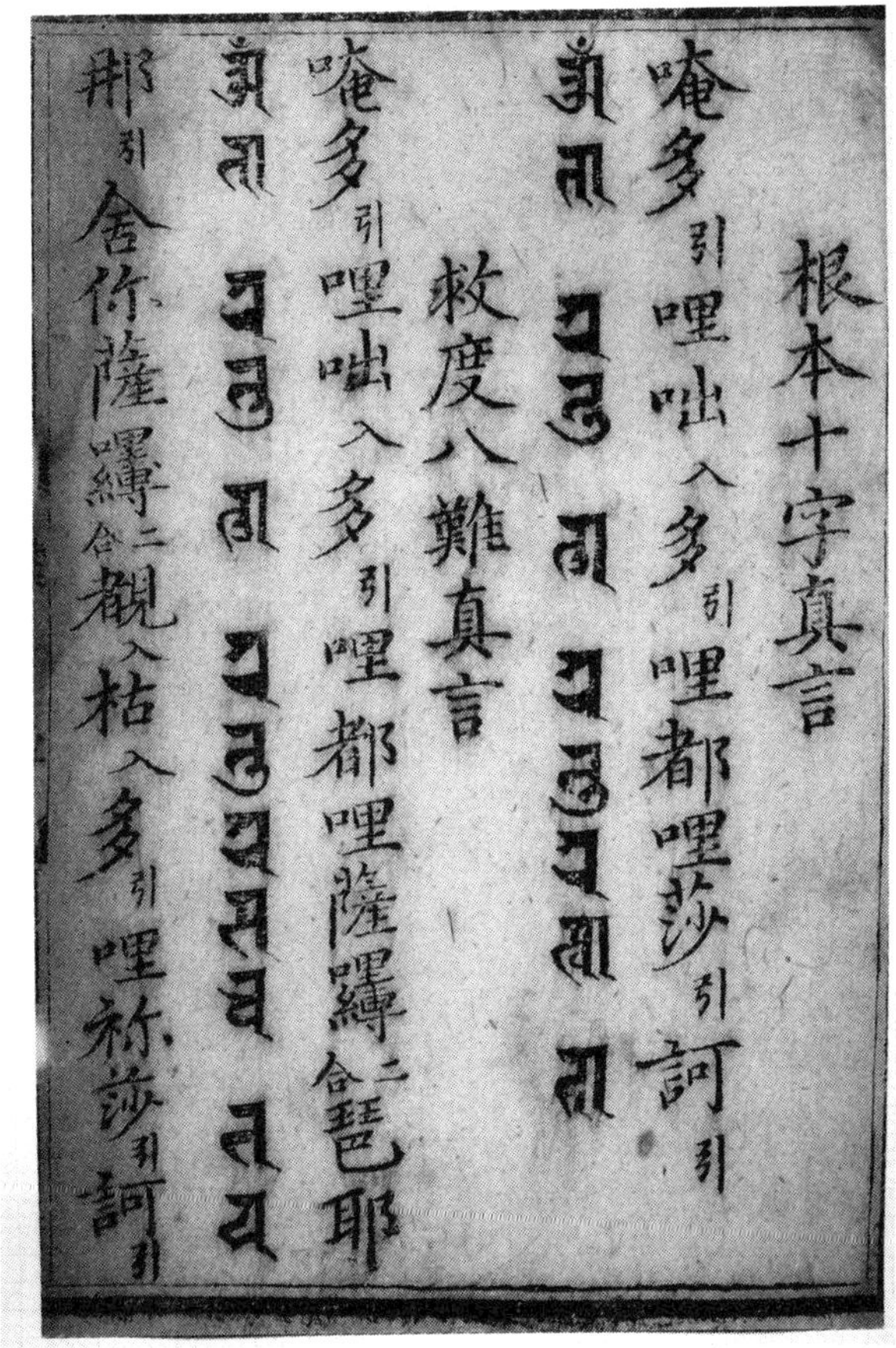
根本十字真言

唵多引哩咄入多引哩都哩莎引訶引

救度八難真言

唵多引哩咄入多引哩都哩薩囉縛二合琶耶

那引舍竹薩囉縛二合覩入枯入多引哩袮莎引訶引

根本十字真言と救度八難真言

楊　海英　よう・かいえい

一九六四年、南モンゴル・オルドス高原生まれ。静岡大学人文社会科学部教授。専攻は文化人類学。北京第二外国語学院大学日本語学科卒業。総合研究大学院大学博士課程修了。著書『モンゴル人の中国革命』『内モンゴル紛争』（ちくま新書）、『紅衛兵とモンゴル人大虐殺』（筑摩選書）、『墓標なき草原』（岩波現代文庫、司馬遼太郎賞）、『人類学と骨』（岩波書店）、『チベットに舞う日本刀』（文藝春秋、樫山純三賞）、『最後の馬賊』（講談社）、『モンゴル帝国』（講談社現代新書）、『中国を見破る』（PHP新書）など多数。

筑摩選書 0290

アルジャイ石窟《せっくつ》
モンゴル帝国期《ていこくき》　草原《そうげん》の道《みち》の仏教寺院《ぶっきょうじいん》

二〇二四年一〇月一五日　初版第一刷発行

著　者　楊《よう》　海英《かいえい》

発行者　増田健史

発行所　株式会社筑摩書房
東京都台東区蔵前二-五-三　郵便番号 一一一-八七五五
電話番号　〇三-五六八七-二六〇一（代表）

装幀者　神田昇和

印刷 製本　中央精版印刷株式会社

　ISBN978-4-480-01808-3 C0322

筑摩選書 0003

荘子と遊ぶ
禅的思考の源流へ

玄侑宗久

『荘子』はすこぶる面白い。読んでいると「常識」という桎梏から解放される。それは「心の自由」のための哲学だ。魅力的な言語世界を味わいながら、現代的な解釈を試みる。

筑摩選書 0013

甲骨文字小字典

落合淳思

漢字の源流「甲骨文字」のうち、現代日本語の基礎となっている教育漢字中の三百余字を収録。最新の研究でその成り立ちと意味の古層を探る。漢字文化を愛する人の必携書。

筑摩選書 0128

貨幣の条件
タカラガイの文明史

上田信

あるモノが貨幣たりうる条件とは何なのか。それを考えるのに恰好の対象がある。タカラガイだ。時と場を経巡りながらその文明史的意味を追究した渾身の一冊。

筑摩選書 0171

「抗日」中国の起源
五四運動と日本

武藤秀太郎

建国の源泉に「抗日」をもつ中国。この心性は五四運動を起点とするが、当初は単なる排外主義ではなかった――。新史料をもとに、中国のジレンマを読み解く。

筑摩選書 0174

台湾物語
「麗しの島」の過去・現在・未来

新井一二三

ガイドブックよりも深く知りたい人のために！　台湾でも活躍する作家が、歴史、ことば、民俗、建築、映画、そして台北、台中、台南などの街と人々の物語を語る。

筑摩選書 0175

林彪事件と習近平
中国の権力闘争、その深層

古谷浩一

世界を驚かせた林彪事件。毛沢東暗殺計画の発覚後、林彪は亡命を図るが、搭乗機は墜落。その真相に迫る。習近平の強権政治の深層をも浮かび上がらせた渾身作！

筑摩選書
0259

古代中国 説話と真相

落合淳思

酒池肉林、臥薪嘗胆……よく知られる説話を信頼できる史料から検証し、歴史を再構築する。古代中国史を批判的に見つつも、よき「戦国時代案内」でもある一冊。

筑摩選書
0263

北京の歴史
「中華世界」に選ばれた都城の歩み

新宮学

北京が中国の首都であり続けたのは、「都城」だったからだ。古代から現代まで、中華世界の中心としての波瀾万丈の歴史を辿り、伝統中国の文化の本質を追究する。

筑摩選書
0265

地方豪族の世界
古代日本をつくった30人

森公章

神話・伝承の時代から平安時代末までの地方豪族三十人の知られざる躍動を描き、その人物像を紹介。中央・地方関係の変遷を解明し、地域史を立体的に復元する。

筑摩選書
0266

世界中で言葉のかけらを
日本語教師の旅と記憶

山本冴里

「ぜんぶ英語でいいじゃない」という乱暴な意見に反論し、複言語能力の意義を訴える日本語教師が、世界各地での驚きの体験と記憶を綴る、言語をめぐる旅の記録。

筑摩選書
0269

台湾の半世紀
民主化と台湾化の現場

若林正丈

日中国交正常化で日本が台湾と断交したのと同じ年に研究の道へ進んだ第一人者が、政府要人、台湾人研究者とのエピソードを交えながら激動の台湾史を問い直す。

筑摩選書
0272

日本思想史と現在

渡辺浩

過去にどのようなことがあったために、いま私たちはこのように感じ、思い、考えるのか。碩学による「日本」をめぐる長年の思想史探究を集成した珠玉の小文集。

CHI KU MA